鈴木敏夫

# 体験的女優論

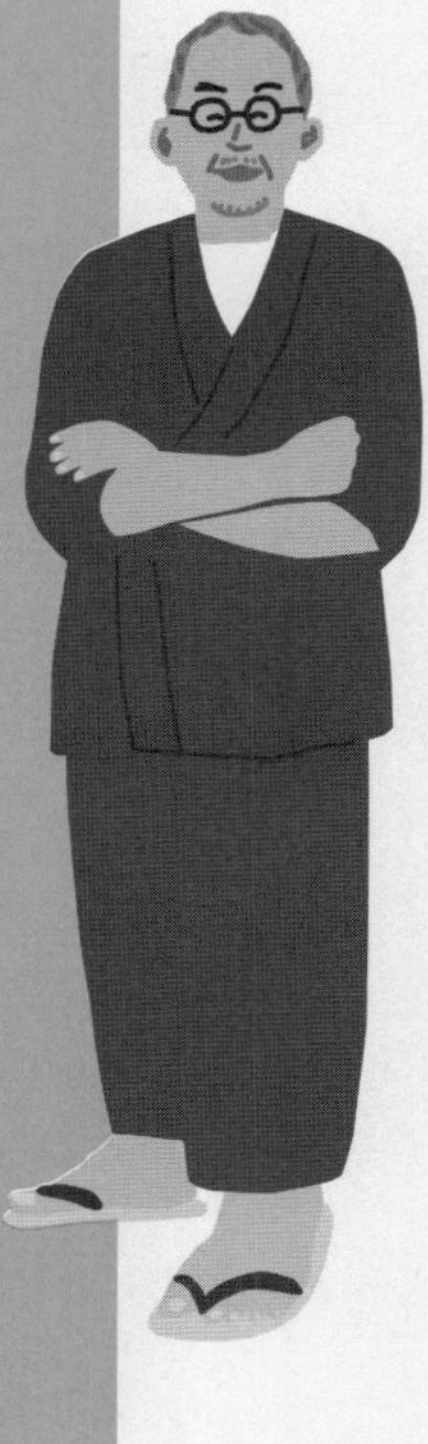

河出書房新社

体験的女優論＊目次

# 体験的女優論

取材・文・構成――金澤誠
ブックデザイン――鈴木成一デザイン室

# プロローグ

## ヘイリー・ミルズ
## 有田紀子
## 佐久間良子
## 芦川いづみ
## 森和代
## 松原智恵子
## 竹下景子

――宮崎駿《はやお》監督や高畑勲《いさお》監督と多くのアニメーション映画を作ってきた、スタジオジブリのプロデューサー・鈴木敏夫。1948年、愛知県名古屋市に生まれた彼は、子供の頃から洋邦の垣根なくあらゆる作品を見ていた、無類の映画ファンでもあった。

親父が邦画、おふくろが洋画のファンで、小さい頃から2人に連れられて、映画を見ていました。僕が最初に好きになった女優は、中学2年生になる直前に見たディズニー映画『罠《わな》にかかったパパとママ』(61年作、日本公開62年)のヘイリー・ミルズ。双子を1人2役で演じた、当時15歳の彼女が可愛くて。翌年公開の主演作『ポリアンナ』(60年作)でさらに好きになって、初めて英語でファンレターを出したんです。返事は来なかったんですが、後年、ジブリの映画をディズニーが世界配給してくれることになって、ディズニー本社へ行ったときにね、好きなディズニー作品を聞かれて、僕はヘイリー・ミルズの映画が好きだったと言いました。そしたら後になってヘイリー・ミルズ本人から手紙をもらったんです。ファンレターを書いてから、実に35年後の返事でしたよ。

――彼はファンになると、思いは一途《いちず》。それは大人になってからも変わらなかった。

子供の頃、テレビで木下恵介《けいすけ》監督の映画『野菊の如き君なりき』(55年)をよく放送していました。これは伊藤左千夫《さちお》の小説『野菊の墓』を映画化したもので、主人公の少年が従姉で年上の女性・民さんを好きになる悲恋物語です。そのヒロインを演じていたのが有田紀子さん。彼女はこれがデビュー作でしたが、その清純な雰囲気が民さんにピッタリで、僕は大好きでした。でも有田さんは、結婚して64年に芸能界を引退してしまった。やがて72年に僕は徳間書店に入社して『週刊アサヒ芸能』の記者になるんですが、彼女が今どうしているかを記事にして、追いかけようと思ったんです。そしたら四国で居酒屋の女将《おかみ》をしていることがわかった。さすがに取材費が出なくて四国へ行くことはできなかったですが、正直に言えば会ってみたかったですね。

――中学時代、ほかにも彼の胸に強く刻まれた女優がいる。それが佐久間良子《よしこ》である。

僕が中学1年生のときに、佐久間良子さん主演の青春映画『故郷は緑なりき』（61年）が公開されました。これは富島健夫の原作を村山新治監督が映画化したもので、海辺の町を舞台に水木襄《じょう》さん演じる貧しい青年と、佐久間さん扮する裕福な家庭の少女との純愛を描いているんです。一番衝撃的だったのはそれまで2人は純愛を育んできたのに、最後の方に水木さんが佐久間さんを雪の降るお墓の前で襲う場面。見たのが中学生のときですから、ドキドキしました。実はこの作品、ジブリの映画にも少し影響を与えているんです。主人公の2人は満員列車でもみくちゃにされて、男の子が帽子を落とし、女の子が拾って、そこから彼らは親しくなる。それで『風立ちぬ』（2013年）を作っているときに、宮さん（宮﨑駿）から「（主人公の）二郎と菜穂子の出会いを、どうしよう

佐久間良子（1963年）

か?」と相談されたので、2人は列車に乗っている設定だから、帽子を出会いのきっかけにしたらどうですかと、この映画のことを思い出して提案したんです。

――ジブリ映画では、監督とプロデューサーの何げない会話の中からさまざまなアイデアが生まれてきた。そういう意味では彼の映画体験も、ジブリ作品の一部になっている部分がある。この本ではそんな鈴木敏夫が映画で見たり、ジブリ映画に起用して実際に出会い、魅力を感じた女優たちにスポットを当てていく。いわばこれは映画好きな団塊の世代プロデューサーによる、体験的な生きた女優論である。

## ジブリ映画のヒロイン像は芦川いづみさんが原点です

――1960年、当時小学6年生だった鈴木の一家は、名古屋市北区黒川に引っ越した。家のすぐ近くには「黒川日劇」という邦画系の映画館があり、やがて中学に入った彼はここへ足しげく通うようになった。

この映画館では3、4日交代で作品を上映していたんです。1週間のうちに日活と大映の作品が何日間かかかっていて、僕はほとんどの映画を親父と一緒に見ていました。

――中でも彼が惹かれたのが当時、青春映画の原作者として全盛を誇っていた、石坂洋次郎の作品である。

親父が日活のスター・石原裕次郎さんの大ファンだったので、僕も裕次郎映画は随分見ました。裕次郎さんは61年1月にスキーで足を骨折して、そのケガが治った復帰第1作が石坂洋次郎原作の『あいつと私』(61年)だったんです。裕次郎さんの相手役は芦川いづみさん。僕は芦川さんが大好きでした。芦川さんには清純可憐《かれん》というイメージがありますが、それだけではない。川島雄三監督の映画にもよく出ていますし、実はちょっと気が強い役が多い。『あいつと私』でも奔放に遊びまわるお坊ちゃん育ちの裕次郎さんの役に対し、子だくさんの家庭に育ったヒロイン役の彼女は、しっかり者のお姉さんという感じをうまく出しています。石坂洋次郎は自分の意見を持って行動する新たな時代の若い女性として、このヒロインを小説に書いた。それを芦川さんは見事に体現していましたね。

——その芦川いづみは、ジブリ映画のヒロイン像にも大きな影響を与えている。

実は宮さんも芦川さんの大ファンだったんです。宮さんが通った杉並区立大宮中学校の真ん前に芦川さんの実家があって、当時、宮さんは彼女が家から出てくるのを待ち伏せしていたそうですよ（笑）。だから宮さんがつくるヒロインは全部、芦川いづみさんが原点になっているんです。

——中でも宮崎監督が好きなのは、『陽のあたる坂道』（58年）に出てくる芦川いづみだとか。

実は『陽のあたる坂道』は芦川さんがメインではなく、ヒロインは石原裕次郎さんがいるブルジョアの家へ家庭教師としてやってくる北原三枝さんです。芦川さんは、子供の頃の事故がもとで足が不自由になった、裕次郎さんの妹役。この映画の話を僕は宮

芦川いづみ（1955年）

さんと何回もしているんですけれど、毎回、宮さんは芦川さんがヒロインだと言い張るんです。完全な勘違いですが、僕はあえてそれを訂正しない（笑）。なぜかというと、宮さんは足の悪い妹のキャラクターが好きで、そっちこそヒロインだと思い込んでいるんですよ。要はキャラクター性と役柄がごちゃ混ぜになっているんです。『陽のあたる坂道』で芦川さんのやった、病弱だけれどけなげで意志が強い役のイメージは、『ルパン三世　カリオストロの城』（79年）に出てくるクラリスから、『風立ちぬ』の菜穂子に至るまで、宮さんがつくるすべてのヒロイン像に投影されているんです。

——ここからは鈴木のかなり確信を持った想像だが、芦川いづみ的な雰囲気を持つ女優が、ほかにも宮崎作品に影響しているという。

70年代に活躍した木之内みどりさんという女優がいますね。映画『野球狂の詩《うた》』（77年）とか、一つのことをけなげに頑張るヒロインを演じていましたけれど、あの人もやはり芦川さんの流れを感じさせる女優でした。木之内さんの主演したテレビドラマに『刑事犬カール』（77年）という作品がありますが、その2年後に宮さんが作った『カリオストロの城』でクラリスが飼っている犬の名前がカール。これは絶対、木之内さんのドラマから取った名前だと僕は思うんです。

——発想の陰《かげ》に好きな女優への想いがある。それもまたジブリ作品の魅力と言えよう。

## 女優や俳優でも、名古屋出身というだけで気になるんです

——鈴木は高校卒業まで、名古屋市で暮らした。高校時代には早く名古屋を出て東京へ行きたかったというが、名古屋への愛着は今も深い。

女優や俳優でも、名古屋出身というだけで気になるんです。僕が大学生の頃に大好きだった映画『赤頭巾《あかずきん》ちゃん気をつけて』（70年）のヒロインは森和代さんですが、彼女は一宮市だけれど同じ愛知県出身ということがわかって、余計に親近感が湧いて。また森さんはその後、名古屋出身の森本レオさんと結婚しちゃうんですよ。松原智恵子さんも出身は岐阜県ですが、小学校から名古屋で育った人なんです。僕が大好きだった渡哲也さん主演の「無頼」シリーズ（68〜69年）など松原さんは日活の映画によく出ていて、よく不幸が似合うヒロインを演じていました。松原さんとは後年、実際に会う機会がありましたけれど、とても感じのいい方でしたね。

——名古屋出身の女優の中でも、特に仲が良くなったのが竹下景子である。

僕が竹下さんのことを女優として意識したのは、倉本聰《そう》さん脚本のドラマ『北の国から』（81年）でしたね。純《じゅん》と螢《ほたる》を見守る、あの叔母さん役は印象的でした。その後、彼女は『丘の上の向日葵《ひまわり》』（93年）をはじめ、山田太一さん脚本のドラマへ常連のように出演するんです。僕は山田さんのドラマのファンだったので、放送されると欠かさず見ていたんですけれど、中でも感心したのは、渡哲也さんと共演した『夏の一族』（95年）。この作品は自動車の設計技師から営業職へと左遷された渡さん演じる父親を中心に、それぞれ問題を抱えた家族の物語が描かれるんです。竹下さんは渡さんの奥さん役ですが、共通語でしゃべっているときは、さほど何も感じなかった。それが森本レオさん演じる初恋の男と密会を重ねるようになるんですけれど、この2人が名古屋出身の設定なんです。森本さんから電話がかかってきて、向こうが名古屋弁で話すと竹下さんも、つい気持ちがほぐれて名古屋弁になる。その自然な感じが実によくて、すごくうまい女優さんだなと思いました。

——後で実際に竹下景子に会った時、このドラマでの演技を褒《ほ》めたそうだが？

竹下さんは「覚えていない」って（笑）。過去のことにとらわれないそんなところも、名古屋の女性だなと思ったし、面白い人ですよ。かつて竹下さんは〝お嫁さんにしたい女優ナンバーワン〟

と言われましたけれど、僕には昔からそんなイメージはかけらもなかった。何かもっと親近感のある、同郷の女性という印象がありました。昔から気になる女優さんだったので、『借りぐらしのアリエッティ』（10年）のときに、僕が声の出演者として彼女を推薦したんです。

——以降、竹下景子は『コクリコ坂から』（11年）、『風立ちぬ』（13年）と続けざまにジブリ作品で声を担当している。

同じ名古屋といらよしみもあって、『借りぐらしのアリエッティ』で初めてお会いしたとき、すぐに仲良くなりました。その後も何かあると僕から頼みやすい人だし、彼女もすぐにOKしてくれますしね。女優としてのこだわりを感じたのは、『風立ちぬ』のときでした。主人公・二郎の母を演じてもらいましたが、一度全部のセリフを録り終わった後、竹下さんの方からもう一度やり直したいと言ってきました。録音したとき、竹下さんは風邪をひいていて、本人が納得できなかったんです。もちろんすべてやり直しましたよ。

——同じ風土で育ち、同じ方言を使う名古屋の人たちに対する、親しみやすさ。それを振り捨てて67年3月、慶應義塾大学に合格した鈴木敏夫は上京した。そこでまた彼は、一人の女優に心奪われることになる。

# 梶芽衣子

## 初めて意識したのは『日本残侠伝』。薄幸の女性なんですが、けなげでとてもいいんですよ

——1967年、鈴木敏夫は慶應義塾大学文学部に合格して名古屋から上京した。翌年には社会学科・自治会の委員長になり、学生運動にも身を投じていく。70年安保に向けて、世の中が熱く揺れ動いた時代。そんなときにも、彼の映画館通いは続いていた。

当時は日本映画にお客が入らなくなった時代でね。どこの映画館へ行っても、人がガラガラ。日活と大映の凋落《ちょうらく》は特にひどくて、70年の5月からは両社の映画を共同配給するダイニチ映配という会社ができる。すると日活の石原裕次郎さんと大映の勝新太郎さんの映画の2本立てなんて、それまではありえなかったプログラムも組まれたんです。それでもお客は戻ってこなかった。

——少年時代から大好きだった日活や大映の映画。その最後を見届けるのは自分の義務だという思いで、彼は映画館へ足を運んだ。そんな中で心奪われたのが、梶芽衣子《かじめいこ》だった。

梶さんのことは「野良猫《のらねこ》ロック」シリーズ（70〜71年）で大好きになるんですが、彼女の女優ヒストリーに合わせて話を進めると、梶さんは最初、本名の太田雅子で65年に日活からデビューしたんです。3作目の『青春前期　青い果実』（65年）で初主演するんですが、僕は名古屋にいたときこの映画を見たかもしれないけれど、その記憶はない。72年に「女囚さそり」シリーズ（72〜73年）が大ヒットして、池袋の文芸坐で「梶芽衣子特集」のオールナイトが組まれたんですよ。そのとき、太田雅子時代の作品も上映されて、『青春前期　青い果実』と『あいつとの冒険』（65年）が面白いと思ったんです。

——共演はどちらも太田博之。『青春前期　青い果実』では男たちに襲われた梶芽衣子を、スキャンダルから守ろうとして太田博之が大人たちと戦う姿が、『あいつとの冒険』では修学旅行をエスケープして2人だけで旅行に出かけた、梶と太田の道中が描かれる。

その頃の日活は、かつてアクション映画一辺倒だったのが、青春映画も多く作られるようになっていた。ただ、その本流は吉永小百合《よしながさゆり》さんで、太田雅子時代のこれらの作品は、モノクロで撮られた添え物映画です。でもどこか印象に残っていたんでしょうね。新人だった太田雅子が、何か気に入らないことがあって太田博之を殴っちゃったと。それで撮影が中断して、周りは彼女に一目置くようになったなんて芸能記事を読んだ記憶がある。ちょっとしたお騒がせ女優で、演じている役も不良少女が多かった。でも僕は初々しい梶さんが見られる、この初期の2作品が今でも好きなんです。

――やがて太田雅子は、梶芽衣子に改名する。その1作目が『日本残侠伝』（69年）である。

監督はマキノ雅弘さん。梶芽衣子という名前もマキノさんが名付け親ですが、この映画はマキノさんが東映で監督した任侠映画『日本侠客伝』（64年）を、リメイクしたような作品なんです。『日本侠客伝』に関して、高畑勲さんと議論したことがありますが、あの映画は社会主義の話なんです。要は木場《きば》にある組がみんなの上前をピンハネしちゃだめだから、主人公は組を解散しようとする。それって格差社会を何とかしましょうということで、この映画は60年安保の後ですからね。それまで情《じょう》やいなせで映画を作ってきたマキノさんも、時代の影響下で作品を作ったと思うんです。ところが『日本残侠伝』では、その社会的な部分を全部取り払って、マキノ監督らしい女と男のドラマに仕立て上げた。この中の梶さんは、津川雅彦さん演じる吾作といい仲になる春代役。薄幸の女性なんですが、けなげでとてもいいんですよ。僕が梶芽衣子という女優を初めて意識したのは、この映画でした。

梶芽衣子（1974年）

## 「野良猫ロック」シリーズは“暇”をどう埋めるのかがテーマなんです

——不良少女から、けなげな女性へと変貌した梶芽衣子。その魅力は集団青春アクション「野良猫ロック」シリーズで、花開く。70年5月に公開された『女番長　野良猫ロック』を第1作とする「野良猫ロック」シリーズは、翌年までに5作品が作られている。その中に毎回役名は違うが、ヒロインとして登場したのが梶芽衣子だった。

その頃の日活は何をやっても企画が当たらないので、東映の真似をしてやくざ映画を作るけれど、それでも客が来ない。その悪循環の中で見つけたのが若者たちの集団劇『野良猫ロック』だったんです。僕はこのシリーズに影響を与えたのは、ロベール・アンリコ監督の『冒険者たち』(67年)だと思うんですよ。

——『冒険者たち』は夢に破れたアラン・ドロン、リノ・バンチュラ、ジョアンナ・シムカスの3人が、アフリカの海底に眠る秘宝探しに一発逆転をかけ、やがて命を散らしていくまでを、愛のトライアングルを絡めて描いた作品。日本でも67年5月に公開された。

僕が大学に入学した67年、慶應義塾大学の文化祭のテーマは「人類の幸せ」でした。当時は高度経済成長のさなかでしたが、実情はみんな頑張っているのに冬のコートも買えないという貧しい状態で、そこから人類は脱却しようと(笑)。ところが60年代の終わりになると、あっという間に日本は豊かに満たされていたんです。それまで日本映画は貧乏の克服をテーマに映画を作ってきたんですが、もうそんな時代ではなくなった。そんな若者に、食べるために生きるのではなく夢を求める男女の愛を描いた『冒険者たち』は鮮烈な印象を残しました。東宝でも出目《でめ》昌伸《まさのぶ》監督が『冒険者たち』を翻案した『俺たちの荒野』(69年)を作っていますし、後に梶さんも出演した高倉健さん、勝新太郎さん主演の『無宿《やどなし》』（74年）もそうですよね。この映画が与えた影響はとても大きかったんです。それが日活では、『野良猫ロック』へと姿を変えた。ではこのシリーズのテーマは何か。夢を追い求めるのではなく、〝暇だな〟ということなんですよ（笑）。

——もはや、あくせく働かなくても、何となく遊んで生きていけるような豊かな時代がやってきた。暇を持て余した若者の気分を『野良猫ロック』はすくい取ったのである。

このシリーズでは藤竜也《ふじたつや》さん、地井武男《ちいたけお》さんがレギュラーで、後に原田芳雄さんも加わるんですが、どの作品も何かによって暇を埋めるのがテーマです。長谷部安春《はせべやすはる》さんが3本、藤田敏八さんが2本監督していますが、例えば長谷部監督の『野良猫ロック　セックス・ハンター』（70年）では、〝ハーフ狩り〟が描かれる。これは外国人の血が入っているハーフの人に、仕事も女性も奪われるから、彼らを暴力的に排除しようとする日本人集団と、ハーフの安岡力也さん、梶さんのカップルの対立なんです。その集団は何でそんなことをやっているかといえば、やはり暇だからなんです。そんな中で、長い黒髪で無口にたたずむ梶芽衣子というのは、象徴的なヒロインでした。ファッションにもスタイリッシュで、独自のスタイルを持っていた。そんな彼女の魅力を引き出したのが長谷部監督だったと思いますね。

——また『野良猫ロック　セックス・ハンター』と第4作『野良猫ロック　マシン・アニマル』（70年）の間に作られた、『新宿アウトロー　ぶっ飛ばせ』（70年）も忘れられない一本だという。

『野良猫ロック』の梶さんは男たちの集団に入っても、自然な感じのする中性的な存在だったんです。ところが『新宿アウトロー　ぶっ飛ばせ』の彼女は髪をアップにしたバーのママ役で、〝女〟を演じた。ここでまた印象が変わった気がしました。そしてこの翌年、梶さんは日活を辞めて東映へと移籍するんです。

## 『女囚さそり』見たさに病院を抜け出して丸の内東映へ……

――72年の春、大学を卒業した鈴木は徳間書店に入社する。彼が配属されたのは、『週刊アサヒ芸能』編集部。取材記者として多忙な日々が始まったが、8月19日の誕生日にアクシデントが彼を襲った。

盲腸が痛み出して、医者に行ったら破裂した状態なので緊急手術が必要だと。ところが麻酔が効かなくて、僕は16人もの人に体を押さえつけられながら、痛いまま手術を受けたんです。手術中に「先生、痛いのでもう勘弁してください」と言いましたよ（笑）。

――手術は成功したが、そこから高熱が続いた。精神的にもストレスがたまり、彼は病人なのにむちゃな行動に出る。

梶芽衣子さん主演の東映映画『女囚７０１号　さそり』（72年）が間もなく公開なのを、思い出したんです。梶さんは東映に移籍しての第1作『銀蝶渡り鳥』（72年）はうまくいかなかった。東映からはビリヤードを題材にした女性ハスラーものだといわれて出演したそうですが、実際は和服を着た現代任侠映画なんです。東映ではこの年3月に引退した藤純子《ふじじゅんこ》さん（現・富司純子《ふじすみこ》）に代わる女性の任侠スターを探していました。その候補に挙がった女優が何人かいたんですが、梶さんもポスト藤純子の一人として、和服を着て東映映画に登場したんです。でも題材とルックスがちぐはぐで合っていなかった。梶さんも無理してやっている感じがしましたね。それで移籍した2作目がこの『さそり』なんですけれど、僕は篠原とおるさんの原作劇画のファンだったので、公開される前から気になっていたんです。だからどうしても映画を見たくてね。病院をこっそり抜け出して、タクシーで上映している丸の内東映へ向かったんです。

——『女囚701号　さそり』の公開は、手術から1週間後の8月25日。傷口もまだ完全に塞《ふさ》がっていなければ、熱も下がらない状態で彼は映画を見た。

フラフラな状態で見ていたんですけれど、日の丸が出て、バックに「君が代」が流れた冒頭から引き込まれました。また梶さん演じる松島ナミが、ほとんどしゃべらないのも新鮮だった。後に彼女の自伝『真実』を読むと、主人公がしゃべらないのは、梶さん自身が考えたアイデアだったそうですが、これが効果的で、権力に一人で立ち向かう女囚の雰囲気を、梶さんは言葉ではなく挑むような強い目で表現していました。これには、参った。だから映画は面白かったんですけれど、上映が終了した瞬間、僕は気を失ったんです。

——気が付くと、彼は劇場にいた人たちに運ばれていたという。

誰かが「救急車を呼べ」と言っているから、僕は「救急車だけはやめてください。ちょっと事情があるんで」と頼んで、無理を言ってタクシーに乗せてもらいました。だって救急車に乗ったら、病院から抜け出たことがばれますから。何とか病院へ戻ったんですが、その夜からさらに高熱が出て、医者たちは「何が起きたんだ」と大騒ぎしている。僕は本当のことを言えないまま、苦しんでいました。

——そこまでして梶芽衣子の映画を見にいったのは、ファンならではの執念だろう。

やがて退院してから、最初に買いに行ったのは黒くて長いコート。それは『さそり』の中で梶さんが着ていたコートと、同じものが欲しかったからなんですよ。当時は映画のセリフがそのまま収録されたＬＰレコードが出ていたんですけれど、僕はそれも買って、いまだに持っているほどなんです。

## この田村正和がいい。彼には学生運動をやっていたときに仲間を売った過去がある

――映画『さそり』は大ヒット。72年12月には第2作『女囚さそり　第41雑居房』が公開されて作品はシリーズ化され、梶芽衣子はスターとして一躍脚光を浴びていった。梶芽衣子主演の「女囚さそり」シリーズは、72年から翌年までに4作品作られている。最初の3本は伊藤俊也《いとうしゅんや》、最後の1本を長谷部安春が監督している。

「女囚さそり」の世界観は、伊藤監督と梶さんがつくったものだと思います。徹底してセリフを削って、さそりと呼ばれるヒロインの怨念《おんねん》を、睨《にら》むような目で表現した梶さんがいいんですが、そのファッションも目を引きました。つばの広い帽子にロングのコート。それも全身黒ずくめで、文句なくかっこよかったんです。伊藤監督は刑務所の職員や警察官を権力悪として描いて、その権力に虐《しいた》げられたさそりが逆襲をするという構図を際立たせていますけれど、当時、伊藤監督がいた東映東京撮影所では労働組合の闘争が最盛期でね。組合活動に力を入れていたため、伊藤さんは監督昇進が遅れたといわれている。そういうことが、この監督デビュー作にも影響していると思うんです。実は伊藤監督は、当時東映動画にいた高畑勲、宮﨑駿と一緒に組合で活動していたこともあるんですよ。

――権力に抑圧された労働者の思いを、さそりに込めた伊藤監督。だがその一方で、映像表現に関してはかなりシュールだった。

第1作では、刑務所内でさそりに襲いかかる三原葉子さんに歌舞伎の隈取り《くまど》メイクをさせてみたりね。かなりぶっ飛んだ表現がありますけれど、伊藤監督にとっては原作の劇画を実写にするとこうなるということだったと思うんです。拷問《ごうもん》やアクションシーンもかなり過激ですが、どこか漫画

チックですよね。そんな伊藤監督の作品を僕は面白く見ていましたが、今回見直して感心したのは、長谷部監督が撮った第4作『女囚さそり　701号怨《うら》み節』（73年）でした。

——この第4作では逮捕されて逃亡したさそりが、元学生運動家で今はヌード劇場の照明マンをやっている田村正和と知り合い、彼にかくまわれることで心を通わせていく話である。

この田村正和さんがいいんです。彼には学生運動をやっているとき、拷問にかけられて仲間を売ってしまった過去がある。今度もさそりの居場所を聞き出そうとする警察に拷問されて、もう二度と過ちは犯さないと思うんだけれど、結局は自白してしまうんです。あの感じがリアルでした。僕は自分が学生運動をしているときに、調子のいいことばかり言っていた人間が、あるときから急に言うことを変えて、変節していくのを見ていましたから。ここでの田村さんにはシンパシーを感じたんです。それとやはり長谷部監督は、梶さんの魅力を引き出していると思いましたね。

——「女囚さそり」シリーズでブレークした梶芽衣子は、深作欣二《ふかさくきんじ》監督の『仁義なき戦い　広島死闘篇』（73年）のヒロインや、『修羅《しゅら》雪姫《ゆきひめ》』2部作（73、74年）などに主演し、順調にスター街道を上っていった。

その頃の梶さんの主演作で印象的だったのが、テレビドラマの『同棲時代』（73年）です。「女囚さそり」シリーズで強い女を演じた梶さんが今度はどうなるかと思ったら、沢田研二さん扮するイラストレーターと同棲をする普通の女性を演じた。またこのドラマは脚本が山田太一さんで、貧乏な若い2人の同棲生活がリアルなんです。このドラマも『修羅雪姫』も上村一夫さん劇画が原作ですが、梶さんは上村さんの世界によく似合っていたと思います。『同棲時代』は同時期に、由美かおるさん主演の映画版も作られましたが、テレビドラマ版の方が断然よかった。梶さんはそのすぐ後に『仁義なき戦い　広島死闘篇』で北大路欣也《きたおおじきんや》さん扮するやくざ・山中を一途に愛する女を演じていて、さそりで売れたからといって強い女性のイメージに満足せず、さらに変化していった感じがしました。

## 僕はね、『曽根崎心中』が映画女優梶芽衣子の頂点だと思っているんです。

——「女囚さそり」シリーズのヒットによって、1970年代のクールなアクションヒロインとして人気を集めた梶芽衣子。その彼女が新たに出会った監督が、『動脈列島』（75年）、『大地の子守歌』（76年）、『曽根崎心中《そねざきしんじゅう》』（78年）と出演作が続いた増村保造《ますむらやすぞう》だった。

梶さんは昔から若尾文子《あやこ》さんのファンで、若尾さんは大映時代、増村保造作品の常連女優だったでしょう。自分もいつか増村監督とやりたいと思って生きてきたと思うんですよ。中でも『曽根崎心中』は、増村さんにとっても梶さんにとっても代表作だと思います。

——近松門左衛門の人形浄瑠璃《じょうるり》を梶芽衣子のお初《はつ》、宇崎竜童《りゅうどう》の徳兵衛《とくべえ》という配役で映画化したこの作品は、自分たちの意地と愛を貫くために強い意志を持って心中する、男女の姿を描いている。

増村さんはかつて若尾文子さん主演で、意志を持って自立する女性を描いてきたんです。そこには日本にもこういう女性がいてほしいという監督の願望が込められていたと思うんですけれど、『曽根崎心中』に取り組んでみたら、近松門左衛門は元禄時代の大坂で、すでにそんな女性を作品の中に描いていた。これに増村監督は驚くわけですよ。その強い意志を持って能動的に死んでいくヒロインを、ここでは梶さんにやらせている。彼女もそれに応えようと入魂の演技を見せるんです。僕がビックリしたのは、元が人形浄瑠璃でしょう。だから増村監督は俳優たちを使って、人間によって人形を演じさせているんです。もはや増村さんは、リアルということに興味がなかったのかもしれませんね。

――死への思いを高めて、ほとんどまばたきをせずに、壮絶な心中シーンを演じきった梶芽衣子は、ブルーリボン賞、報知映画賞、毎日映画コンクール、キネマ旬報ベスト・テンの各主演女優賞を受賞し、その演技力を高く評価された。

僕はね、『曽根崎心中』が映画女優・梶芽衣子の頂点だと思っているんです。彼女は高校卒業と同時に日活に入って、どんどん自分を変化させていった。最初は不良少女役、そこから『日本残侠伝』で太田雅子から梶芽衣子に改名したときに、けなげな女性を演じて新たな顔をのぞかせる。70年からの「野良猫ロック」シリーズでは少年のような中性的なキャラクターに扮して、あの時代の気分を象徴的に表現した。そこから東映に移籍して『女囚さそり』で強い女に変貌し、『仁義なき戦い　広島死闘篇』やテレビ『同棲時代』で今度は、一途《いちず》な大人の女性を演じてみせた。梶さんは常に一つのイメージにとどまることなく、もっと高みに行こう、もっと新しい自分を出そうと、ずっと張り詰めて女優人生を生きてきた感じがあるんです。その張り詰めた生き方の行き着いた先に『曽根崎心中』があった。なぜこれが頂点かと言えば、増村監督が86年に62歳で亡くなって、梶さんは次の目標を失ったんじゃないかと。おそらく彼女は増村さんと、もっと仕事がしたかった。でも監督の死によって、それがかなわなくなったことで緊張の糸が切れた感じがするんです。

――『曽根崎心中』に出演した当時、梶芽衣子はまだ30歳だった。

それで映画の公開が78年でしょう。何か30歳までに、70年代を駆け抜けていった女優という気がするんです。もちろん梶さんは今も女優をされていますし、その後も多くのテレビドラマや映画に出ています。でも僕にとっては張り詰めて生きていた70年代の映画女優・梶芽衣子さんが、自分が大学生から社会人になって働き始めたときと同時期だったこともあって、今も特別な存在になっているんです。

――鈴木敏夫の青春に梶芽衣子の映画の数々は、確かな刻印を残したのである。

# 倍賞千恵子

## 宮さんが、倍賞さんはどうかな？と言い出した

―スタジオジブリの映画『ハウルの動く城』（04年）でヒロイン・ソフィーの声を演じた倍賞千恵子《ばいしょうちえこ》は、鈴木敏夫にとって忘れられない女優の一人である。彼女をこの映画の声に起用したのは、宮﨑駿監督の発案だった。

ソフィーは魔法をかけられて娘から90歳の老婆になる。その声を一人の女優でやることに、宮さんはこだわったんです。前に『魔女の宅急便』（89年）で、13歳のキキと19歳のウルスラの2役を高山みなみさんに演じてもらってうまくいったので、味を占めてね（笑）。ただ正直、誰にやってもらえばいいのか思いつかなかったんですが、あるとき宮さんが「倍賞さんは、どうかな？」と言ってきたんですよ。

―宮﨑監督は、なぜ倍賞千恵子の名前を出したのだろうか？

宮さんは、倍賞さんが61年に映画デビューしてから『下町の太陽』（63年）に主演したあたりまでの作品は、おそらく見ているんですよ。当時の映画界では各会社に青春スターがいた。例えば日活なら吉永小百合さん、東映なら本間千代子さんとかね。それで松竹の青春スターの一人が倍賞さんだったんです。

―60年代前半、高度経済成長期にあった日本では、地方から都会に若者が集まってきていた。

映画も地方から来て、工場で働く男の子や女の子を描いた作品が多かった。彼らがこれからの新しい日本の未来をつくる。そんな明るいイメージで若者を描いていたんですが、彼らの多くはブルーカラーなんですね。そういうブルーカラーの女性を演じさせたらうまい女優が倍賞さんでした。

――山田洋次監督との初コンビ作『下町の太陽』での倍賞の役は、化粧品工場で働く町子。彼女には同じ工場で働く道男という恋人がいる。

道男は正社員登用試験の勉強に励んでいる。試験を通れば工場から抜け出せて、出世コースを歩めるんです。一方で町子のことを好きな勝呂誉《すぐろほまれ》扮する良介は、工場から抜け出せない、別の工場で働く男。あるとき町子の弟が万引事件を起こして、かねて弟と顔見知りだった良介は親身《しんみ》になってくれるけれど、道男は試験が気になって相談に乗ってくれない。さらにライバルを蹴落としてまで正社員になろうとする道男をふって、町子は共に下町の工場で生きようとする良介を選ぶんです。思えば『ハウルの動く城』のソフィーも、帽子を作る職人ですよね。宮さんは工場で働く人とか職人とか、そういう人たちが大好きで、倍賞さんに対するイメージがソフィーとつながったと思うんですよね。

――また鈴木は、『下町の太陽』が女優・倍賞千恵子の生き方を決定づけたとみている。

僕は中学生のときに名古屋でこの映画を見て、〝下町〟というのは実はピンとこなかったけれど、印象に残ったんです。出世コースに乗ろうとする道男ではなく、ブルーカラーの良介を選んで下町で生きる町子。それを演じたことで、倍賞さんは以降もそちら側の女性を演じ続けましたよね。「男はつらいよ」シリーズで、印刷工場で働く博と結婚するさくらの役も含めて。だってその前に作られたテレビドラマ版の『男はつらいよ』で長山藍子さんが演じたさくらは、お医者さんと結婚する。ところが映画で倍賞さんにキャストが代わると、結婚相手の職業が変わったんですから。そういう意味でもこれは彼女にとってすごく大きな映画だったと思う。『下町の太陽』はもともと倍賞さんが歌ったヒット曲のタイトルだけど、女優・倍賞千恵子にとっても、一生を決めるキャッチフレーズになったと思うんですよ。

## 『下町の太陽』と『霧の旗』のヒロイン・桐子のギャップ

——その〝下町の太陽〟だった倍賞千恵子が、やがて鈴木敏夫にまったく違ったイメージで衝撃を与える。それが65年公開の『霧の旗』である。

これは鈴木が数ある倍賞千恵子の出演作で、一番印象深く残っている映画。松本清張原作の山田洋次監督によるサスペンス映画で、倍賞は復讐《ふくしゅう》に執念を燃やすヒロイン・桐子を演じた。

当時僕は高校生だったんですけど、試験のときに早く家に帰ってくるじゃないですか。するとテレビで、あの〝下町の太陽〟が汚れ役にチャレンジみたいな芸能ニュースが流れていて、強烈に印象に残ったんです。それで映画を見に行ったら、確かに『下町の太陽』とのギャップがすごかったんですよ。

——桐子は高利貸の老婆を殺害したという容疑をかけられた兄の無実を信じて、東京の高名な弁護士・大塚欽三に弁護を依頼しに行く。

冒頭、桐子が住む熊本から東京までの電車の切符が大写しになって、タイトルに乗せて熊本から東京までの電車での道のりがドキュメンタリータッチで点描される。その部分は後の、長崎から北海道まで旅行する家族を描いた山田監督と倍賞さんの代表作『家族』

倍賞千恵子(1965年)

（70年）につながる描写だと思うんです。彼女にしてみれば、なけなしの金をはたいて、やっとの思いで東京にたどり着いて、大塚弁護士に会うわけですよね。ところが大塚は、自分は弁護料が高くて忙しいから彼女の兄の弁護を引き受けられないという。それもちゃんと桐子に会って、丁寧に説明するんですよ。大塚弁護士を滝沢修さんが演じていますが、誠実な人柄が出ていてはまり役なんです。

――大塚に断られて桐子が熊本に戻ると、兄の死刑が確定し、彼は獄中で病死してしまう。

その後、桐子は大塚弁護士を逆恨《さかうら》みして復讐を開始するんです。最後がすごくて、殺人容疑をかけられた大塚弁護士の愛人を救う証拠品を桐子が握っていてね。それを渡すからと、アパートに誘うんですよ。そして大塚を酔わせて、自分を犯させる。しかもすぐに病院へ行って、彼が自分の処女を奪ったという証明を取るんです。その証明を取るために桐子は大塚を誘惑したんですね。徹底してひどい女なんですよ。単なる言いがかりで、大塚弁護士の社会的な名声も何もかも奪ってしまうんですから。まったく救いのない終わり方まで、これがあの〝下町の太陽〟なのかと衝撃を受けたんです。その後リメイクされた映画で山口百恵《ももえ》さんが、テレビドラマでは大竹しのぶさんや安田成美《なるみ》さんが桐子を演じましたが、僕が一番印象的なのは倍賞さんの桐子なんです。

――こういう汚れ役は倍賞千恵子のフィルモグラフィーを見ると少ないが、それだけにインパクトが強かったのだろう。

加藤泰《たい》監督の『みな殺しの霊歌』（68年）では、暴れ者の兄を殺した過去を持つ女性を演じていて、これも良かった。ただこちらでは、自殺した少年の復讐を果たそうとする、佐藤允《まこと》演じる連続殺人犯が心を寄せるヒロインで、暗い過去を持ちながらも今はひた向きに生きているキャラクターなので、桐子とはまた違うんですけれど。他にも日曜劇場の「松本清張おんなシリーズ」の1本として放送されたドラマ『馬を売る女』（78年）が面白かったですね。これは社長に頼まれて競馬の情報を流しているオールドミスのＯＬが、その情報を使って私腹を肥やしているのが社長にバレて追いつめられる話なんですが、本当に化粧っ気も全くなく、地味なＯＬを倍賞さんは演じています。明るく生きる『下町の太陽』のイメージを本道として女優を続けながら、一方では暗いものを背負った女性も見事に演じてみせる。そこに倍賞さんの、女優としての幅広さがあると僕は思うんです。

## 「男はつらいよ」シリーズの本当のマドンナはさくらですよ

――倍賞千恵子は『霧の旗』から「男はつらいよ」シリーズ第1作の直前まで、9本ある山田洋次監督作のうち8本に出演している。その多くで相手役を務めているのがハナ肇《はじめ》だ。

倍賞さんとハナ肇コンビの代表作は『なつかしい風来坊《ふうらいぼう》』（66年）ですけれど、他の共演作は当時見て、あまり面白いと思わなかったんです。さまざまな喜劇の手法を試していて、山田監督としては勉強になったと思うんですけれど、ハナさんの表現は乱暴で繊細さに欠けている。でも今回見直して倍賞さんに注目すると、彼女はハナさんがどんな乱暴なアプローチをしてきても、その影響を受けずに我が道を行く演技をしているのが面白かったです。改めて見ると『なつかしい風来坊』や『愛の讃歌』（67年）に出演した有島一郎さんが、中年男の悲哀が出ていて、とてもいいんですよ。

――そして69年、後に特別編を含めて50作のシリーズになる「男はつらいよ」がスタートした。倍賞千恵子は主人公〝寅《とら》さん〟の妹、さくらを演じて国民的な人気を得た。

『男はつらいよ』に関しては、僕はテレビドラマ版を先に好きで見ていたので、映画ができた当初はそれほどいいとは思わなかった。基本的にはテレビの焼き直しだと感じましたから。でも見直すと映画もいいんですね。さくらもテレビの長山藍子さんの方が印象的だったんですけれど、だんだん倍賞さんの方がよくなっていく。毎回登場するマドンナと、さくらとのやりとりがいいんです。自分のお兄ちゃんの幸せを願ってマドンナに接しているのが伝わってきますから。でもこのシリーズの本当のマドンナは、さくらですよ。彼女がいるから寅さんも彼らしく生きていけるわけですしね。

――シリーズが始まって間もなく、山田監督は倍賞千恵子と井川比佐志《いがわひさし》の夫婦と、その舅《しゅうと》を演じた笠智衆《りゅうちしゅう》の一家が、長崎の五島列島から北海道の中標津《なかしべつ》まで、移住しにいくための旅をする『家族』（70年）を発表した。

間違いなく山田監督の最高傑作です。大阪万博が開催されていた当時の日本を背景に、今の日本社会はこうなっているということを、一家の旅を絡めてドキュメンタリータッチで描いた。山田監督には珍しいオールロケーション映画で、撮影に1年かけたんですよね。感心したのは、途中で赤ちゃんが亡くなったり、大変な目に遭《あ》った一家が、やっとの思いで中標津の友人一家のもとへたどり着く。そのときの皆さんの表情がね。疲労困憊とは画《え》にするとこういうものかと思うくらい、すごい顔なんですよ。不安もありながら、ある希望を持って北海道へ向かったはずなのに、目的地へ着いたときにそんなものはみじんもない感じが出ていて。あの描き方は印象的でしたよ。

――倍賞千恵子はこの作品でキネマ旬報や毎日映画コンクールの主演賞を受賞。名実ともに実力派女優として認められる。

その2年後に、倍賞さんは日曜劇場の『あにいもうと』（72年）に出演しています。これは室生《むろう》犀星《さいせい》の小説を山田洋次脚本でドラマ化したもので、兄を渥美清《あつみきよし》さんが、男に捨てられて今は酌婦をしているすさんだ妹を倍賞さんが演じているんです。ラストに兄妹が取っ組み合いの喧嘩《けんか》をする場面があるんですが、これが演技とは思えないほど、容赦《ようしゃ》ないつかみ合いでね。『男はつらいよ』などで互いを信頼している渥美さんと倍賞さんじゃないと、できないすごさなんです。その後に兄に向かって啖呵《たんか》を切る倍賞さんがかっこいいんですよ。さくらのときとは違った凛《りん》とした強さがあって、女の意地が出ている。僕は倍賞さんにいろんな役をチャレンジさせてあげたいという、山田監督からのプレゼントだと思いましたね。

## 彼女は歌を歌うときには声が高い。だから、若い娘も老婆の声もやれると思った

――「男はつらいよ」シリーズに出演以降、倍賞千恵子は山田洋次監督の『遙《はる》かなる山の呼び声』（80年）や、降旗康男《ふるはたやすお》監督の『駅 STATION』（81年）など、日本映画史に残る名編に何本も出演してきた。そして04年、スタジオジブリの『ハウルの動く城』に出演したわけだが、ヒロイン・ソフィーの声に倍賞千恵子はどうかと宮﨑駿監督から言われたとき、鈴木敏夫はどう感じたのだろうか？

僕は倍賞さんのファンだから、大賛成でした。また「さよならはダンスの後に」をはじめ、倍賞さんの歌も好きだったんです。彼女は歌を歌うときには声が高いでしょう。だから若い娘も、老婆の声もやれると思ったんです。倍賞さんに出演を依頼したら、快く引き受けてくれました。なんでも「男はつらいよ」シリーズで息子の満男役をやっている吉岡秀隆君が、『天空の城ラピュタ』（86年）のDVDを倍賞さんにプレゼントしたことがきっかけで、ジブリ作品をよく見るようになっていたんだとか。山田洋次監督も、出演するにあたって後押ししてくれたようですね。さらに「世界の約束」という映画の主題歌ができていく過程で、これは倍賞さんに歌ってもらおうという流れに、

自然になっていきました。

――実際に声を演じてもらって驚いたのは、鈴木のイメージと本人が違っていたことだ。

これは誤解のないように言っておきますが、声を担当してもらうことで、僕はいろんな女優さんとお目にかかる機会が増えたでしょう。すると皆さん、ベテランから若手までいい意味で〝天然〟の方が多い。そこにギャップがあって、僕には魅力的なんです。倍賞さんの場合は、「男はつらいよ」シリーズのさくらに代表されるしっかり者とか、僕個人で言えば『霧の旗』のどこか陰のある女性のイメージがあったんですよ。でもご本人に会ってみると、まったく違っていました。

――それを感じたのはアフレコのときだった。

ソフィーがハウルに呼びかける場面が何度もあるんですよ。すると普通は「ハウル」と言う場合、〝ハ〟にアクセントを置いて言いますよね。でも倍賞さんは〝ウ〟にアクセントを置いて言うんです。これは戦時中に茨城に疎開していて、そのときに覚えたアクセントらしいんですけれど。それを聞いた宮さんが「鈴木さん、なんとかしてよ」と言うので、別室に行って倍賞さんと2人で特訓しました。僕が普通に「ハウル」と言うと、「わかってるわよ」って倍賞さんも「ハウル」と言うんだけれど、どうしてもアクセントが直らない。本人はちゃんとやっているつもりなんです。またそういうことを指摘したら、気になって先に進めないじゃないですか。ところが倍賞さんは、まったく気にしていなくて「何でいけないの」という感じなんですよ。別に高飛車な態度ではないんです。すごく自然に、アバウトな部分はアバウトなわけですよ。だから、しっかり者ではないでしょう（笑）。まったくイメージとは違っていましたけれど、僕は人間的にいい方だなと思いました。明るくて、細かいことにこだわらない。

――結局「ハウル」の言い方は、後で音を調整したそうだ。またアフレコが終わってから、鈴木は彼女からプレゼントをもらった。

僕は通常、外では雪駄《せった》を履いているんです。そうしたら倍賞さんが、「はい、プレゼント」って、黒い雪駄をくれました。そんな物をくれた女優さんも初めてでしたね。思えば〝寅さん〟も年中雪駄を履いていたから、何か親近感を持ってくれたのかもしれません。

――さくらと『霧の旗』の桐子と、倍賞千恵子本人。そのイメージがないまぜになった、多面的な魅力。ひと言では言い表せないその人間味に、鈴木は魅せられたのだ。

# 大原麗子

## 小柄だけれど男に負けまいとつっぱった感じがよかった

――今から15年前の2009年。ひとりの女優が、自宅でひっそりと亡くなった。大原麗子、享年62。大女優と呼ばれた彼女だけに、〝孤独死〟として報道されたその最期は、周囲に衝撃を与えた。その彼女を鈴木敏夫は、デビュー当時から気になる存在として注目していたという。

大原麗子さんは64年にNHKのテレビドラマ『幸福試験』で本格的に女優デビューしたんですが、僕はその翌年に放送された丹波哲郎さん主演の『弁慶』(65〜66年・日本テレビ系)に、19歳の彼女が出演していたのを覚えているんです。

――最初に気になったのは、その顔立ち。気が強そうで、すべてに挑むような目つきに惹かれた。

大原麗子は、65年に東映へ入社。梅宮辰夫主演の「夜の青春」シリーズでバーのホステスや不良少女を演じ、高倉健主演の「網走番外地《あばしりばんがいち》」シリーズでは、荒くれ男の中に交じって一歩も引かない、パワフルなヒロインを演じていった。

高倉健さんの映画が好きだったということもあって、「網走番外地」シリーズは全作見ました。大原さんは『網走番外地　北海篇』(65年)からシリーズに5本出ているんですが、監督はすべて石井輝男《いしいてるお》さんでしょう。後に僕は編集者として、石井さんに漫画の原作を頼んだことを機にお付き合いしたんですが、あの人は過去のアメリカ映画の名作を元ネタとして持ち出してくるんですよ。しかもアレンジするのではなく、そのまま物語に取り入れようとする。例えば『網走番外地 北海篇』なんかは、いろんな人間が一つのトラックに乗り合わせていくあたりは、ジョン・フォード監督の『駅馬車』（39年）と同じ設定ですよね。第1作の『網走番外地』（65年）で高倉健さんと南原《なんばら》宏治《こうじ》さんが手錠でつながれたまま網走刑務所から脱走するのは、スタンリー・クレイマー監督の『手錠のまゝの脱獄』（58年）とそっくりです。でもそんなアイデアを臆面もなく取り入れてしまうところに、石井監督の面白さがある。人間的にもいい人でしたよ。

――ただ、男性主体の東映で大原麗子は、はねっ返り娘としてのイキの良さはあったが、添え物のヒロインというイメージを拭えなかった。

当時の東映は岡田茂社長指揮の下、〝不良性感度〟の映画を連発していた時代ですから。でも大原さんは、小柄だけれど男に負けまいとつっぱった感じがよかったんです。ちょっと憎たらしい不良で目つきが悪いんだけれど、気持ちがあったかそうに見えて。『不良番長』（68年）とか、大原さんの数少ない映画の主演作『三匹の牝蜂《めすばち》』（70年）も見ていますけれど、演じる役柄はどれも似たり寄ったりなんですが、僕は好きでしたね。『三匹の牝蜂』では後に結婚する渡瀬《わたせ》恒彦《つねひこ》さんと共演していて、2人が醸《かも》し出《だ》す雰囲気も悪くなかった。ただこの映画、この年に開催されていた大阪万博を背景にしていて、ほとんど隠し撮りなんですね。ああいうむちゃくちゃな撮影がまかり通ったのも、時代性が出ている感じがします。

――71年に東映を辞めて渡辺企画に移籍した大原麗子は、活躍の場をテレビに移した。ここからおてんばな不良娘は、日本的な美人女優に変貌して国民的な人気を得る。70～80年代、テレビ局が選ぶ好感度タレント1位に輝くこと実に14回。そんな彼女が出演したドラマを、鈴木は見続けていた。

大原さんは僕より2つ上で、ちょっと年上のお姉さんという感じでドラマを見ていたんです。年が近いせいか大原さんとは、同じ時代を並走していた気がします。中でも好きだったのが、倉本聰さんが脚本を書いた『たとえば、愛』（79年）でした。

## 彼女が出た連続ドラマでは一番好きなんですよ

——倉本聰脚本の『たとえば、愛』は大原麗子演じるラジオの人気DJ・九条冬子が、彼女の元夫の工藤六助（原田芳雄）、今の夫で広告代理店に勤める高井五郎（津川雅彦）との間で心が揺れるドラマである。毎回、大原のDJシーンが登場し、タレントの人気や聴取率に左右されるラジオ業界の裏側も描かれた。

倉本さんの作品ではこの2年前に、高倉健さんと大原さんが兄妹を演じた『あにき』（77年）もありましたが、そっちは面白いとは思わなかったんです。倉本さんは〝男の身勝手〟を評価するドラマをよく書いていましたが、それが僕には響かなかった。でも『たとえば、愛』は大原さんを真ん中に置くことで、非常に微妙なところでその辺をうまくやった作品だと思うんです。この中で九条冬子の深夜ラジオ番組は、もうすぐ15周年を迎える、局の看板番組なんですね。ところが彼女の夫・高井五郎は、代理店の人間として彼女を降ろそうと画策している。2人には私生活に仕事のことを持ち込まないというルールがあるので、冬子はそのことを知らない。五郎って、仕事はできるけれど最低なやつなんですよ。一方、元夫の六助は、小説の新人賞に応募するけどうまくいかない。冬子は今も六助のことが好きだけれど、彼には冬子のことを幸せにしてやれないという思いがあって、結局小説家の夢が破れて故郷へ帰っていくんです。

――倉本聰が書いた著作を読むと、『たとえば、愛』を書いている時期、彼は精神状態的に良くなくて、かなり苦しみながら全13話の脚本を仕上げたようだ。

苦しんで書いたことがよくわかるんです。だって普通なら、裏でそんなひどいことをしている五郎を見限って、六助の方へいってもおかしくないじゃないですか。でも最後になって、実は五郎が匿名で、「九条冬子を番組から降ろさないでください」という投書をせっせと書いてラジオ局に送っていることがわかる。それが職業人とは別の、彼の冬子への愛だということかもしれませんが、どうもつじつまが合わない。だから見ていて腹が立つんですけれど、五郎を演じた津川さんが、嫌だけれど憎めない男を実にうまく演じているんです。キャラクターだけ追っていくと許せない男なんだけれど、津川さんの魅力で最後に2人の仲が保たれて終わるオチまで見せてくれるんです。

――また、ラジオ局の人間を演じた周囲のキャストも魅力的だった。

制作部の部長役の戸《と》浦六宏《うらろっこう》さんとか、番組のプロデューサー役をやった荒木一郎さんがリアルなんですね。今だったらセクハラとして問題になることをバンバン言うし、朝から晩までみんながのべつ幕なしにたばこを吸っているのも、この頃の業界の雰囲気が出ています。津川さんの五郎がいい年をして初婚なのをからかって、「おまえ、ホモか」という言葉を連発する荒木さんなんか、こういうやつがいたなあと思う。荒木一郎さんというのは歌手や作曲家としても良かったけれど、俳優としても印象的な人でした。主演した映画『ポルノの女王　にっぽんSEX旅行』（73年）なんか、傑作だと思いますね。

――50年代末、ニッポン放送に入社してキャリアをスタートさせた倉本聰のラジオに対する思いも込められていて、それがリアルさにつながっているのかもしれない。

主題歌は豊島たづみさんが歌った「とまどいトワイライト」で、これがまた良かったんですけれど、ドラマ自体がどこか戸惑いながら進んでいく感じがある。その中で自分はどう生きればいいのか、タレントとしても女性としても揺れていく大原さんが、実にいいんです。彼女が出た連続ドラマでは、これが僕は一番好きなんですよ。

## サントリーのCMは、大原さんがなりたかった女性像も含めて本当の代表作だと思う

――鈴木が大好きだという大原麗子の主演映画がある。それが東陽一監督の『セカンド・ラブ』（83年）だ。これは大原麗子の数少ない主演作で、彼女はグリーンコーディネーターという、コマーシャル撮影や店のディスプレーで背景を彩るために、花や植物を飾る職業の女性を演じている。

グリーンコーディネーターというのは、言ってみれば裏方の職業ですよね。しかも仕事が広く認知されていないから、うさんくさい目で見られることがあって、だからこそ、このヒロインはプライドを持って頑張っている。そんな裏方の女性を大原さんは自然に演じているんです。後にオリヴィエ・アサイヤス監督の『パーソナル・ショッパー』（16年）を見たんですが、その映画でクリスティン・スチュワートが演じた主人公は、セレブのために服やアクセサリーを代行して買ってくる仕事をしているんですね。これもまた裏方の女性でしょう。何か僕の中では、そのヒロインと『セカンド・ラブ』の大原さんのイメージがダブったんです。クリスティン・スチュワートは『アクトレス　女たちの舞台』（14年）でも大女優を支えるマネージャーを演じていて、裏方の役が似合うんですね。『セカンド・ラブ』は公開当時、すでに大女優といわれていた大原さんの久々の主演映画で、彼女がヌードになるかどうかが騒がれていましたけれど、それが見どころの作品ではない。

一歩引いたところで裏方の仕事をしている女性の、すごく自然に生きている存在感。それが魅力的なんです。

——主人公は、大原麗子扮する一実と、小林薫演じる2歳年下の再婚相手・秀夫の夫婦。秀夫が、一実の周辺に前夫の影を感じ取り、2人の関係がぎくしゃくしていくさまを描いた大人のラブストーリーである。

大原さんは30代の女性を無理のない芝居で表現していて、やたらと細かいことを気にする小林薫さんとの夫婦生活も、実に繊細に描かれている。そこに東陽一監督のセンスを感じます。サスペンス的な要素もありますけど、それは重要ではなく、普通の大人の男女のやりとりが僕には心地いいんです。だから、なぜかこの映画は、その後も何度か見返しているんですよ。

——また『セカンド・ラブ』が作られた頃、大原麗子は「すこし愛して、なが～く愛して」のフレーズで知られる「サントリーレッド」のCMでも人気を得ていた。

このCMは市川崑監督の演出で80年から90年まで10年間続きました。大原さんはいつも男を待っている、和服姿の可愛い女性を演じているんです。この女性が妻か愛人かわからないんですが、僕は旦那を待っている奥さんに思えるんです。大原さんは私生活では渡瀬恒彦さんや森進一さんと結婚して、2度

大原麗子（サントリーレッド「仲直り篇」）

とも離婚している。また演じる役も、男との仲がうまくいかない不幸な女性が多いですよね。『男はつらいよ　噂の寅次郎』（78年）でも夫から離婚届を渡される役だし、『居酒屋兆治《いざかやちょうじ》』（83年）でも悲恋の果てに病死するし。でもこのCMで演じたのは男の帰りを心待ちにしている、待つのが幸せな女性なんです。このシリーズは博報堂のクリエイティブディレクター、藤井達朗さんが企画を立ち上げて、90年までに27本作られたんです。藤井さんは85年に若くして亡くなるんですけど、シリーズの雰囲気とクオリティーが保たれたのは、市川監督とクリエイティブな面にまで自分の意見を反映させた大原さんの存在が大きかったとか。このシリーズは、おそらく大原さんがなりたかった女性像も含めて、彼女の本当の意味での代表作だと僕は思うんです。

――そして90年代、彼女のもう一つの代表作『チロルの挽歌《ばんか》』（92年・NHK）が生まれる。

## 彼女にとって健さんの妻を演じるのは特別なことだったという気がする

――山田太一脚本のテレビドラマ『チロルの挽歌』は、09年に大原麗子が亡くなったとき、自宅のDVDデッキにそのディスクが入っていたという作品である。彼女はこのドラマを代表作と呼んでいたが、鈴木も特別な魅力を感じている。

町おこしのためにテーマパークを造ろうとしている北海道の町に、高倉健さん演じる主人公・実郎がやってくる。そこには数年前に杉浦直樹扮する菊川と一緒に逃げた妻の志津江（大原麗子）が暮らしていて、2人は偶然再会するんです。菊川は志津江にここから逃げようというけれど、志津江は逃げる気がなくて、実郎の服の洗濯をしたりする。これが面白いのは、ひとつは健さんの扱い方です。高倉健という人は簡単に言えば寡黙《かもく》な男を演じていて、それまでは好きな女がいても、相手が寡黙な健さんの思いを勝手に解釈してくれていた。ところが志津江は黙っていてはわからないのよと言って、自分が言うことを何でも聞いてくれる菊川と一緒に逃げたんです。つまり山田太一さんは、今まで健さんが培ってきたイメージを否定する脚本をぶつけたんです。当然健さんも黙っていては何も解決しないから、話さなくてはいけない。それで新しい魅力を引き出しているところが面白いんです。

——さらにユニークなのが志津江のキャラクターだ。逃げ出そうという菊川に対し、志津江はとどまって実郎と新たな関係を築こうとする。

志津江は、実郎も含めて3人で一緒にここで暮らしていけないかと彼に言うわけです。まあむちゃくちゃな要求に思えますけれど、これは逃げないと決めた志津江の本音ですよね。その提案が通るかどうかは別にして本音をぶつける。大原さんは男たちの添え物ではない、女性が本気で生きる姿を山田太一作品の中に見たんじゃないですかね。

——この志津江の提案は、鈴木の中に共生という形でその後も残っていく。

『グッドナイト・ムーン』（98年）という映画を見たとき、そう思ったんです。この映画でエド・ハリス演じる主人公には妻のスーザン・サランドンがいるけれど、彼はジュリア・ロバーツに惹かれて、彼女と暮らし始める。ところが彼の2人の子供はジュリア・ロバーツになつかない。子育てをしたことがない彼女は、前妻に助けを求めるんです。やがてスーザン・サランドンががんだとわかって、エド・ハリスはジュリア・ロバーツにみんなで暮らすことを提案する。このいろんなことをひっくるめた共生のありように、『チロルの挽歌』と通じるものを感じました。それで『ハウルの動く城』（04年）を作っているとき、宮さんが結末をどうするか困っていたので、『グッドナイト・ムーン』の例を出して、こんな映画もありましたと言ったら、「鈴木さん、それだよ」って。それでソフィーも荒地の魔女も一緒に暮らす展開になっていったんですよ。

――しかし大原麗子は、なぜ『チロルの挽歌』がそこまで好きだったのだろうか？

内容や女性像はもちろんですが、僕が思うに健さんとの関係性ではないですかね。テレビドラマ『あにき』では妹役だったし、映画の『居酒屋兆治』では結ばれない元恋人役だった。それがここで妻の役ですから。大原さんは健さんのことを尊敬していると言っていますが、彼女にとって健さんの妻を演じるのは特別なことだったという気がします。10代の頃から共演して、やっとたどり着いた健さんの奥さん役。これが大きかったように思うんです。

――結局、ギラン・バレー症候群によって99年から芸能活動を休止した大原麗子は、山田太一作品での本格的な女優復帰を夢見ながら、それが果たせず09年に亡くなった。しかし同じ時代を生きた彼女の面影は、今も鈴木の中に生き続けているのである。

# 風吹ジュン

## 風吹さんは漫画のキャラクターとして好きになって、それから本人のファンに……

――風吹《ふぶき》ジュンは『ゲド戦記』（06年）のテナー役と、『コクリコ坂から』（11年）の松崎良子役でスタジオジブリ作品に声の出演者として登場している。彼女のキャスティングは、プロデューサーである鈴木敏夫の推薦。起用の理由は「僕がファンだから」と鈴木は言うが、そのファン歴は古い。風吹ジュンは73年、モデルとしてユニチカのマスコットガールに選ばれ、デビッド・ハミルトンが撮影したポスター写真によってその美少女ぶりが注目されたが、鈴木が彼女に惹かれたのは、まったく別の角度からだった。

僕は70年に連載が始まって、全5部作10年間続いたバロン吉元さんの漫画「柔侠伝」シリーズが大好きなんです。今も自分のベッドのそばに置いてある漫画は「柔侠伝」シリーズだけなんですよ。

このシリーズは講道館柔道に負けた父親の恨みを晴らすために九州の小倉から上京した、柔術家・柳勘九郎を主人公とする明治時代の話から始まって、その息子の勘太郎、孫の勘一へと時代と共に主人公が代わっていくんです。このある一族の壮大な大河ドラマという意味では、後の荒木飛呂彦さんの「ジョジョの奇妙な冒険」にも影響を与えていると思いますね。それでこのシリーズの第3作「現代柔侠伝」から、柳勘一の相手役として茜《あかね》ちゃんが登場しました。僕はこのヒロインが好きでしたが、そのモデルになったのが風吹ジュンさんなんです。

――風吹ジュン本人ではなく、彼女をモデルにした漫画のキャラクターから、彼のファン歴が始まったというのが面白い。

バロンさんは風吹さんの水着姿を、そのまま茜ちゃんに代えた絵も描いていますし、イメージは完全に一体化しているんですね。また茜ちゃんの名字は、字が違うんだけど〝吹雪〟なんですよ(笑)。だから僕の中では、茜ちゃん＝風吹ジュンさんというのがまずあったんです。もう少し後になりますけれど、サントリーのマイルドウオッカ「樹氷」のCMキャラクター(78年)に茜ちゃんが使われたことがあって、そのときのキャッチコピーが「樹氷にしてねと、あの娘は言った」。漫画のキャラクターがお酒のCMキャラクターに使われたことは珍しいと思いますけれど、何か茜ちゃんは漫画という枠を超えた特別な存在でしたね。風吹さんに関しても漫画のキャラクターとして好きになって、それから本人を見て「いい」と思ったわけで、不思議な体験でした。

――鈴木の「柔侠伝」シリーズに対する偏愛ぶりは筋金入りで、19年に東京・弥生美術館で開催された展覧会「画業60年還暦祭　バロン吉元☆元年」のときには、バロン吉元の娘・エ☆ミリー吉元と「柔侠伝」シリーズの魅力を語る対談も行っている。

途中からバロン吉元さんも対談に加わって、本人がいる前で作品の魅力を語るのは照れましたが、僕の言うことにバロンさんはうなずいていました。そのとき、僕は映画のプロデューサーをしているので、やれる機会があったら「柔侠伝」シリーズを映画にしたいと言ったんです。ただ、なかなかこの題材をやれるいい監督がいない。一人、押井守がやりたいと手を挙げているんですが、あの人だとちょっと違ったものになりそうで（笑）。でもいまだに、シリーズを何とか映画にできないかなと夢想することがあるんですよ。

――鈴木が「柔侠伝」の茜ちゃんに出会って程なく、風吹ジュンは75年にテレビドラマ『寺内貫太郎一家2』（TBS系）で本格的に女優デビューする。

実は『寺内貫太郎一家2』は、当時僕はあまり見ていなかった。でもその後、70年代に彼女は次々にすごいテレビドラマに起用されていくんです。そこから僕は風吹ジュンさん本人のファンにもなっていったんですよ。

## 彼女の役は暗い。でも、その暗さが似合うんですよ

――75年、向田邦子がメインの脚本家を務めた『寺内貫太郎一家2』で本格的に女優デビューしてから、風吹ジュンは当時気鋭の脚本家が手掛けたドラマに次々出演。主なものを挙げると倉本聰の『前略おふくろ様Ⅱ』（76～77年・日本テレビ系）、山田太一の『岸辺のアルバム』（77年・TBS系）、向田邦子の『冬の運動会』（77年・TBS系）や『家族熱』（78年・TBS系）、『阿修羅のごとく』（79～80年・NHK）と、テレビドラマ史に残る70年代の傑作に登場している。

役的には主人公の4姉妹の四女・咲子を演じた『阿修羅のごとく』のように大きなものから、ほんのちょっとしか出ていない『冬の運動会』までいろいろなんですけれど、総じて言えるのは、こ

の頃の彼女の役は〝暗い〟(笑)。またその暗さがよく似合うんですよ。例えば『前略おふくろ様Ⅱ』では雪国から上京して高円寺で美容師として働いている、萩原健一演じる主人公の幼馴染《おさななじ》みの役で、彼女は同級生の間では身持ちの悪い女という噂があるんですね。実はそうではないんだけれど、彼女と再会した萩原健一は下心があってデートする。そんな彼の心を風吹さんは見透《みす》かすんですけれど、やがて2人は本気で付き合うようになっていく。でも風吹さんには流産した経験があって、どこか精神的にネガティブな面を抱えた女性なんです。『冬の運動会』では主人公の根津甚八《ねづじんぱち》さんが、高校生だった6年前に万引で捕まったとき、その夜一緒にいたスナックの女なんです。たった一晩だけの付き合いだけれど、彼女が今度結婚することになって、その前にどうしてもまた会いたかったと言って、根津甚八に会いにくる。彼女にとって彼と会ったことだけが、自分の青春の思い出なんです。このときの風吹さんはきれいでしたね。何か過去を引きずる女性を演じると、この時期彼女が持っていた根底にある暗さみたいなものが、鮮烈な魅力になって作品に浮き出ている気がしました。

――そんな彼女の魅力が浮き彫りになった作品が、『岸辺のアルバム』である。ここで風吹ジュンは、〝哀愁〟というニックネームを持つ、ハンバーガー屋の店員・篠崎雅江を演じた。

このドラマは一見理想の家庭に見える4人家族が、実は一人一人秘密を抱えていて見た目とは違うことを描いている。山田太一さんは、それまで家族が強い絆《きずな》で結ばれていたホームドラマを、各人の本音をさらけ出すことでひっくり返したわけです。それで風吹さんの雅江は最初、国広富之さん演じるこの家の息子を自分から誘惑していくんです。国広さんは自分がもてたと思い込むけれど、最後の方になってそうではないことがわかる。国広さんの一家が住んでいる家は、実は最初は雅江の一家が住むはずだった。ところが彼女の父親が事業に失敗して、家を買えなくなったんですね。その家に国広さんたちが住んで、理想の家族として暮らしている。雅江はそれをぶち壊そうとして国広さんに近づいたことを、彼に告白するんです。雅江は最初、受験生である国広さんのちょっとした恋の相手みたいに登場するけれど、見た目とは違った本当の姿を最後の方で見せることで、作品の本質に関係する役になっていくんです。20代で影のある存在感を出す女優として、風吹さんは異色な味を持った人でしたね。

――70年代には映画でも、強烈なインパクトを残した。それが松田優作と共演した『蘇える金狼』(79年)だった。

これは大藪《おおやぶ》春彦《はるひこ》さんの小説が原作のピカレスク・アクションで、風吹さんは巨大企業の乗っ取りを企む松田優作さんの愛人・京子を演じました。彼女がオールヌードになったことでも話題になったんですが、まさに体当たり演技で、作品全体でも欲望のままに動く風吹さんは、強烈な印象を残しましたね。

## 暗さが目立った70年代、迷走の80年代をくぐり抜けて『無能の人』で吹っ切れた

――1980年代、女優・風吹ジュンに転機が訪れる。いろいろなドラマで彼女を起用し、「次のドラマはあなたが主役ね」と言ってくれていた脚本家の向田邦子が、81年に飛行機事故で急逝。私生活でも同年に結婚をした。80年代の彼女はテレビドラマを中心に多くの作品に出演したが、これといった方向性をつかみきれない感じがあった。その彼女が90年代に入って、異彩を放ったのが竹中直人《なおと》の初監督作『無能の人』(91年)だった。つげ義春の漫画を原作に、河原で拾った石を売る主人公と、彼の身勝手さに付き合わされる家族の貧乏生活を描いたこの作品は、公開規模は小さかったが異例のヒット。ヴェネチア国際映画祭でも国際批評家連盟賞を受賞す

るなど、高い評価を得た。

風吹さんは竹中さん演じる主人公・助川助三の奥さん・モモ子役ですが、旦那が漫画家として才能があるのに働こうとしないでしょう。たまに仕事の話がくると、「僕は娯楽作品はやりません」と言って断ったりして、そのくせいろんな事業に手を出して、どれも長く続かない。そんな旦那の身勝手さにふてくされている感じがいいんですよ。そんな男と別れてしまえばいいのに、なぜか別れられない夫婦の雰囲気が実にうまく出ている。つげ義春作品の映画は、その後も石井輝男《てるお》監督の『ねじ式』（98年）とかいろいろありますが、これが群を抜いていいですね。公開当時、「何で〈無能の人〉はこんなにヒットするのか」という記事がいくつか出ましたけれど、僕が思うにね、貧乏を売り物にした作品は他にもいっぱいあるでしょう。でもつげ義春の描く貧乏は、本人の体験談をもとにしていることもあって、本物なんですよ。そうすると、そこに描かれている貧乏は信用ができる。だからこの中で竹中さんが演じている主人公の貧乏は、本物の貧乏に見えたんだと思うんです。

――映画に描かれる助川一家の現金収入は、モモ子がやっているチラシ配りのバイト代だけ。食生活はギリギリだし、家族旅行へ行っても鈍行列車を乗り継ぎ、粗末な民宿に泊まる。せこく貧しい生活が、リアルに描かれている。

だからささやかなドラマが印象に残る。例えば主人公が自信を持って品評会に臨んだ石を、オークションにかけてみたら、自信作がまったく売れず、それを不満に思ったモモ子が値をつり上げて、結局自分で競り落として儲けにならない。この情けないエピソードなんかも、笑いと悲しさのバランスがいいんです。竹中さんはその後も映画を監督していますが、やはりこの作品が代表作だと思いますね。風吹さんにしても暗さが目立った70年代、迷走していた80年代をくぐり抜けて、何か吹っ切れた感じがある。ほぼ愛想が尽きている旦那と、それでも連れ添っていくモモ子に、ある生命力みたいなものを感じました。

――彼女はこの演技でブルーリボン賞をはじめ、多くの映画賞で助演女優賞を受賞した。女優として躍進した90年代。その風吹ジュンを象徴する役のひとつが、向田邦子スペシャルの『風を聴く日』（95年）。彼女は、家族を捨てて失踪した菅原謙次演じる初老の男と暮らす、どこか自堕落な女に扮している。

物語のメインは田中裕子さんの長女をはじめとする、菅原謙次さんの娘たちなんですが、この娘たちが、父親が女と暮らしていることを突き止める。それで会いに行くと、父親はもう家へは帰らないというんです。ところが父と暮らす女性が長女を呼び出して、正月だけそちらの家へ帰したいと言い出すわけですよ。これってかなり身勝手な言い分でしょう。正月だけなんですから。そんなことをぬけぬけと言ってしまう女性のどこかふてぶてしくて、哀れにも見える雰囲気。あの独特の生活感は、風吹さんじゃないと出せないと思いました。

## 男女が再会して、かつての恋心が燃え上がる。その静かに心が騒いでいく女性を見事に演じた

――『無能の人』で演技派としても認められた風吹ジュン。その彼女の代表作が、中原俊《しゅん》監督の『コキーユ　貝殻』（99年）である。これは山本おさむの漫画を原作に、同窓会で再会した中年の男女の切ない純愛を描いた作品。風吹ジュンは、中学時代に好きだった小林薫演じる浦山と再会して、その後、経営するスナック「コキーユ」で浦山と付き合いを深めていくヒロイン・直子を演じた。

直子は中学時代、卒業式の前日に浦山に自分の思いを告白しようとして、ある場所に来てほしい

と彼の耳元で囁《ささや》いたんですが、実は浦山は片方の耳が聞こえなくて彼女の言うことが伝わっていなかった。だから愛を確かめられずに、そのまま別れた2人なんです。その男女が再会して、かつての恋心が燃え上がる。その静かに心が騒いでいく女性の雰囲気を、風吹さんは実にうまく演じていました。

——また、これは鈴木にとって個人的にも思い入れのある映画だった。

映画を企画したのは畠中基博さんといってコムスシフトという芸能事務所の社長なんです。畠中さんには『もののけ姫』(97年)でキャスティングのプロデュースを初めてお願いして、以降は『ホーホケキョ となりの山田くん』(99年)、『千と千尋の神隠し』(01年)、『猫の恩返し』(02年)、『ギブリーズ episode2』(同)、『ハウルの動く城』(04年)、『ゲド戦記』(06年)、『崖の上のポニョ』(08年)とスタジオジブリ作品のキャスティングをしてもらったんです。だからこの時期のジブリ作品には風吹さんをはじめ、田中裕子さんや倍賞美津子さん、小林薫さん、香川照之さん、益岡徹《ますおかとおる》さんら、当時コムスシフトに所属していた俳優に声の出演者として多く出てもらいました。皆さん素晴らしい力量を持った俳優なので、映画を支える力にもなったんです。

『コキーユ』はその畠中さんが企画・プロデュースした映画ですから、特別な思いがありました。この作品には、特に直子を思う浦山役の小林さんに男のロマンチシズムを感じる。これは畠中さんがどうしても作りたかった、

風吹ジュン(2013年)

彼のロマンを満たすための映画だと僕には思えました。

――余談ではあるが、やはり畠中がプロデュースした田中裕子の主演作『いつか読書する日』（04年）も、青春時代にある事情で別れた男女が中年になって互いの思いを成就させる物語で、畠中基博にとって、このテーマは特別なものだったことがわかる。また畠中は、05年から渋谷のシネマ・アンジェリカという映画館の経営も行っていた。

その映画館に「三鷹の森ジブリ美術館ライブラリー」の世界の名作アニメーション映画を提供して、上映してもらいました。そういう意味でも畠中さんとは付き合いが深かったんですが、彼は60代で若くして亡くなってしまって。『コキーユ』の直子も最後には事故で亡くなってしまうんですけれど、だからこそ映画では浦山の中に彼女への思いが余韻として残る。それと同じように、畠中さんは僕にとって今も忘れられない人ですね。

――規模は小さい作品が多かったが、大人のロマンをつづった良質な映画をいくつもプロデュースした畠中基博。彼が製作した映画は高く評価され、『コキーユ』でも風吹ジュンは報知映画賞の主演女優賞などに輝いた。

畠中さんは中国の映画人とも付き合いがあって、実は『山の郵便配達』（99年）で知られる中国の監督、フォ・ジェンチイが日本人の駅長役の俳優を探していると言ってきてね。畠中さんが僕を推薦したら、監督が、ぜひ使いたいと。ところが撮影に中国へ行って、拘束期間が3カ月だというので諦めました。いや、これは本当にやりたかったんですよ（笑）。そんな話を持ってきてくれたことも含めて畠中さんとの思い出は尽きないですね。

## 彼女はきれいさと可愛らしさ、そのどちらの魅力も持っている

――鈴木が風吹ジュン本人と実際に会ったのは、『ゲド戦記』が最初だった。この作品で彼女は、大賢人の魔法使い・ゲドと、昔から付き合いのある女性テナーを演じている。

風吹さんをテナー役に推薦したのは僕なんです。自分がファンだったということもありますが、まずゲドの声は菅原文太さんしかいないと思ったんです。それで、文太さんの相手役をやれる女優は誰かとなったときに、風吹さんがフッと浮かんだんですよ。

――『ゲド戦記』を見直すとわかるが、それまでの風吹ジュンは言葉が流れるような独特のセリフの言い回しをしていたのに対し、この映画では非常に落ち着いた、なおかつ母性的な言い方をしている。

僕が思うにそれは、八千草薫《やちぐさかおる》さんの影響があると思います。『阿修羅のごとく』をはじめ、風吹さんは何度か八千草さんと共演していて、その言い方を受け継いだんじゃないかと。それを特に感じたのは、次の『コクリコ坂から』なんですよ。そこでは娘の海ちゃんに、彼女が思いを寄せる風間俊の出生の秘密を説明する母親を演じてもらったんですけれど、説得力があって母性的な感じもなくてはいけない難しい役どころで。そのときの風吹さんが、声だけ聞いてみたら八千草さんにそっくりだったんです。『ゲド戦記』のときにもその感じがすでにありましたが、これは菅原文太さんの声を聞いて芝居をしているでしょう。だから相手が文太さんだったことで引き出された言い方になっていると感じましたね。

――『ゲド戦記』の収録現場では鈴木が風吹ジュンのファン、風吹がジブリ作品のファンということもあって話が弾み、その後も2人はメールのやりとりをする仲になった。

『ゲド戦記』の後、風吹さんは阪本順治監督の『魂萌え！』《たまもえ》（07年）に主演しましたが、そのときにもいろいろメールが来ました。『魂萌え！』は、旦那が急死して、彼には10年来付き合っていた愛人がいたことがわかり、それまで普通の主婦をしていた女性が新たな人生を歩みだすまでの紆余《うよ》曲折《きょくせつ》を描いている。その過去にサヨナラして自分の生き方を見つけていく大人の女性を、風吹さんは巧みに演じていました。僕が『魂萌え！』を見た後、ヒロインの生き方を評して〈勝ち負けじゃない、人生は〉って書いて、映画を絶賛するメールを風吹さんに送ったら、〈どんな映画賞をいただくより、偉そうな評論家に褒められるよりうれしい〉と彼女から返事が来て。それに続いて〈阪本監督は映画にすべてを賭けて生きている方でした。純粋な想いが作品の力になっていると思います。『ゲド戦記』もそうです。思えばあの春、何と充実した日々であったか。私は無力、作品があって初めて生かされる。ああ、良かった〉というメールが来てね。彼女にとって『魂萌え！』も『ゲド戦記』も、いい現場だったんだなとわかって、うれしくなりましたよ。

——風吹ジュンとは仕事を離れてもコンサートや落語の公演会場などで偶然会うことが幾度もあり、奇妙な縁を感じているとか。

人の縁は不思議なものでね。風吹さんは女優を始めた『寺内貫太郎一家2』の現場で樹木希林《ききりん》さんと出会って、その後もずっと付き合っていった。僕も晩年の樹木さんと付き合いがあって、何か見えないところで縁がつながっている感じがするんです。風吹さんをすごいなと思うのは、女優って普通は美人か、可愛いかのどちらかにイメージが分かれていくじゃないですか。でも彼女はきれいさと可愛らしさ、角度によってどちらかの魅力も持っている。そんな女優はまれだと思うんです。

——ファンになって半世紀近く。今も風吹ジュンは、鈴木を魅了し続ける女優なのだ。

# 今井美樹

## 『おもひでぽろぽろ』という映画は、彼女ありきの企画だったんです

——鈴木敏夫はある食べ物屋で今井美樹とばったり出くわしたことがある。２人はこのとき、実に25年ぶりの再会。懐かしくて、思わず自然にハグしあったという。

今井さんには『おもひでぽろぽろ』（91年）のときに主人公・タエ子の声をやってもらって、彼女の誕生日会に呼ばれたりコンサートに僕が行ったりと付き合いがあったんですが、その後、今井さんはロンドンに移住されたので本当に久しぶりの再会でした。

——高畑勲監督によるスタジオジブリの『おもひでぽろぽろ』は、岡本螢《ほたる》と刀根《とね》夕子《ゆうこ》の漫画を映画化した作品である。原作は１９６０年代後半に小学生だったタエ子の日常を、ノスタルジックにつづったものだが、高畑監督は27歳になったタエ子を登場させ、彼女が少女時代を思い出していくという手法をとった。

昔を思い出すわけだから当然、思い出す主体が誰かということになります。当初はタエ子が高校生になっているということで考えたんですが、ある日、高畑さんが「27歳でもいいでしょうか」と言ってきたんです。何でだろうと思ったら、そのとき、高畑さんの娘さんが27歳だったんですよ。

——27歳のタエ子の声を演じる女優が必要に

今井美樹（1998年）

なったが、そのときすでに高畑監督は今井美樹のキャスティングを決めていたという。

今井さん以外、考えられないというんです。高畑さんは、実はテレビっ子でいろんなドラマを見ているから、俳優さんの名前に詳しくてね。山田太一さん脚本による女子プロレスラーを題材にした『輝きたいの』（84年・TBS系）で女優デビューしたときから、今井さんに注目していたんです。僕もあのドラマが好きで、全部ビデオに録《と》って見ていました。

――高畑監督が今井美樹にこだわったのは、彼女の顔の頬骨《ほおぼね》が印象的だったからだ。

高畑さんが目指した『おもひでぽろぽろ』の表現上のテーマはね、人は大人になって、どうやって生きていくかということに、ちょっとしたことが大事なんだと。それは日本人の特徴で言うならば〝笑ってごまかす〟ということなんだって。つらいことや言いにくいことを言っていても、最後に笑う。その〝笑ってごまかす〟ことを画《え》によって表現したかったんです。高畑さんは笑いを表すには頬骨がとても大事だと。それでどうしても、頬骨が特徴的な今井さんでやりたかった。だからこの映画は、彼女ありきの企画だったんです。

――通常、声の出演者は、声質がキャラクターの年齢や雰囲気に合っているかで選ばれる。しかし高畑監督は最初から、声だけでなく笑いを含めた今井美樹の表情も画の参考にしようともくろんでいた。それだけに彼女の出演は映画を作る上でマストの条件だったのだ。

ところが当時、今井さんはテレビドラマ女優としてトップクラスの人気者だったし、多忙な上にこちらが出せる出演料と金額的に折り合わなくて、出演交渉は大変でした。最初は色よい返事がもらえなくて、そのことを高畑さんに話したら「彼女がやってくれないんだったら、この企画はボツです」と言いましたよ。これは困ったと思いました。その頃スタジオジブリは『魔女の宅急便』（89年）がヒットしましたけれど、まだそれほど知名度が高くなかった。それで赤坂にあった今井さんの事務所を何度も訪れて、かなり粘り強く交渉していったら、最終的には協力してくれることになったんです。これは、あの頃の彼女の人気や仕事の状況を考えるとあり得ないことが起きた感じで、ありがたかったですね。

## 「一度、ナレーションだけ読んでみてくれませんか」と普段着の今井さんの声を録音した狙いとは？

——こうして今井美樹は『おもひでぽろぽろ』のタエ子役に決定したが、高畑監督とのやりとりで問題が起こる。それは彼女のナレーション録りの現場から始まった。この映画では主人公のタエ子が小学生だった少女時代を思い出すときに、当時の自分の状況を説明するナレーションが入る。その分量はかなり多い。

映画というのは昔から、ナレーションが入った作品は正攻法の作り方ではなく、二流、三流の映画だと言われていました。でも、あえてそこに挑戦するのが高畑さんなんですよ。それでタエ子役の今井美樹さんに「一度、ナレーションだけ読んでみてくれませんか。どれだけの時間を要するか知りたいので」と持ち掛けたんです。今井さんとすればこれは仮の録音だと思ってOKして、録音するときも芝居のつもりでは、ナレーションを読まないですよね。でもそれが、高畑さんの〝狙い〟だったんです。普通はみんな、ナレーション風に作られた読み方をしますよね。でも高畑さんはそんなものは欲しくなくて、普段着の〝素〟の今井さんの声でいきたかった。そんなナレーションは、今までどの映画でもやっていないんです。でも今井さんはそんな高畑さんの狙いは知らないから、仮録音だと思ってナレーションの録音をした。彼女にすれば、その後に本チャンの録音があると思うでしょう？　それがいつまでたってもやり直さない。そんなとき、高畑さんが「いや、あのときのあれでいいんです」と言い出したわけです。これには今井さんが納得しませんでした。

「あれは試しに、時間がどれだけかかるか知りたくてやっただけじゃないですか。それをそのまま使われるというのは、私は合点がいきません」と。それで随分もめたんです。

——ここから高畑監督や鈴木は、かなり時間をかけて彼女を説得していったという。

それでいろんなことを話すようになって、僕は彼女と仲良くなったんですよ。随分話し合いましたが、結局最後まで納得はしてくれませんでした。だって完成した映画を見た後も、「こんな下手なものを世に出されて」と本気で怒っていましたから。でもね、僕が思うに映画としては高畑さんの狙いは正しいんです。結構な分量のあるナレーションを、いわゆるナレーション風にやられたら、つまらないものになってしまったでしょうね。

——この映画は27歳のＯＬの日常を映し出したもので、画の表現を含めてリアリティーが重要になる。ナレーションからも芝居くささを削ぎ落とそうとした高畑監督の判断は、結果論だが的を射ていたと思う。

作られた芝居ではないものが欲しいという意味では、画の表現もそうなんです。例えばタエ子が夜に、自分の部屋でお姉さんと電話で話すシーンがある。これがかなりの長電話なんです。すると高畑さんのテーマは、人は長電話をしているときに何をやっているんだろうと。ここでのタエ子はベランダの手すりを歩いていく猫を眺めたり、当時の電話ですから長いコードがあって、それを指で触ったりしている。話の内容がどうこうではなくて〝そのとき何をやっているか〟が重要だったんです。また少し後の方で、山形へ向かったタエ子が親戚のトシオと蔵王《ざおう》へ行く場面がある。2人はそこでお茶を飲むんですが、ここでもセリフの中身はどうでもいいんです。若い男女が話しているときに、彼らの目や手や表情はどうなっているのか。いかにリアリティーをもって、そのときの2人の感じを表現できるか。高畑さんにとって『おもひでぽろぽろ』は、それが重要な映画だったんです。

## タエ子やトシオの表情や仕草は、今井さんと柳葉さんの演技をそのまま画にした

——これらの場面でのしぐさや表情は、演じた今井美樹本人を参考に画が作られている。リアリティーを追求するために、高畑勲監督は演じる俳優たちとどのような共同作業をしたのか。通常のアニメーション映画では画を描いた後に声の出演者を呼んで、いわゆるアフレコ（アフターレコーディング）を行う。しかし高畑監督は事前に声を録音して、それに合わせて画を描いていくプレスコ（プレスコアリング）の手法を好んだ。特に『おもひでぽろぽろ』では、声だけでなく画自体の参考資料を得るためにも、プレスコが絶対条件だった。

主人公のタエ子をやった今井美樹さんと、トシオを演じる柳葉敏郎さん。2人には画を描く参考にしたいから、声の録音をするときの芝居を全部ビデオに撮らせてほしいとお願いしました。2人に異論はなかったので、向かい合って座る2人の真ん中にマイクを置いて、セリフの掛け合いをする彼らの芝居をビデオで撮影したんです。

——当時のメイキング映像には、まるでラジオ番組のように机を挟んで座りながら話す、今井美樹と柳葉敏郎が出てくる。その彼らのバストアップショットを狙ったカメラがそれぞれに1台ずつ付いていて、ここで撮った映像を何度も見返しながら、アニメーターたちはタエ子とトシオの画を描いていったのだ。

そういうやり方をしたので、映画に出てくるタエ子やトシオの表情やしぐさは、今井さんと柳葉さんの演技をそのまま画にしたものなんです。普通のアニメーションでは、声の録音は1人ずつ録ってもいいわけですが、このときは2人のシーンは必ず両方に来てもらいました。またタエ子が旅行に向かう山形でも音を録っているんですけれど、柳葉さんがそこに来られないときには、トシオ

役を僕がやって録ったんです。まあトシオという役名は、僕の名前からとったものですしね（笑）。

——だから山形の田舎へ行って紅花《べにばな》の収穫を手伝ううちに、自然の中で喜怒哀楽の表情が豊かになっていくタエ子の魅力は、そのまま今井美樹本人の魅力でもあるといえる。

ちょっと今井さんから話がそれますが、『おもひでぽろぽろ』で忘れられないのがね。映画が公開された後、ある会合で岡本喜八監督と一緒になったんです。その会合の後、駅のホームで岡本監督とまた出会ったら、「鈴木さん、さっきは話せなかったけれど『おもひでぽろぽろ』はいい映画でした」と声をかけてきて、そこから1時間、ホームで立ち話しました（笑）。印象に残っているのが、「僕も自分が映画監督だからそういうことが気になるんだけれど、あの映画の車の中のタエ子とトシオのツーショット。僕も随分映画を見てきたけれど、実写、アニメーションを含めてあれに勝るツーショットはない。あそこでのカメラのポジションは本当にすごかった。車の中のツーショットはとても難しくて、描き方が決まってしまうんです。それが、こんなカメラポジションがあるんだと思い知らされました。僕も次に自分の作品でそういう機会があったら、このツーショットの描き方を使わせてもらいます。高畑さんによろしく言ってください」と言われたんです。確かに高畑さんはかなり意図した映像設計をして、あのツーショットの場面をつくっていますから。それを岡本監督が感心してくれたのは、僕としてもうれしかったですね。

——今井美樹と仕事をしたのは『おもひでぽろぽろ』だけだが、画と声の両面でヒロインを演じた彼女は特別な存在として印象に残った。

14年、僕が雑誌『GQ』のMen of the Yearの一人に選出された際に、今井さんの夫・布袋寅泰《ほていともやす》さんも選ばれたんです。タキシードを着た事前撮影会で布袋さんとご一緒したとき、『おもひでぽろぽろ』のことは、今でも妻との話に出るんですよ」と言っていました。布袋さんもいい方でしたが、今井さんはさばさばした明るい人で、やはり忘れられない女優さんの一人ですね。

# 加藤登紀子

## 宮さんが加藤さんの大ファンで
## テープが緩むくらい、聞き込んでいた

――2020年6月、加藤登紀子はコロナ禍による緊急事態宣言解除後、歌手として初めて観客を入れた大規模なコンサートを東京で開催した。誰もが感染者が会場から出ることを恐れていたとき、彼女は感染対策を万全にしてコンサートを成功させたのである。

加藤さんは思いついたら、すぐに実行する人なんです。しかも誰にも任せず、自分で行動する。随分前ですが加藤さんから連絡があって、「私、朝日新聞で連載をしているんだけれど、そのことでちょっと鈴木さんに取材したいから、どこかで会おう」って、いきなり言うんですよ（笑）。それで取材を受けたんですが、加藤さんはその連載で面白いことを書くんです。「私はいろんなプロデューサーを見てきたけれど、こんなプロデューサーはいない。鈴木敏夫は禅の坊主みたいだ」って。視点がユニークだし、自己主張がはっきりしていて、興味が湧いたら即実行する人なんですよ。

――鈴木敏夫は加藤登紀子と30年以上の付き合いになるが、突然連絡が来て驚かされ

加藤登紀子（2019年）

ることが何度もあったとか。彼女の経歴を振り返れば、それもうなずける。20代のとき、69年の「ひとり寝の子守唄」と71年の「知床《しれとこ》旅情」でそれぞれ日本レコード大賞歌唱賞を受賞した実力派シンガーである一方、72年には東京大学在学中に知り合った学生運動家の藤本敏夫と、藤本が獄中にある中、結婚。この獄中結婚は世間をあっと言わせた。その後の彼女の生き方を見ても、「我が道を往く」という言葉がこれほど似合う女性はいない。そんな彼女と鈴木との付き合いは、宮﨑駿監督のスタジオジブリ作品『紅《くれない》の豚』（92年）から始まった。

『紅の豚』は当初、日本航空の機内で上映する20分程度の短編として企画がスタートしたんです。でもその20分の内容では主人公のポルコ・ロッソが、何で豚になったのかまるでわからない。僕がそれを宮さんに言ったら、結局93分の長編になっていって、ポルコの昔馴染みの女性・ジーナが登場することになったんです。

――『紅の豚』は1920年代のアドリア海を舞台に、この海を荒らしまわる空賊たちと賞金稼ぎの飛行機乗りポルコ・ロッソの対立を描いた作品。ポルコは自らに魔法をかけて豚の姿になっているが、彼の過去は「ホテル・アドリアーノ」の女主人ジーナしか知らない。

ジーナのところに飾ってある、ポルコが人間だった頃の写真には、ポルコを含めて4人の男と若いジーナが写っている。彼らは《オーストリア＝ハンガリー帝国》があった頃に飛行クラブをつくった仲間だった。それが第1次世界大戦では敵味方に分かれて戦うことになり、ジーナは3人の飛行機乗りと結婚して、いずれとも死別している。つまりポルコとジーナは写真に写っている中で、最後に残った2人なんです。そんな女性の声を誰に演じてもらえばいいのか。すると宮さんが「加藤さんだ」と言うんですよ。それは宮さんが加藤さんのファンで、彼女が歌うカセットテープを、テープが緩んじゃうくらい聴き込んでいたということもあるんです。映画の中で、加藤さんに「さくらんぼの実る頃」を歌ってもらいたいと。この歌は革命で犠牲になったパリ・コミューンの人たちを追悼する歌として流行して、日本でもコミュニストや活動家たちの愛唱歌になった。その歌を藤本敏夫さんと結婚した加藤さんに歌ってもらうというのが、宮さんの中でイメージとして結びついたわけですよ。もう1曲、加藤さんが作詞・作曲した「時には昔の話を」も映画に使うということを条件に出演を申し込んだら、加藤さんは大喜びで出演OKしてくれました。

——こうして加藤登紀子は、スタジオジブリ映画に女優として出演することになったのだ。

## 鈴木さん、私のプロデュースをしてみない?

——『紅の豚』の中で、ジーナが「さくらんぼの実る頃」をフランス語で歌うシーンがある。酒場でピアノの演奏をバックに歌う彼女に、荒くれどもの空賊たちが聞《き》き惚《ほ》れる場面だ。その歌声はジーナを演じた加藤登紀子が実際に歌ったものだが、声の収録はちょっと変わったやり方で行われた。

スタジオジブリ作品の製作順で行くと、『紅の豚』は高畑勲監督の『おもひでぽろぽろ』(91年)のすぐ後なんです。高畑さんは声を事前に録って、それを参考に画《え》を描いていくプレスコ方式で『おもひでぽろぽろ』を作りました。宮さんにとって、高畑さんはお兄ちゃんみたいな存在なんです。するとお兄ちゃんがやったことを、自分もやってみたいわけ。だから「鈴木さん、俺もプレスコやってみたい」と言いだしてね。それでこの歌の場面は、加藤さんが実際に歌っている姿を全部ビデオに収録して、それを参考にしながら画を描いていくことにしたんです。

——映画に登場するのは、レンガ壁で囲まれた空賊たちが集《つど》う酒場。その一角に置かれたピアノの前で、ジーナは歌を歌う。似たような状況の中で加藤登紀子に歌ってもらうにはどうすればいいかが、悩みの種だった。

その頃、青山に加藤さんのお母さんが経営されていた「テアトロ　スンガリー」というロシア料理店がありましてね。僕が加藤さんのお姉さんに、こういう事情だから協力してもらえないかと交渉しに行ったら、お姉さんが「じゃあ、うちの店を使ってやったらどうですか」と言ってくれたんです。撮影当日は、お客の役も必要だから日本テレビの奥田誠治さんとか、知り合いに来てもらって。そこに映っているのはスタッフにとっては顔なじみの人ばかりで、印象深い収録になりました。

——こうして宮﨑駿作品には珍しいプレスコによる歌の場面が誕生した。加藤登紀子はもう一曲、映画のエンディングに使われた「時には昔の話を」も新たに録音した。

この歌は別の日にスタジオで収録しました。そのとき宮さんは忙しくて、僕が立ち会ったんですが、歌の中に「息がきれるまで走った」という歌詞がある。そこを歌ったとき、加藤さんの声がちょっとハスキーっぽくなったんです。当然もう一度やり直しということになるんだけど、僕には印象に残ったんですね。それで「宮﨑に相談しますけれど、映画ではさっきの〝ハスキーな声〟のものを使いたい」と言ったら、音のスタッフが怒り出して。世に出す彼女の歌は、ちゃんとしたものでなくてはいけないというわけです。でも僕は、「最後にこの歌が流れたとき、あそこで本当に息が切れるようなハスキーボイスになるのは、映画としてものすごく得になるんですよ」と説明しました。それでもめていたんですが、そこに加藤さんが現れて、「面白いかもしれない」と言ってくれて。だから映画では、このハスキーになるバージョンを使ったんです。

——映画を見直すと、ジーナが若い頃を思い出しながら、声がハスキーになることで感情を乗せて歌っている感じが伝わってくる。歌単体ではリテイクするのが正しいが、映画を見る観客への効果としては鈴木のプロデューサーとしてのジャッジは間違っていない。

そんなことがあったからか、後になって僕は加藤さんに呼びつけられるんです。何の用かなと思って彼女の事務所へ行ったら、「鈴木さん、私のプロデュースをしてみない」って（笑）。僕は門外漢のことはやりませんと断りましたけれど、本当に思いついたらすぐ実行に移す面白い人なんですよ。

——加藤登紀子は彼のプロデューサー的な感覚を認め、その後も付き合いは続いていった。

## 『ポニョ』に登場するフジモトは、加藤さんの〝ダンナ〟の名前だった

例えばある日、スタジオジブリに大荷物が届くんですよ。何かなと思って開けてみると、そこには劇中で言うジーナのセリフを筆で書いたものが額装して何枚も入っている。加藤さんは書がお上手で、いきなりそれを送ってきたんです。だからジブリのいろんなところに飾りましたよ（笑）。僕も一度、日比谷の野外音楽堂に彼女のコンサートを見に行ったことがあります。このとき僕はひとりだったんですが、コンサートの途中で隣に座っているおじさんが話しかけてきてね。これが変装した筑紫哲也さんで。筑紫さんはジブリとも付き合いがあって、知り合いだったんです。それでコンサートが終わってから、２人で加藤さんの楽屋まで挨拶《あいさつ》に行ったこともありました。

——最近、加藤登紀子は毎月11日に「土の日ライブ」という、ゲストを呼んで対談する番組を配信しているが、20年11月に配信されたこの番組に鈴木も少しだけゲストとして登場した。

そのときはいきなり連絡があって、『紅の豚』に関して取材したいから、いつ行けばいい」って（笑）。本当に思いついたらすぐ行動する人なので、毎回驚かされるんです。それもご自分で、どんどん質問してきますからね。彼女のあのバイタリティーはすごいと本当に思います。

——宮﨑駿監督は加藤登紀子と『紅の豚』の声の収録現場だけの付き合いだったが、彼女へのお礼

を他の作品の中に忍ばせている。それが『崖の上のポニョ』（08年）だ。

あの作品の中にフジモトという変なおじさんが出てきますよね。人間でポニョの父親という設定なんだけれども、あのフジモトという名前は加藤登紀子さんの夫である藤本敏夫さんから取ったんです。宮さんは実際の藤本さんに会ったこともないし、顔も知らないんですけれど、「これは加藤さんのダンナ」と言っていました。それは宮さんなりの、加藤さんへのお礼の意味があったんです。ただ、このキャラクターは説明がしにくいんですよ。『崖の上のポニョ』の英語版を作るためにアメリカへ行ったときにね。当時ピクサーにいたジョン・ラセターが中心になって英語版を作ってくれたんですけれど、そのスタッフたちからいろんな質問をされるんです。それで「このフジモトというのは、何者なんだ」と聞かれても、説明のしようがない。だって海そのものの生命体みたいなグランマンマーレとどうやって結婚して、どうしてポニョが生まれたかなんて、わからないわけですから。とにかく「フジモトという名前には、こだわらなくていい」と答えたのを覚えています。

藤本敏夫さんのことも、向こうの人には説明しようがないですからね。

――鈴木はプロデューサーとして、女優・加藤登紀子をどのように見ていたのだろうか。

ある雰囲気を持った方ですよね。『紅の豚』のジーナでも空賊から紳士まで、どんなタイプの人でも受け入れる人間的な度量の広さとか、いろんな過去を背負っていながら見せない感じとか。彼女自身が、ある雰囲気を持った方だと思います。また高倉健さんと共演した『居酒屋兆治』（83年）なんかを見ると、いい奥さんを自然に演じている。実際の加藤さんは自分でどんどん行動していく方で、健さん演じる夫を支える、映画の中の奥さんとは違うキャラクターだと思うんですが、そういう役もやれるのが才能だと思いますね。

――歌手にして女優、そして行動的な人間としての魅力を持つ加藤登紀子もまた、ジブリ作品を彩ってきた印象的なひとりなのだ。

# 桃井かおり

## ジブリ作品にかなり興味を持っていることは確かでした

――鈴木敏夫と桃井かおり。接点がなさそうな2人だが、1972年に徳間書店に入社して『週刊アサヒ芸能』の記者として働き始めた鈴木にとって、71年に映画デビューした桃井かおりは、まさに同時代のスター女優だった。

僕が最初に印象に残ったのは、藤田敏八監督の『赤い鳥逃げた?』(73年)です。これは原田芳雄さんと大門正明さん演じるチンピラのコンビが、犯罪に手を染めて当てのない旅に出ていくロードムービーなんです。桃井さんは彼らの旅に付き合う、いつも上半身裸でマンション暮らしをしているブルジョア娘のマコを演じているんですが、その自由であけっぴろげな感じにそれまでの女優さんと全然違った雰囲気がありました。彼女がギターを弾くシーンなんかを、よく覚えていますね。この映画は樋口康雄さんの音楽も良かったんです。この映画の桃井さんを見て、まったく新しい感覚の女優さんが出てきたなと注目しました。

――桃井かおりは市川崑《いちかわこん》監督の『愛ふたたび』(71年)に出演した後、田原総一朗と清水邦夫の共同監督による『あらかじめ失われた恋人たちよ』(71年)で本格的に映画デビューした。ここでは加納典明演じる野性的な男と旅を続ける、ろうあ者の女性を演じているが、全身ヌードになってセックスシーンにも挑戦し、まさに体当たりの演技を披露。その豊満な肉体美と、70年安保闘争が終わってどこかしらけ切った社会の空気を体現した独特のムードで絶大な人気を得た。やがて彼女は山田太一脚本の『それぞれの秋』(73年・TBS系)における不良少女役をはじめとする、テレビドラマでもたばこをスパスパ吸いながら流れるようなしゃべり方が特徴的な、個性的な新人として脚光を浴びる。

確か74年頃だったと思うんですけれど、新宿の飲み屋に先輩記者といたら、その輪の中に桃井さんとお兄さんで脚本家の桃井章さんが入ってきたことがあったんです。藤田敏八監督の『エロスは甘き香り』（73年）や神代辰巳《くましろたつみ》監督の『青春の蹉跌《さてつ》』（74年）といった彼女の出演作を見た後だったので、驚きましたね。当時、新聞などには「彼女はああいうしゃべり方をしているけれど、本当はきちんとしていて全然違うんだ」という記事が出ていました。桃井さんは中学のときにイギリスへ3年間バレエ留学もしたお嬢さまですから、確かにそっちが本当の彼女なんじゃないかと思っていたんです。でもこのときには、流れるようなあの桃井かおり節でずっとしゃべり続けて、映画とまったく変わらないと思いましたね。

――その桃井かおりと2度目に遭遇したのは4年ほど前。今度は桃井の方から、鈴木に会いたいと言ってきたという。

ジブリの制作担当で、実写の制作もやったことがある伊藤郷平君が「桃井さんが、鈴木さんに会いたいと言ってます」と言ってきたんです。どうして会いたいのか理由を聞くと、伊藤君も「よくわからない」と。僕はジブリ作品で声優でもやりたいのかなと思ったんですよ。それから程なく、用事があって東宝撮影所へ行ったときにばったり桃井さんと出会ったんです。それでしゃべりだしたら、彼女は2、3時間話が止まらないんですよ。これは昔一度、新宿で会ったことを言ったら、もっと話が続くんじゃないかと思ったのだけど、やめておきました（笑）。結局何で僕に会いたかったのか、理由はわからなかったんですけれどね。とにかくジブリ作品にかなり興味を持っていることは確かでした。

――2人の2度目の出会いまでには、半世紀近い時が流れている。その間、鈴木にとっての桃井かおりに対するイメージはどう変化していったのだろうか。彼の中で女優・桃井かおりの印象は

『青春の蹉跌』によって、さらに強烈なものになった。

## 男に愛情もむけられず捨てられていく女性の悲しさを体現していた

――神代辰巳監督が萩原健一、桃井かおり主演で映画化した『青春の蹉跌』は、石川達三が68年に発表した小説が原作。物語は学生運動をやめてアメリカンフットボールに専念しながら、司法試験合格を目指す大学生の賢一郎が、人生の成功を夢見てブルジョアの娘・康子に接近。一方で家庭教師をしている彼は、教え子の登美子と肉体関係にあり、登美子が妊娠したとわかると堕胎を迫る。やがて登美子が堕胎手術をしていないと知った賢一郎は、彼女を冬山へと誘って殺害するというもの。鈴木は大学生の頃に原作を読み、自分が学生運動の熱から冷めていく時期と重なったこともあって内容に惹かれていた。

その石川達三さんの原作を、神代辰巳監督が映画にするというので興味を持ちました。神代さんは日活ロマンポルノを撮っているときからのファンで、特に『一条さゆり 濡れた欲情』(72年)は、自分が雑誌の編集者として一条さゆりさんに取材をしたこともあったので、忘れられない一本なんです。その神代さんが東宝で初めて一般映画を作る。しかもショーケン(萩原健一)と桃井さん主演ということで、期待は膨らみました。

――映画では賢一郎を萩原健一が、登美子を桃井かおりが演じ、康子には檀《だん》ふみが扮している。

映画は期待を超えて面白かった。この中でショーケンは、桃井さんのことが好きじゃないんですね。でも彼女に会うとエッチしなくてはいけない。そこでショーケンが「エンヤトット、エンヤトット」という掛け声入りで歌う「斎太郎節《さいたらぶし》」が、モノローグのようにかぶさる。神代さんの映画はオールアフレコで、現場でセリフは録音していないんです。だから見直すと、俳優の口が閉じているのにセリフを言っているところがあるし、ショーケンも最初は現場へ行って、監督から何でもいいからしゃべってくれと言われて困ったそうです。日活ロマンポルノは予算もスケジュールもないから、すべて音が後入れだったんですよ。でも神代さんはそれを逆手にとって、独自の映像表現をつくり出した。ここでも「エンヤトット」という掛け声の中に、無理に行為としてのエッチをする男のやりきれなさが出ている。またショーケンが登美子と康子を背負うシーンが別々に出てきますけれど、女性を男性が背負うことで、人生の重さを暗示させるんです。登美子を演じた桃井さんも、男に愛情もむけられず捨てられていく女性の悲しさを体現していて、すごく印象的でした。

――萩原と桃井の場面で特に鮮烈なのが、冬山で賢一郎が登美子を殺害するシーンだ。

本当に殺しちゃうんじゃないのかというくらい、緊迫感があってすごいんです。後に演じた2人のコメントをインタビュー映像で見たんですが、本当にそんな気分で演じていて、桃井さんは「お願いだから殺さないでほしい」って思っていたそうですよ（笑）。映画って起承転結があるんですけれど、神代さんはそれを崩したところが新しかった。端的に言えば日常のある場面を捉えて、それを丁寧に描くことで人間の実像を浮かび上がらせる。その連続で作品ができているんです。だから『青春の蹉跌』も、一つ一つのシーンの画の力とそこにいる俳優の存在がものすごく印象に残りますね。こういう青春映画が東宝で作られたことにびっくりしました。それまでの東宝青春映画は、もっと絵空事のような感じのものが多かったですから。この映画の監督に神代さんを起用したのは、ショーケンの推薦だったらしいですね。ここから彼は神代さんと『アフリカの光』（75年）、『もどり川』（83年）、『恋文』（85年）、『離婚しない女』（86年）などでコンビを組んで、桃井さんも『櫛《くし》の火』（75年）や『噛《か》む女』（88年）といった神代作品に主演する。その原点が『青春の蹉跌』なんです。

## 当時の若者の気分が桃井さんの仕草や表情の中に凝縮されたような映画でした

――1970年代後半。桃井かおりは、しらけ世代の象徴的な女優だった。マスコミの前でもたばこを吸い、酒を飲み、その奔放な言動が話題になって、自由を求める若者たちの時代感覚をリードする、ある種のオピニオンリーダー的な存在になった。そんな彼女のイメージの頂点と言えるのが、東陽一《ひがしよういち》監督の『もう頰づえはつかない』（79年）である。

この映画を見たときにはびっくりしましたね。僕は30代になった頃でしたが、現代は大変な時代だなと思ったんです。昔だったら異性と関係を持って、それがきっかけで大人になっていくということが、若者の自然な流れとして描かれていたでしょう。でも現代は大人になるのが遅くて、桃井さん演じる大学生のまり子は、言葉は悪いけれどタイプが違う男と2度くだらない関係性を繰り返さないと、大人としての出発点に立てないわけですよ。そのことをちゃんと描いていたので、これは現代を捉えた作品として面白かったんです。

――映画の中で桃井かおりは、自分のアパートに転がり込んできた同じ大学に通う奥田瑛二扮する学生と、風来坊でいつ帰るともわからない森本レオ演じる三流のルポライターとの間で、心が揺れるまり子を演じた。

僕は東陽一監督の映画が基本的に好きなんですけれど、ここに出てくる桃井さんのヒロインには、この時代を生きる女性の雰囲気があるんです。どこかに収まってしまうことに対するつまらなさや寂しさがあって、一方では自分で求めているものがあるけれども手に入らないことに対するむなしさも感じられて。当時の若者の気分が、桃井さんのしぐさや表情の中に凝縮されたような映画でしたね。だからこれはATG（アート・シアター・ギルド）作品だったけれども、東宝の本番線で全国公開もされて大ヒットしました。

――桃井かおりはこの作品と『神様のくれた赤ん坊』（79年）の演技で日本アカデミー賞、ブルーリボン賞、キネマ旬報、毎日映画コンクールの各主演女優賞を受賞。その2年前に山田洋次監督の『幸福の黄色いハンカチ』（77年）で助演女優賞を総なめにしていたが、これによって演技派女優のポジションを、より確かなものにした。

ここから彼女は時代のオピニオンリーダー的なイメージから脱して、大女優への道を歩もうとするんです。80年には黒澤明監督の『影武者』に武田信玄の側室役で出演し、今村昌平《しょうへい》監督の『ええじゃないか』（81年）にもヒロイン役で主演する。桃井さん的にはそういう巨匠たちと仕事をすることも大事だと思って出演したんでしょうが、僕はこれらの作品での彼女の演技はそれほど印象には残らなかったですね。

――もはや自分を刺激した70年代の桃井かおりは過去の人になったかと思われた82年1月、五木寛之の原作を蔵原惟繕《くらはらこれよし》監督が映画化した『青春の門　自立篇』が公開された。

この中で桃井さんは、新宿で働くインテリの娼婦・カオルを演じていました。同じ原作を浦山桐郎《うらやまきりお》監督が77年に映画化していますが、そのときカオルを演じたのはいしだあゆみさん。映画としては浦山版の方がよかったと思うんですけれどカオルのキャラクターに関しては、僕

『もう頬づえはつかない』（1979年）

は桃井さんの方が好きだった。どこか頽廃的《たいはいてき》、かつ利那的《せつなてき》に生きる女性の雰囲気が、彼女に似合っていると感じました。ただ70年代の彼女の演技に対するアプローチとは違ってきたと思いました。前は時代の感覚を取り込みながら、それを演技に結び付けていく感じが強かったですけれど、この辺からの桃井さんは作り込んだ演技をするようになった。それはそれで、僕には彼女の新境地として面白かったんです。

――そしてこの年の9月、『疑惑』（82年）でさらに桃井かおりは新境地を見せることになる。

## 彼女の悪女演技には説得力があるんです

――野村芳太郎監督の『疑惑』は、松本清張のサスペンス小説の映画化である。桃井かおり扮する若い後妻を乗せて、車で海に飛び込んだ富豪の夫が死亡した。桃井は生き残るが、夫に多額の保険がかけられていたことから、彼女に計画殺人の疑いがかかる。その弁護を引き受けたのが敏腕女性弁護士の岩下志麻で、殺人の疑惑をいかに晴らしていくかを描いた法廷劇である。

実はこの映画、僕はリアルタイムに見ていなかったんです。どうも野村芳太郎さんが作った一連の松竹の松本清張ものには、違和感を覚えていて。でも今度初めて見て、食わず嫌いで見ていなかったことを反省しました。これはすごく面白い作品でしたね。桃井さん演じるヒロインは見る人の共感をまったく得られない、徹底した悪女なんです。法廷でいろんな証言者が自分に不利な証言をすると、その場で「嘘つき」呼ばわりして騒ぎだすし、非を全く認めない。自分を守ることにしか興味のない最低の女で、映画を見ていくと「こんなヤツは、死ね」と言いたくなるようなキャラクターなんですよ。そう思わせるくらい、彼女の悪女演技には説得力があるんです。桃井さんが感情をむき出しにする悪女なら、岩下さんは常に冷静に法廷での逆境を切り抜けていく、感情を押し殺したクールな弁護士。実はこの女性は離婚を経験していて、娘の親権を、別れた夫に奪われている。家庭的に見れば欠陥のある女性で、どちらも完璧でない女性2人の対比が面白いんです。その女優2人の芝居を、最後まで堪能《たんのう》させてくれる映画でした。

——演技派の女優として新たな境地を見せた桃井かおりが、次に挑んだのが恩地日出夫監督による『生きてみたいもう一度　新宿バス放火事件』（85年）だった。

これは80年に西新宿のバス停留所で発生したバス放火事件を題材にした作品で、桃井さんはこの事件で全身の80％をヤケドした被害者を演じているんです。冒頭で放火事件が描かれるんですが、バスの後部座席にいる桃井さんは車内が燃え盛っても、最初は逃げようとしない。それで体に火がついて、やっと脱出するんです。実は彼女はこのとき、どこかで死のうと思っていたことが後でわかるんですよ。言ってみればこの映画は、死のうと思っていた女性がヤケドの大変な治療を経験した後、生きてみたいと再び思うようになるまでの話なんです。普通この手の作品だと放火犯への憎しみが生きる原動力になりそうだけれど、そうじゃないんです。彼女は放火犯を恨んでいなくて、不遇な境遇の中で生きてきた犯人を理解しようともする。ヒロインが再び生きようとするのは、彼女を常に優しさだけで支えてきた、石橋蓮司扮する恋人の存在が大きくて、彼ともう一度生きようとするわけです。その死から生へと変化していく女性を、桃井さんは見事に表現している。恩地監督が狙ったリアルな映像表現もいいですが、これは桃井さんの演技力がなくては成立しない映画です。『疑惑』で演じた強烈な悪女や、心身ともに疲弊したところから再び立ち上がるこの映画の女性まで、この時期に桃井さんは演じる役の幅が広がった感じがしました。

——一方で桃井かおりは、大正から昭和にかけての四国を舞台に、脚本家・早坂暁《はやさかあきら》が自分の母親をモデルに描いたテレビドラマ「花へんろ～風の昭和日記～」シリーズ（85～97年）4部作に主演。その存在は日本を代表する大女優になっていった。

作品としてはいいと思うんですが、桃井さんに注目すると『花へんろ』はそれほど面白みを感じない。僕にとっての桃井かおりの魅力は、いつも新しい何かを求めている女優という部分があって、ここではアンサンブルの中にうまく収まった感じがするんです。

## 山田一家のまつ子の声を桃井さんにしようかと悩んだ時期があった

――88年、日活（当時はにっかつ）は17年間続いたロマンポルノ路線から、一般映画を製作・配給していくロッポニカ路線へと転換した。その第1弾作品の一つとして作られたのが、神代辰巳監督、桃井かおり主演による『噛む女』である。

桃井さんは、アダルトビデオ会社の社長をしている永島敏行さんの妻を演じているんです。夫はもはや妻に一片の愛情もなくて、幼い娘だけを溺愛している。片や妻の方は、寂しさを抱えながらそんな境遇に甘んじているように見えるんだけれど、これが最後の方でまったく違うことがわかる。夫が事故死するんですが、その首謀者が実は妻なんです。この桃井さんが恐ろしくて不気味なんですよ。かつての『疑惑』みたいにわかりやすい表現の悪女ではなくて、神代さんは女性の持つ恐ろしさをにおわせる演出をしていて、桃井さんもそれに合わせた演技を見せる。やはり『青春の蹉跌』の昔から、このコンビの映画は面白いと思いました。

――その後、桃井かおりは若松孝二監督の『われに撃つ用意あり』（90年）や、市川準監督の『東京夜曲』（97年）での演技が注目されたが、05年からは拠点をアメリカに移し、ハリウッド映画への出演をはじめ、世界の映画人と仕事をするようになっている。

これは予想ですが、95年に神代さんが亡くなって、桃井さんの演技力を活用しながら、彼女の新しい魅力を引き出してくれる監督がいなくなったことが大きい気がするんです。桃井さんは常に新しい自分を求めている感じがして、それを見つけるには桃井かおりに対する既成のイメージを持たない、海外の映画人との仕事の方が面白そうだと思ったんじゃないですかね。実際、『ゴースト・イン・ザ・シェル』（17年）では主人公のスカーレット・ヨハンソンの母親役を、結構楽しそうにやっているなと思いました。

――その桃井かおりを、スタジオジブリが起用しようとしたことがあったという。

高畑勲監督の『ホーホケキョ　となりの山田くん』（99年）を作るときにね。主人公の山田一家の奥さん、まつ子の声を最初は桃井さんにしようかと悩んだ時期があったんです。高畑さんが以前から桃井さんの大ファンで、僕もファンだったので「桃井さんでいきませんか」と高畑さんに言っていたんです。最終的には朝丘雪路さんがまつ子を演じたんですが、かなり最後の方まで、2人のどちらにするかで悩みました。でも本当に決めなきゃいけない最後の頃に、高畑さんが「鈴木さん、やっぱり桃井さんは違うよ。まつ子は関西弁だから」と言ってきたんです。朝丘さんも桃井さんも東京の生まれだけれど、朝丘さんは宝塚歌劇団に入っていたから、関西弁には馴染みがある。でも桃井さんに関西弁を要求しても難しいだろうと言われて、朝丘さんに決定しました。しかし高畑さんは桃井さんの演技力を買っていましたから、桃井さんにやってもらえなかったのは残念でした。

――半世紀にわたって作品を見てきた女優・桃井かおりを、鈴木はどのように捉えているのだろうか。

やはり時代の感覚を表現していた70年代の桃井さんが僕は一番面白かったですけれど、彼女は最初からテクニックによって、女優・桃井かおりを見せていた人だと感じますね。やがて演技の幅が広がって、テクニックが磨かれてきたけれど、それを使いこなせる作り手が周りにいなくなっていった。でも年齢を重ねて落ち着くのではなくて、海外へ行って自分の可能性を試そうとしているわけでしょう。その意欲はすごいですよね。彼女にはこれだというところに収まらない新しさを、今後も見せていってほしいですよ。

# 一条さゆり

## 『濡れた欲情』はポルノと謳いながらあまりにもちゃんとした映画だったので仰天した

――1970年代初頭、東京・新橋の山手線のガード下に「新橋文化劇場」「新橋日活ロマン劇場」「新橋第三劇場」という3つの映画館があった。72年4月に徳間書店へ入社し、『週刊アサヒ芸能』の編集者として働き始めた鈴木敏夫は、会社から歩いて数分の場所にあった、これらの映画館に通い詰めた。

少し前から話をすると、お客が来なくて経営が立ち行かなくなった日活は、71年8月公開の『八月の濡れた砂』と『不良少女　魔子』の2本立てを最後に一般映画の製作をやめたんです。僕はこの2本を渋谷の日活直営館で見ました。最後の日活映画なのにお客が3人しかいなくてね。僕は『八月の濡れた砂』にいたく感動したんですが、いい作品を作っても映画会社はこうやって終わってしまうのかと思いました。その年11月に『団地妻　昼下りの情事』と『色暦《いろごよみ》　大奥秘話《おおおくひわ》』が公開されて、日活はポルノ路線の日活ロマンポルノをスタートしたんですが、この2本は正直そんなに面白いと思わなかった。でも日活映画を見てきたひとりとして、義務のようにその後の日活を見届けてやろうという思いで、ロマンポルノを見るようになったんです。その直営館が「新橋日活ロマン劇場」だったんですよ。

――大した期待もなく日活ロマンポルノを見始めた72年6月、鈴木は村川透監督の『白い指の戯れ』を見て衝撃を受ける。
荒木一郎さんと伊佐山《いさやま》ひろ子さんのカップルが主人公ですが、2人がエッチするときにね、荒木さんがたばこを吸いながら、伊佐山さんを犯すんです。これはムードもへったくれもないなと、エッチなシーンの描き方に衝撃を受けました。後で知ったんですが、この脚本に神代辰巳さんが参加していたんですね。

――神代辰巳は『かぶりつき人生』（68年）で監督デビューしたが、当時の日活で記録的な不入りとなり、以来、監督する機会を失った。この時期はロマンポルノ路線に転じた日活で、72年1月に監督第2作『濡れた唇』を発表したものの、まだ注目される存在ではなかった。

その神代さんが監督した『一条さゆり　濡れた欲情』（72年）が、この年の10月に公開されました。僕の記憶では、それまでもロマンポルノはわいせつ罪に問われたりして話題を集めましたが、作品自体が注目されたのは、この映画からだったと思うんです。何しろ現役のストリッパー・一条さゆりさんが、この年5月に公然わいせつ罪で逮捕され、その係争中に主演した映画ですから、社会的な事件でした。僕も興味があって見に行きましたが、ポルノと謳《うた》いながらあまりにもちゃんとした映画だったのでびっくりしたんです。一条さんはストリッパーであって女優ではないので、彼女が踊る舞台の場面はドキュメンタリーなんです。冒頭で彼女がラーメン屋で働いていると、お客に「ストリッパーがテレビなんか出るんじゃないよ」と因縁をつけられるんですが、当時、一条さんはテレビの『11PM』にレギュラー出演していて、彼女は本人そのままの人生を背負って出ているんです。それで彼女をライバル視して追い抜こうとする若いストリッパー・伊佐山ひろ子さんの部分は完全に作られたお芝居になっていて、これはお芝居とドキュメンタリーをドッキングさせた大胆な構成の映画なんですよ。撮影がまた、今村昌平作品を撮ってきた姫田真佐久《ひめだしんさく》さんですから、生々しい映像がいいんです。神代辰巳という監督の名前も、この映画によって強烈に印象付けられました。

## 『アサヒ芸能』時代は、一条さゆりの担当編集者に

一条さゆりと鈴木は、ひょんなことから間もなく実際に出会うことになる。『週刊アサヒ芸能』の正月特大号で対談記事のページを任された彼は、一条さゆりが登場する記事を担当することになったのだ。

——その対談は一条さんと、戦後のストリップ草創期のスター・メリー松原さんという、ストリッパー対談でした。当時はこういう取材をする場合、対談の進行役とカメラマン、会話の速記まで、担当記者が一人でやるのが常識なので、大変なんです（笑）。それで対談が始まったんですが、ストリップといっても2人は活躍した時代が違うでしょう。メリーさんの時代は「額縁ショー」といって、額縁の中に裸で立っているのがストリップだったんですから。SMを取り入れた一条さんのショーとは全く内容が違う。また一条さんは踊っていて熱が入ると、陰部から白い何かが出てくることでも評判で、そのことに話が及ぶとメリーさんは「そんなことやってるの」と驚いて。そこで一条さんが真相を告白。踊る前に彼女は、牛乳風呂に入っていたんですよ。そんな現代のストリップに対する、メリーさんの驚きが中心になったんです。結果的に面白い記事ができて、後に作家の佐木隆三さんから「あの記事、引用させてくれないか」と言われたし、編集長からも褒められました。だから一条さゆりさんは、とても印象深い人なんです。

——一条さゆりとの付き合いはこれだけで終わらなかった。程なくストリップ界から完全に引退した一条さゆりは、大阪で寿司屋を始める。すると鈴木のところにハガキが舞い込んだ。

開店するときには来てねとか、ちょくちょく近況を書いたハガキをくれるようになりました。『週刊アサヒ芸能』では一条さんのその後に関する記事を何度も出しましたが、何か僕が彼女の担当編集者ということになって、付き合いが続いていきました。彼女としても寿司屋は長続きしなかったんですが、その後はバーを経営したりいろんなことをやっていたし、わいせつ罪の裁判も長く続いたので、週刊誌で自分がやっていることを紹介してもらいたいという思いがあったんでしょうね。

——それだけ付き合いのあった鈴木だが、一条さゆりのストリップの舞台は、結局、生で見ることができなかった。

彼女は引退興行中に捕まって、その後が映画『一条さゆり　濡れた欲情』ですから、僕は舞台を見る機会がなかったんです。その後の彼女のことを言うと、交通事故に遭ったり全身に大ヤケドをしたりと大変な目に遭って、最期は大阪の釜《かま》ケ崎《さき》で寂しく亡くなったんです。そのことを思うと、映画の中に一番元気なときの一条さんの踊りがフィルムとして残されたことは本当に良かったと思います。その彼女の主演作をリアルタイムに見られたことは、僕にとって大きかったですね。だってあのとき、映画を見たことが一つのきっかけになって、対談記事につながって、彼女との

一条さゆり

付き合いが生まれていったわけですから。

——神代辰巳監督に目を向けると、彼はデビュー作『かぶりつき人生』で母娘のストリッパーを取り上げてから、『一条さゆり　濡れた欲情』、『濡れた欲情　特出し21人』（74年）、『美加マドカ指を濡らす女』（84年）と、何度もストリップを題材に映画を作っている。

神代さんは社会から外れたところで生きている人を取り上げて、他人から見たらたいしたことではないけれど、その人にとっては大事なことを丁寧に描いていった監督だと思うんです。そんな神代さんにとって、ストリッパーは、自分が思いを傾けて描きやすい女性たちだったんじゃないかと思うんです。

# 中川梨絵

## 一種独特のエッチな雰囲気がこの映画からは感じられなかった

——1970年代前半、日活ロマンポルノ初期の作品の中で、鈴木が最もエッチな女優として印象的だったのが中川梨絵《りえ》だという。

本当の初期に主演した白川和子さんや田中真理さんは上の世代な感じがしたし、『白い指の戯れ』や『一条さゆり　濡れた欲情』の演技でキネマ旬報女優賞を受賞した伊佐山ひろ子さんは、どこか芸術くささが出ていて僕の肌には合わなかったんです。ピンク映画からロマンポルノに来た宮下順子さんも、少しおばさんという印象がありました。そんな中で中川梨絵さんは、全身からエッチな雰囲気を出していて魅力的だったんです。

——東宝から成瀬巳喜男監督の遺作『乱れ雲』（67年）で映画デビューした中川梨絵は、東宝では芽が出ず、72年に日活へ移籍。ここからロマンポルノ作品に次々主演していく。

中でも僕は、加藤彰監督とのコンビ作が好きでした。『恍惚《こうこつ》の朝』（72年）とか、『ＯＬ日記　牝《めす》猫《ねこ》の情事』（同）といった加藤さんが監督した彼女の作品を追いかけましたね。そんな中川さんが神代辰巳監督の『恋人たちは濡れた』（73年）にヒロインとして登場したんです。これがいまだに謎だらけの作品で、本当に不思議な映画なんですよ。

――『恋人たちは濡れた』は、ある港町に流れてきた青年が映画館で働き始め、土地の者たちから彼らの幼馴染みに間違われるが、本人は身に覚えがない。やがて彼は、古くからの親友だと名乗る光夫と、その恋人・洋子と親しくなる。青年に興味を持った洋子は彼に言い寄るが、青年は「自分は金をもらって人を殺して、この地に流れてきたんだ」と言う。そんな会話をしている2人のところに突然、殺し屋が現れて青年を刺し、彼は洋子と共に海に落ちていくところでエンドマークになる。

この作品は神代さんをはじめ、スタッフのみんなが神代映画の中で一番いいと言っているんです。どこか鬱々とした思いを抱えて港町に流れてきた青年は、おそらく映画を撮れなかった時代が長かった神代さん本人の若き日が投影されていると思うんですけれど、この人物の背景は何が本当なのか全くわからない。洋子との関係性も発展しませんし、全然エッチではないんです。だから内容は「恋人たちは濡れない」で、看板に偽りありなんですよ（笑）。後半の青年と光夫、洋子の3人が裸になって砂浜で延々と馬跳びをし合う場面も意味がわ

映画『OL日記　牝猫の匂い』（1972年）

からないし、ポルノというよりATG映画のような作品なんです。その脈絡のなさや起承転結を否定したような展開、分断して挿入される音楽の使い方などフランスのヌーベルバーグを彷彿《ほうふつ》とさせる作品です。もうひとつ思ったのは、ラストの突き放し方などに日活の先輩、鈴木清順監督の影響もある気がしますね。日本では60年代初頭に松竹ヌーベルバーグの監督たちが出てきますけれど、本当にヌーベルバーグの影響を色濃く受けた監督というのは、藤田敏八監督の『八月の濡れた砂』(71年)なんかもそうですが、70年代初頭に現れたと思うんです。その究極の形が、神代さんの『恋人たちは濡れた』だった。それは試みとしてはわかるし、魅力的な部分はあるんですが、当時見た印象ではお客さんをどこか置きざりにしている感じがしました。映画的な面白さを与えてはくれないし、何より中川梨絵さんの持つ、一種独特のエッチな雰囲気が、この映画からは感じられなかった(笑)。だから僕の中では今も不思議な作品として記憶されているんです。

——鈴木にとってのロマンポルノの女神・中川梨絵はその後、74年に『竜馬暗殺』に出演してから活躍の場を一般映画へと移す。彼女のポルノ女優として華の時代は、ほんの2年で終わりを告げたのである。

# 宮下順子

## 神代さんのこの2作品が登場したことで、ロマンポルノは一般映画になったんです

——17年近い日活ロマンポルノの歴史の中で、傑作に数えられるのが神代辰巳監督の『四畳半襖《ふすま》の裏張り』(73年)と『赫《あか》い髪の女』(79年)である。この2本に主演した女優が宮下順子。鈴木の中にも、この2本の映画は忘れられない作品として残っている。

神代さんのこの2作品が登場したことで、ロマンポルノは一般映画になったんです。それは強烈

な印象でした。ポルノ映画という枠を超えて、みんなが評価したんですね。一方では本来、日陰の娯楽映画だったポルノが一般映画になることで、力を失うことにもつながったのも事実なんです。だから神代さんのように、最初の頃からロマンポルノもやれば、『青春の蹉跌』（74年）のような青春映画も分け隔てなく作っていた監督はいいんですけれど、ポルノにこだわっていた監督たちは居場所をなくしていきましたよね。その辺の影響を考えると複雑な部分もあるんですが、やはり神代さんが作ったこの2本は傑作だと思います。

――『四畳半襖の裏張り』は、この当時に作家・永井荷風の作だとして再発掘され、本物かどうかで話題を集めた小説『四畳半襖の下張』を原作に、大正時代の芸者たちのセックス事情を描いたもの。冒頭から宮下順子演じる芸者と、お客の江《え》角《すみ》英明《ひであき》による蚊帳《かや》の中でのセックスシーンが延々と続き、その行為の合間に、大正時代の主な事件の説明が挿入されていく。

理屈を言えば、世の中でどんな事件が起こっていようが、戦争の影が忍び寄ろうが、男と女がやることは変わらないと。それは身分も何も関係なく平等なんだということを描いているんです。当時見て思ったのは、映画というもののフットワークの軽さですよね。原作が永井荷風のものか真偽の判断が分かれているときに、堂々とその中のエピソードを使ってこういう映画を撮ってしまった。そこに面白さを感じました。同時に何かが市民権を得るときには、誰かオピニオンリーダーになる人が出ないとダメなんだなあと思ったんです。神代

『赫い髪の女』（1979年日活）

さんはこの映画と翌年の『青春の蹉跌』で一躍注目されるわけですよね。彼が出たことで、ポルノ監督に対する印象がガラリと変わったんですから。

――主演の宮下順子に、鈴木はその頃さほど魅力を感じていなかったという。その印象が変わったのはかなり後年になってからだ。95年に日本アカデミー賞の授賞式が国立京都国際会館で開催された。このとき鈴木は自身がプロデュースした『平成狸合戦ぽんぽこ』（94年）が特別賞を受賞したので会場にいて、同じく特別賞に輝いた『全身小説家』（94年）の原一男監督が近くの席に着いていた。

原さんの近くに、なぜか理由はわかりませんが宮下順子さんが座っていたんです。見ていると彼女が原さんに話しかけて、からかっているんですよ。それだけでなく、宮下さんは誰彼構わず明るく話しかけてきてね。僕にも「『ぽんぽこ』、良かったわねえ」と言ってきて。その場の雰囲気を楽しんでいる感じがすごくステキで、この人の持っている天衣無縫《てんいむほう》な感じはすごいなと思って、いっぺんにファンになったんです。その頃、彼女は一般映画に出ていましたが、そこから彼女の出演作を気に留めて見るようになりました。

――また、宮下順子を見直した理由はほかにもある。それは彼女の代表作『赫い髪の女』を再見する機会があったからだ。

実はこの映画、最初リアルタイムに見た頃にはよくわからなかったんです。後になって、僕の知人に宮下さんにそっくりな人がいましてね。そんなに似ているんなら仲間のみんなで『赫い髪の女』を見てみようということになったんですよ。再見したら、これが大傑作だということがよくわかりました。

## 宮下順子さんはセックスの塊のような女を演じることで、今まで女優たちがやってきた芝居を否定してみせた

――この映画は中上健次の小説を原作に、石橋蓮司演じる男に拾われた宮下順子扮する赫い髪の女が、彼の部屋に居ついて、ひたすらセックスしていく日常を描いたもの。他に小さな出来事はあるが、ほぼ物語はこれで言い尽くされる作品である。

冒頭で女が一人で歩いていると、そこはダンプの通り道で何台ものダンプが通り過ぎていく。ここでタイトルが出るんですが、そこから画的にインパクトがあるんです。神代さんの映画は姫田真佐久さんが撮影することが多いんですけれど、これは撮影を『家族ゲーム』(83年)や『マルサの女』(87年)の前田米造《よねぞう》さんが担当している。姫田さんがドキュメンタリータッチの映像だとすれば、前田さんには作り込んだ画の力がありますね。それで主人公のダンプの運転手は、捨て犬を拾うように女を拾って、自分の部屋に連れていく。ここから2人の生活が始まるんですが、女に関しては名前も過去の経歴もわからない。男の方も特にそれを聞かないんです。そうなると普通の俳優だったら、何者かわからなくてキャラクターをつくれないですよね。でも宮下順子さんは裸になって、セックスの塊のような女を演じることで、今まで女優たちがやってきた芝居を否定してみせたんです。それまでの女優は出身地とか、ある女性が生きてきた経歴を手掛かりに、その女性がどんな言葉を言ってどんな動きをしてという、役づくりをするわけですよね。また、そういう材料がないと演じるのが難しいと思います。でも、ここでの宮下さんはセックスをすることだけで生きている女に徹して、演じてみせた。これがすごいんです。それは僕が日本アカデミー賞の授賞式会場で見た、彼女が根本的に持っている明るさとか、天衣無縫さ。それがあるからやれると感じたんですよ。

――理屈に頼らず、演じる女性のすべてをセックスという行為だけでつかみ取ってしまう、天性の感覚。そこに宮下順子の才能がある。

このとき僕は仲間と『赫い髪の女』を見直して感動を覚えたんですけれど、他にも僕のところには日活ロマンポルノのコレクションがたくさんあるんですね。だから気になって彼女の出演作を順番に見ていったんです。すると、その表情やしぐさ、演技全体がどんどんうまくなっていっているのがわかったんです。

――宮下順子は71年にピンク映画の女優としてデビューし、2年に満たない期間に30本以上に出演した。72年に日活に移籍し、翌年からはロマンポルノのエース女優として活躍。79年にフリーになるまで、多くの日活ロマンポルノ作品に主演している。

ピンク映画時代には演技力はさほど求められなかったのかもしれませんが、日活に入ってからは、神代さんやもう一つの代表作『実録阿部定《あべさだ》』（75年）を作った田中登監督の指導を受けて、表現力がアップしていった。でも、やはりテクニックだけの人ではないですよね。彼女自身が美しくなっていくし、一瞬見せる表情とか何げないしぐさが、どれも魅力的になっていくんです。だから、次々に彼女の主演作を見て、すごくファンになりました。

――鈴木が宮下順子をリアルタイムに見ていた時代、彼は20代で、宮下順子が持っていた丸ごと〝女〟といった雰囲気が、同世代感覚では捉え難かったのかもしれない。しかし、後になって、彼女の真価に気付いたのだろう。

またそんな彼女の魅力を神代さんは十分に引き出していますね。何者かわからないけれど、社会の外で生きてきた女性へ向ける監督の視線が、優しさも含め『赫い髪の女』では全編に感じられて、すごく好きな映画ですね。

# 芹明香

## 突き詰めれば、ロマンポルノのテーマは一つしかない。人間は動物であると

――神代辰巳監督の女優たちをさらに語ってもらう前に、鈴木が日活ロマンポルノを見直して気づいたことについて、触れておきたい。彼が名古屋で過ごした中学時代。映画好きな国語の教師がいて、彼は映画監督・今村昌平の大ファンだった。

その先生は、授業そっちのけでよく映画の話をしていたんです。それで今日本で一番すごい監督は、今村昌平だと言うんですよ。だから僕は今村さんに興味を持って、あの人の作品をいろいろ見たんです。それで僕が思ったのは、当時は高度経済成長の時代で、日本はアメリカに追いつき追い越せという風潮があった。すると日本映画に出てくる人間が、昔より一見立派になったんですね。でも本来、人間は動物でしょう。今村さんは周りがかっこつけた人間を描こうとしているときに、動物としての人間を描いていた。そこを先生はすごいと言ったんだなと思いました。

――鈴木は名古屋時代、今村昌平の『赤い殺意』（64年）や、『「エロ事師《ごとし》たち」より 人類学入門』（66年）は成人映画扱いだったので、リアルタイムに見られなかった。その後、大学に入って今村昌平映画の魅力にはまり、すべての作品を見ていった。

今村さんは人間の性とか欲望みたいなものを地方の風土を背景に描いて、動物としての人間をつかみ取ろうとしていた。その今村さんは日活の監督でしたが、今回いろんなロマンポルノの映画を見直してみてね、結局突き詰めれば、ロマンポルノのテーマは一つしかない。それは、人間は動物であるということですよ。監督によって表現は違いますけれど、性によって動物としての人間を描いているという点で、ロマンポルノの監督はほとんどが今村さんの影響下にある。そのことに気付

いて、先生のことを思い出したんです。

――ロマンポルノの源流は日活の先輩監督、今村昌平にあると感じた鈴木だが、神代辰巳だけは少し違った存在だと見ている。

神代辰巳さんだけは、今村さんをライバルとして見ていたと思うんです。神代さんは今村さんの1歳年下ですが、同じ日活に所属していたときも、今村さんは58年に監督デビューして、『にあんちゃん』(59年)や『豚と軍艦』(61年)、『にっぽん昆虫記』(63年)、『赤い殺意』などで国内の映画賞を総なめにしていた。片や神代さんは今村さんが華々しい活躍をした60年代はまだ助監督で、68年のデビュー作『かぶりつき人生』は大コケ。72年にロマンポルノで監督復帰した。遅咲きの神代さんは、今村さんへのライバル心があったと思うんです。だから動物としての人間を描くのでも、今村さんだとどこか上品に描くところを、神代さんの場合はリアルというか、ありのままの形で描こうとした。そんな神代さんの映画に対するアプローチに最もフィットしていた女優が、僕は芹明《せりめい》香《か》さんだと思うんですよ。

――73年に東映から女優デビューした芹明香は、同年に日活ロマンポルノにも出演。75年までに神代辰巳の監督作9本に登場し、どの映画でも彼女の個性が際立っていた。

例えば『濡れた欲情　特出し21人』では片桐夕子さんとコンビを組んで、旅をさすらうストリッパーを演じています。芹明香さんは女優になる前にストリッパーをやっていたこともあって、そのしぐさや振る舞いが本物だと感じさせるんです。この映画では舞台と楽屋をメインに、ストリッパーは踊る以外に何をしているかという日常を描いていますが、芹明香さんが演じると、まさに彼女のようなストリッパーが実在しているような気がしました。また彼女はどんな役でも何かやる気がない雰囲気があって、そのだるい感じが70年代の空気に合っていたんです。だから彼女が出てきたときにはすごく新鮮だったし、僕にとっては特別な女優でした。

## セックスしたときに「下手だね、あんた」と思わず言ってしまう。彼女が言うとリアリティがある

──芹明香が登場した神代辰巳監督作品で、鈴木が印象的な一本として挙げるのが、『赤線玉の井ぬけられます』（74年）である。これは、売春防止法が4月から施行されようとしている58年の正月。東京・玉の井にある「小福」で働く売春婦たちの一日を描いたものだ。

ダメ男のやくざから離れられない宮下順子さん演じるシマ子や、一日に取ったお客の数の新記録を作ろうとする丘奈保美《なおみ》さんの直子ら、何人かの売春婦にスポットを当てた群像劇なんです。芹明香さんは一般人と結婚して、この店を離れていく公子を演じました。彼女の旦那になるのがいい人でね。せっかくだから花嫁の衣装を着て、写真を撮ろうというんですよ。芹明香さんが写真館で写真を撮るシーンもいいんですが、彼女はここで童謡の「花嫁人形」を歌う。神代さんは既成の歌を映画に挿入するのがうまいんですけれど、この映画では売春婦それぞれに役を象徴する歌を歌わせていて、それが効果的でした。

──公子は花嫁になって店を出ていくが、そのとき彼女は「また、戻ってくるような気がする」と暗示的なことを言う。

絵沢萠子《えざわもえこ》さん扮する「小福」の女将に、バカなこと言っているんじゃないよとたしなめられるんですが、これが現実になる。公子は結婚初夜を迎えて旦那と床入りするけれど、セックスしたときに、「下手だね、あんた」と思わず言ってしまうんです。これが彼女が言うと、リアリティーがある。それで旦那とのセックスが嫌で、トイレに行って「こんなので、うまくいくかしら」と独り言を言うんですが、芹明香さんは現実の中で、本音を言う女性をやるとすごく映える人だと思いますね。

――結局、公子は新婚旅行から帰ってきた後に「小福」へ顔を出し、旦那じゃ満足できないからお客を取ると言って女将を呆《あき》れさせる。

これが何ともあっけらかんとしていて、少しも暗さがないんです。この映画は溝口健二監督の遺作『赤線地帯』（56年）とさほど変わらない時代と場所を背景に、売春婦たちを描いている。溝口さんは京マチ子さんや若尾文子さんを使って、女たちの陰の部分を映し出しましたが、神代さんはもっと根源的に、女性たちが生きる姿をありのままに描いている感じがしました。

――また鈴木はこの頃の日活ロマンポルノの女優たちに、他の会社の女優にはない独特のにおいを感じるという。

ロマンポルノはセックスシーンを必ず入れるとか、上映時間の制約はありましたけれど、中身に関しては結構自由なんですね。だから監督たちが、自分のイメージを女優に反映できた。僕はヨーロッパ映画の女優と重ねて、女優たちのイメージをつくっているものが多いと思いました。例えばこの映画の宮下順子さんには、『情事』（60年）や『太陽はひとりぼっち』（62年）など、ミケランジェロ・アントニオーニ監督の映画に出ていたモニカ・ヴィッティのにおいがある。男と関係を持ちながら、セックス以外に何も得られない愛の不毛。そこが似通っているんですよ。芹明香さんに関しては、別のイメージを神代さんは持っていたと感じるんです。神代さんは『四畳半襖の裏張り』をはじめ、大正時代を背景にした作品も作っている。大正といえば竹久夢二《たけひさゆめじ》ですよね。夢二が描く顔が面長で胴長、決して肉感的ではない女性。その雰囲気が、当時の芹明香さんにはあるんです。だから彼女が最初に出演した神代作品が『四畳半襖の裏張り』だったことも偶然ではない気がして。もしかしたら神代さんは芹明香さんの中に、大正ロマンの女性像を見ていたのかもしれませんね。

## 西成の風景に馴染んで根っからの娼婦に見えるところが、芹明香という女優の凄さ

——神代辰巳映画の女優たちというテーマからは少しずれるが、女優・芹明香を語る上で田中登監督の『㊙色情めす市場』（74年）を外すことはできない。これは日活ロマンポルノという枠を超えて、日本映画史上に残る傑作だ。

芹明香さんのインタビューを読むと、この映画はシナリオを読んで、彼女が自分からやりたいと言ったそうですね。結果的に彼女の代表作になったんですけれど、この役をやろうと思ったということは、彼女が〝本が読める女優〟だったという証しだと思いますね。

——これは大阪の西成区《にしなり》を舞台に、今も現役で商売を続ける母親と同じく、娼婦をしながらその日暮らしをしているトメ（芹明香）の日常を描いた物語である。

全編の8割以上がモノクロで、この映像がいいんです。カメラは安藤庄平さんですが、全編を1カメラで撮影していることも含めて、ドキュメンタリータッチの映像が作品の雰囲気をつくっている。安藤さんは後に、『泥の河』（81年）のモノクロ撮影で認められますけれど、この作品をやった経験があるから、あの映像が生まれたということがよくわかるんです。

——映画の中で、指名手配犯が紛れ込んでいるらしいといわれる西成区だが、当時はこういう人間がそばにいてもおかしくない危険な場所だった。スネに傷持つ住民も多いので当然撮影許可は下りず、盗み撮りを多用している。

ロングショットで撮っていますが、西成地区の人たちがたむろしている中を芹明香さんが一人、裸足で歩いている場面がある。ここを女性一人で歩くだけでも怖いはずですが、トメはここの住人という設定だから、彼女は平然と歩いていくんですね。その風景に馴染んで根っからの娼婦に見え

るところが、芹明香という女優のすごさなんです。

――トメは、もはや「ババア」と呼ばれて客が寄り付かなくなっている母親に、自分の娼婦としての将来を見る。一方では知的障害者の弟がいて、彼と近親相姦《そうかん》の関係になってしまう。

ヒロインを取り巻く状況だけ見ていくと、救いも希望もない映画なんです。ところがトメは、そんな自分を嘆くのでもなく、悲しむのでもなく、明るくその日を生きている。彼女は指名手配犯と思われる男と知り合って、彼から「一緒にこの街を出ていかないか」と誘われるけれど、「自分には、ここが性に合っている」と言って断るんですね。ここにいても夢の未来なんか思い描けないのに、彼女は今の自分を受け入れて、この場所で生きようとするんです。そのトメが持つ根源的な強さみたいなものが、芹明香という女優のイメージと重なるんです。実はこの映画、最初のタイトルは『受胎告知』と言って、これは田中監督が付けたものなんです。おそらく田中監督は姉のトメが弟の子供を宿したことを想起させる意味でこのタイトルにしたと思うんですが、芹明香さんはそんな監督の観念的な思いと切り離れたところで、非常に現実的で力強い女性としてトメを演じた。そんな彼女に僕は、とても惹かれるんです。

――この映画での演技が注目された芹明香は、深作欣二監督による渡哲也主演の『仁義の墓場』（75年）に出演することになる。

僕はうれしかった。ずっとロマンポルノをやっ

『㊙色情めす市場』（1974年日活）

てきた芹明香さんが、渡哲也さんと共演したんですから。ひいきにしていた女優の格が上がった感じがしたんです。ここでは薬漬けになっているドヤ街の女を演じていて、出ているのはちょっとですけれど印象的でしたね。

――それから間もなく芹明香は薬物法違反で逮捕され、表舞台から一時、姿を消した。彼女の全盛期は73年から3年に満たなかったが、同じ時代を生きた鈴木にとって忘れられない女優の一人であった。

# 酒井和歌子

## 神代さんは今までやったことがない役を酒井さんにやらせている。それが面白かった

――鈴木敏夫は昔から神代辰巳監督の映画が好きだったが、最近改めてそれらを見直すきっかけをつくったのが、神代監督による酒井和歌子主演の2時間サスペンスドラマだった。

僕は『めぐりあい』(68年)をはじめ、東宝の青春映画に出ていた酒井さんの大ファンだったんです。でも彼女がその後、何をしていたのか全く知らなかった。僕は週に1回、CS放送の番組表を見て映画やドラマの録画予約するのが趣味なんです。あるとき、神代さんの2時間サスペンスが放送されることを知って、その主演が酒井さんだとわかって驚いた。だって、かつての清純派の酒井さんと性《せい》によって人間を描いてきた神代さんの組み合わせは意外でしょう。それで見てみたら、これがすごく面白かったんです。

――そこから鈴木はCSで放送された神代監督と酒井主演のドラマを追いかけていった。彼らのコンビ作は5本あって、その最初が『悪女の仮面~扉の陰に誰かが~』(80年・テレビ朝日系)である。簡単にストーリーを説明すると、山本圭といしだあゆみの夫婦が旅行に出かけてホテ

ルに泊まると、山本の留守中に部屋へ酔った石橋蓮司が乱入する。そこに山本がやってきて石橋を追い出すことに成功するが、直後に石橋は変死。山本は自分の暴力が原因になったかもしれないと思い、石橋の妻の酒井和歌子と彼女の妹・浅野温子《あつこ》を家へ引き取って、面倒を見ることにした。だがこの姉妹は山本の気を引いてこの家に居座り続け、いしだを精神的に追い詰めようとするというもの。

浅野温子さんが姉の酒井さんに、いしださんから妻の座を奪っちゃえと言うんですが、最初、酒井さんは妹にそそのかされたからか、自分からそうしたのかわからない感じで、山本圭さんに近づくんですよ。そして徐々に悪女としての本性を現していく。そうなってくると、メイクも違うんです。前半は夫を亡くした未亡人という風情で地味な作りなんだけれど、だんだん妖艶な感じのメイクになっていく。実際にいしださんを攻撃するのは、浅野さんなんです。彼女は下半身が不自由で車椅子で生活しているんですが、この車椅子をぶつけようとしたり、いしださんが飼っているペットのうさぎを殺したりと、アクションとしては強烈な印象を残す。でも本当に怖いのは酒井さんの方なんです。じわじわと精神的にいしださんをいじめていくときに、何とも言えないほほ笑みを浮かべた表情とか、それまでの僕が知っている酒井和歌子とは全く違った顔を見せる。彼女は最初、いしださんの役をオファーされたけれど、悪女の方を演じてみたいと自分で神代さんに交渉したそうです。女優ってあるイメ

酒井和歌子（2001年）

ージが付くと、同じタイプの役ばかりやらされるでしょう。このとき酒井さんは30歳でしたが、そんな状況に飽き足らなくなっていたんでしょうね。

――酒井自身、神代監督が亡くなったときに寄せた文章を読むと、『悪女の仮面』は自分の転機になったすごく楽しい仕事で、神代監督とはまたやってみたいと思ったという。

だからこれは、女優として酒井さんの別の魅力を開花させたドラマだと思うんです。だって神代さんと組んだ他の作品を見ても、彼女は意欲的ですからね。別にいつも悪女を演じているわけではなくて、神代さんは今までやったことがない役を彼女にやらせている。それが面白かったんだと思うんです。

――私も酒井和歌子主演の神代ドラマをいくつか見たが、コンビを重ねるほどに、何か憑《つ》かれたように役へ入り込んでいく酒井和歌子に、青春スターだった頃とはひと味違う、新鮮な魅力を覚えた。鈴木が神代と酒井のコンビ作の中で、最も好きだというのが『愛の牢獄』（84年・日本テレビ系）。

## 男社会に復讐して、女の方が頭が良くて偉いんだという岸田さんの考え方に、神代さんは共感していたと思う

――これは神代辰巳監督、酒井和歌子主演による3本目の2時間サスペンスドラマだ。ストーリーを説明すると、酒井和歌子は33歳まで処女だった資産家のお嬢さん。骨董品《こっとうひん》などの遺産を受け継いでいる彼女に、古美術商の社長だと名乗る小林薫が近づいてくる。だが彼の正体は、会社の社長である兄・岸部一徳《いっとく》の運転手をしている異母弟だった。兄からさげすまれてきた小林は、岸部を殺害。その罪を、肉体関係を持つようになった酒井になすり付けようとする。

小林薫さんは完全犯罪をもくろむんですね。酒井さんの髪を採取して犯行現場に残すとか、用意周到に準備する。それで殺人が起こると当然、酒井さんが容疑者として捕まるんですけれど、この取り調べのシーンもいいんですよ。夏八木勲さんの刑事に問い詰められて、ぼそぼそっと答えるんだけど、これなんか撮影現場ではもっと大声で話してるのに、監督がそれを替えたいと言って後からアフレコにした。そのぼそぼそ言う感じの方が、ヒロインが身に覚えがないのに追い詰められて、彼女の内面が変化していく雰囲気が出ていますね。

――作品を見ていない人にはフェアではないだろうが、ここからの展開を書くと、小林薫の仕掛けた完全犯罪は失敗。晴れて無罪放免になった酒井和歌子は、当然、自分を陥れたのが小林だと気づくのである。

普通なら、ここからひどい仕打ちをした男への復讐が描かれますよね。ところがこのドラマのヒロインは、小林薫さんを軽井沢にある自分の別荘に監禁してね。まるで犬のように飼い始めるんです。

――33歳にして性的に解放された女性が、初めて体を許した男を、自分の思い通りに弄《もてあそ》び始める。

そこに鈴木は、彼女の中に眠っていた〝動物としての人間〟の目覚めを感じた。

取り調べを受けて追い詰められたときに、彼女のある部分が目覚めたと思うんです。そこから体裁を取り繕うことをやめて、彼女は動物と化した。だから小林さんを監禁したとき、彼が「俺をここから出してくれ」と叫ぶけれど、そうはいかないんです。それまでは人間の社会で小林さんに保護されないと何もできないお嬢さんだったけれど、今の彼女は獲物を手中にした〝動物〟になっているわけですから。またそんな役に酒井さんがピッタリ合っているのが、僕には衝撃でしたね。

――脚本は映画『濡れた欲情　ひらけ！チューリップ』（75年）をはじめ、テレビドラマでも何度も神代監督と組んでいる岸田理生《りお》が担当した。

このコンビ作が、どれも面白い。岸田さんの脚本は、簡単に言えばモラル無視なんです。あらゆるモラルを蹴散らして、彼女は何を描いたかと言えば、本物の〝女の自立〟を描いている。今まであったモラルを壊さない限り、男社会の中では、女の自立はあり得ないと。当時は女の自立が叫ばれていたけれど、そんなものは口先だけの嘘っぱちだと。本物の自立とはこれだというのを、岸田さんは描いた気がしました。だから『愛の牢獄』でも、ヒロインの人間性が崩壊してから、彼女の本当の自立が始まる。他のドラマも岸田さんの脚本作は全部女性の自立がテーマになっていて、最後は女が勝つというものばかりなんです。

——ではなぜ、そんな彼女を脚本家に神代監督は使ったのだろうか？

男社会に復讐して、女の方が頭が良くて偉いんだという岸田さんの考え方に、神代さんは共感していたと思うんです。あの人もまた、男は女にかなわないと思っていた。そこで響き合うものがあったんだと思うんですよ。

# 市原悦子

## 刃物で刺されるたびに「痛い」と叫ぶ
## 市原さんの演技のリアルさ

——映画やテレビで神代監督と名コンビを組んだ脚本家の岸田理生。彼女は73年に寺山修司が主宰する演劇実験室「天井桟敷《さじき》」に入団。寺山が監督した『田園に死す』（74年）で助監督を務め、初めて映画作りに参加した。その翌年、神代との初コンビ作『濡れた欲情　ひらけ！チューリップ』を発表したが、彼女と神代監督を初めて会わせたのは、映画・演劇評論家の斎藤正治《まさはる》。あるとき、斎藤は神代と酒を飲んでいる席に「天井桟敷」のスタッフを呼んで紹介。そこに岸田理生の姿もあった。

斎藤正治さんには、僕も思い出があるんです。徳間書店に入社して、『週刊アサヒ芸能』の記者になって間もない頃。斎藤さんが新人の僕を、赤坂の外れにあるスナックへ連れて行ってくれたんです。その店を経営していたのが「天井棧敷」の初期メンバーで、作曲家でもある田中未知さんでした。僕は寺山さんのファンだったし、田中さんのことも「時には母のない子のように」の作曲家として知っていたから、会った時には感激しました。斎藤さんは寺山さんと仲が良かったので、そうやっていろんな人と「天井棧敷」の人たちを出会わせていたんでしょうね。

——岸田理生は84年からテレビドラマの脚本も書きはじめるが、その第1作が神代監督の『愛の牢獄』である。このコンビによるドラマは6本あって、2作目が『母の手紙』（85年・フジテレビ系）。これに主演したのが市原悦子だった。

市原悦子さんのことは、高校生のときから好きだったんです。当時彼女は、ラジオで『山田うた子の〈生きる〉』という番組で朗読をしていました。僕はそれを毎日聴いていて、声のキレイな人だなと思っていたんです。やがて僕は雑誌『アニメージュ』の編集者になるんですが、高畑勲監督の『太陽の王子 ホルスの大冒険』（68年）の特集をやるときにね、市原さんに取材を申し込んだんです。何と言っても彼女はヒロインのヒルダの声ですから。そのときは舞台か何かで忙しくて、結局電話取材だったんですが、ヒルダはアニメファンにとってカルト的な人気のあるキャラクター

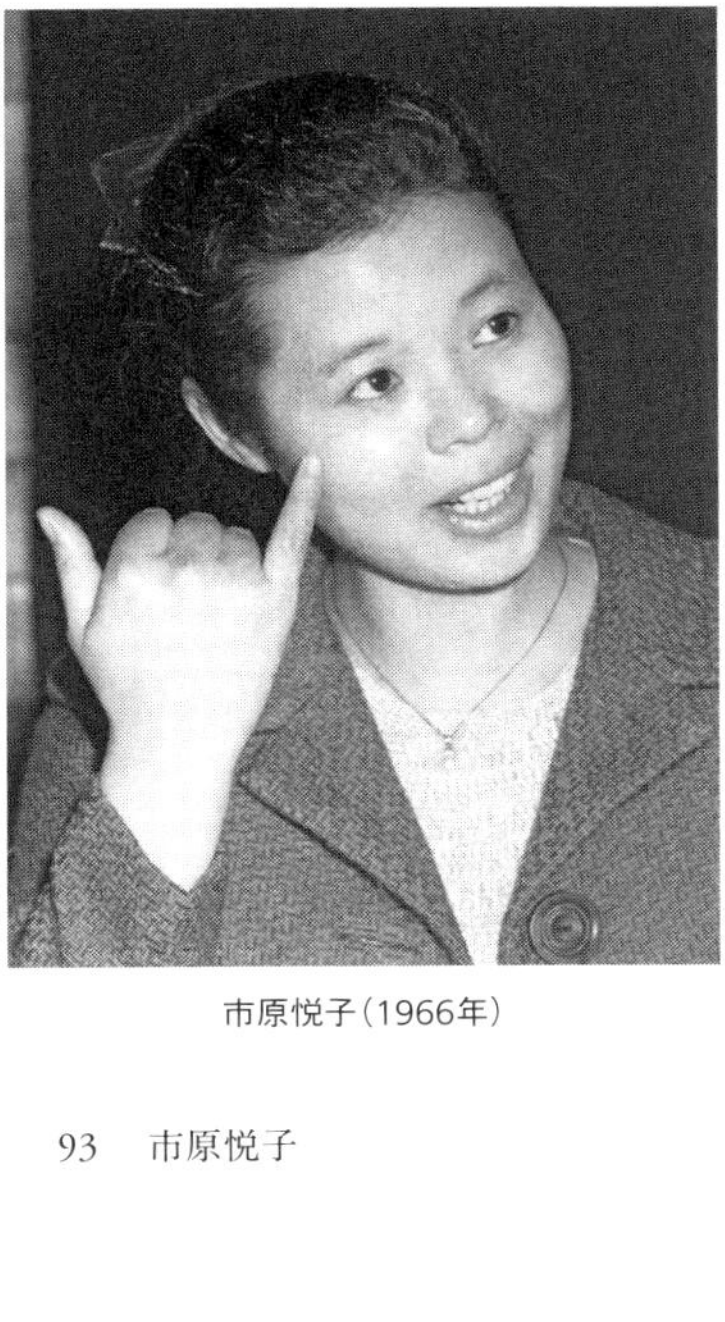

市原悦子（1966年）

でしょう。それは市原さんの声にも要因があると思いますね。高畑さんだって、彼女の声が好きであの役に選んだと思うんですよ。

――60年代に俳優座の看板女優だった市原悦子は、75年にテレビの昼メロ『赤い殺意』に主演して映像メディアでも注目され、76年には長谷川和彦監督の『青春の殺人者』に、水谷豊扮する主人公の母親役で出演する。

市原さんは息子に刺殺されるんですが、刃物で刺されるたびに「痛～い」と叫ぶ市原さんの演技に、すごくリアリティーがあってね。今回数十年ぶりに見直しましたけれど、映画の中で一番印象に残りました。また『青春の殺人者』は74年に千葉県市原市で起こった、父母殺害事件を題材にした中上健次さんの小説「蛇淫」が原作です。それで僕は、映画の3年後に発表された本多勝一《ほんだかついち》さんの『子供たちの復讐』という本も思い出したんですよ。そこには開成高校の2年生が父親を絞殺したケースなど、ふたつの子供による親殺し事件が取り上げられている。本多さんは本の中で、こういう事件が「始まりに過ぎない」と書いていた。これからの日本では親殺しが日常茶飯に起こると。だから当時、これは警告の書だったんです。『青春の殺人者』もこれからの親子関係を描いた映画として衝撃だった。でも今見ると、何か古い感じがしたんです。それは本多さんが指摘したことが現実になっていて、今やここに描かれる親子のありようが昔のものに思えるからでしょうね。でも市原さんの存在感は、今見てもすごいです。

## 市原さんのいじめ方が激しいので、それによってだんだん女性として強くなっていく永島瑛子さん

――その市原悦子が主演した『母の手紙』は、連城三紀彦原作によるサスペンスである。資産家の

母親（市原悦子）と暮らす一人息子（田中健）が、身寄りのない女性（永島瑛子）を嫁にもらう。彼女は母親に気に入られてこの家に嫁いだが、結婚してからは母親が猛烈に嫁をいじめ始める。その原因を、嫁は息子に対する母親の愛情からくる嫉妬だと思い、苦悩する。息子の方はそんな彼女に、「自分は母親の本当の子供ではない気がする。その真相を確かめたら別居するから辛抱してくれ」と頼む。果たして母親の嫁いびりの原因は何なのか。その謎が、最後まで見る者を引きつける作品だ。

僕は見ていて、完全に騙《だま》された。母親が嫁をいじめていたのは、彼女が自分の本当の子供だったからなんですね。対して息子の田中健さんは、実は自分の子供ではない。要するに実の娘の方を可愛がってはいけないという思いから、彼女は嫁をいじめていたんです。普通のドラマだと逆でしょう。実の子供だと思っていたのが、そうじゃないとわかっていじめるとかね。いわば愛情の強烈な裏返しで、テレビドラマのセオリーをひっくり返したような作品なんです。また市原悦子さんのいじめ方がうまい。お茶の作法を知らないと言ってはわざわざ周りに人がいるときにいじめ、嫁が勝手に布団を干すと、そんなことも自分にはできないと思っているのと、干した布団を走っていって取り込むとか、いちいち表現が大げさなんですよ。ある意味演劇的なんだけれど、この頃、映画やテレビでは自然な演技が求められるようになってきてね。いわゆる芝居がかった演技からの転換期にあった。でも今見るとそれが懐かしい感じもするし、表現として強いからインパクトがある。また市原さんのいじめ方が激しいので、それによってだんだん女性として強くなっていく永島瑛子さん演じる嫁の変貌も際立つんです。

——鈴木はそこに、神代監督の女性に対する視点も感じるとか。

主要人物は3人なんですが、田中健さんの息子は刺し身のツマみたいな感じがしてね（笑）。完全に女性映画の作りですよ。神代さんは女性たちが何を思い、どう生きるのかに興味があって、それを描こうとしている。だからあの人は女優にモテたと思うんです。例えば『青春の殺人者』なんかを見ても、原田美枝子さん演じる主人公の恋人の扱いなど、長谷川和彦監督は描き方が古典的で女性の存在感が弱いんですね。神代さんは逆で、女性をどう描くかに目がいっている。それは女優にとってはうれしいですよね。だから桃井かおりさんなんかも発言していますけれど、本当に神代さんは女優にモテたと思うんです。

――神代＆岸田コンビのドラマに、市原悦子は４本主演した。『母の手紙』は母親と嫁（実の娘）の物語で、山岸涼子の漫画が原作の『瑠璃《るり》の爪』（87年・フジテレビ系）はお嬢さん育ちの姉と、彼女に異常な愛を注ぐ妹のドラマ。これに対して『となりの窓』（89年・フジテレビ系）と『死がお待ちかね』（90年・テレビ朝日系）は、犯人捜しの正統派ミステリーである。

僕はやはり、女性たちの関係性を描いた作品の方が好きですね。愛情の表現は屈折しているかもしれないけれど、その振り切った描き方が面白い。またこういう脚本は岸田さんじゃなければ書けなかっただろうし、その特殊な世界観は、市原さんのような女優でなくては演じられなかったと思うんです。岸田さんも市原さんも演劇の人ですから。

――岸田理生が神代監督とコンスタントにテレビドラマの仕事を始めたのは、寺山修司が83年に亡くなった翌年から。彼女にとって神代辰巳は、寺山に代わる作家としての自分の伴走者的存在だったのかもしれない。

## 原田美枝子

### 『大地の子守歌』の原田さんを見てすごい女優が出てきたと思った

――原田美枝子は10代のときに、フルスピードで日本映画界を駆け抜けた女優である。15歳で出演したデビュー作『恋は緑の風の中』(74年)でヌードを披露し、76年には野性的な娼婦を演じた『大地の子守歌』と、親殺しを扱った衝撃作『青春の殺人者』に主演して、キネマ旬報主演女優賞をはじめ、映画賞を総なめにした。このとき彼女はまだ18歳。

僕は『大地の子守歌』の原田さんを見て、すごい女優が出てきたと思いました。ただそれは増村保造監督によって引き出された魅力だった気もしますね。『青春の殺人者』では、親殺しをした主人公の恋人でしたが、これは原田さんでなくてはならない役だと思えなかったんです。でも彼女がその後、どうなっていくのかには注目していました。

——やがて原田美枝子の中で自己表現したいという欲求が高まり、自ら製作・脚本・主演を買って出て、映画『ミスター・ミセス・ミス・ロンリー』(80年)を完成させる。その監督をオファーされたのが神代辰巳だった。

これは宇崎竜童さん扮する国籍のないゲイバーのマスターと、大金をつかみ取ろうと画策する原田芳雄さんと触れ合う、原田美枝子さんのヒロインの物語なんです。男2人に女性1人が絡む映画だと、僕の世代だとフランス映画の『冒険者たち』(67年)を思い出す。実際あの作品に影響されて、夢を追いかける男女3人の愛を描いた日本映画がかなり作られましたからね。だからこれもその路線かなと思って見たら、そうじゃないんです。後半では、宇崎さんがゲイバーの経営者である名

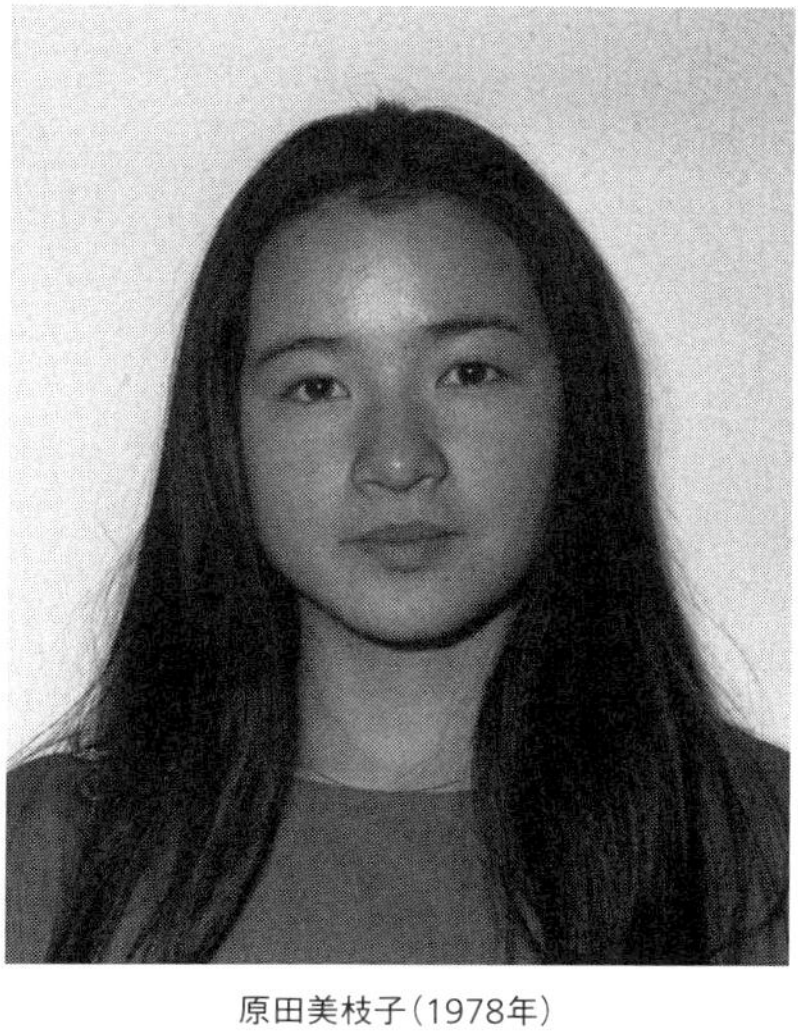

原田美枝子(1978年)

古屋章さんと昔恋人関係にあって、同性愛者であることがわかる。つまり愛のトライアングルを彼らは形作ることなく、肩透かしを食らわせるんですよ。その裏切り方が痛快で、僕には面白かった。実は公開時に見たときは、神代さんの映画なのにまったくダメだったんです。それが今回初めて面白いと感じたのは、やはり映画の見方が自分も年を取って変わってきたんでしょうね（笑）。

——原田美枝子と神代監督のコンビ作は４本あるが、その最後はテレビドラマの『誰かが夢を覗《のぞ》いてる』（87年・フジテレビ系）だった。これは阿《あ》刀田《とうだ》高《たかし》の小説を原作に、あるＯＬが見知らぬ男と夢の中で恋人関係になり、現実にもその男が現れて夢と現実の境目がわからなくなっていく、幻想的なサスペンス作品である。

この頃、僕らは『風の谷のナウシカ』（84年）や『天空の城ラピュタ』（86年）を作った後でしたが、世の中はバブル経済の真っただ中でね。その感じが本当に嫌だった。自分たちがその恩恵に浴したかといえば、そういうことは一切なかったわけで、こんなバブルの時代が続くわけがないと思って、気分的にいらいらしていたときでした。その時代の気分がこのドラマには全編から感じられるんです。ＯＬのファッションや髪形、気取ったサラリーマンたちの立ち居振る舞い。そういうものを神代さんはおそらく毛嫌いしていて、こんなバブルはいつか崩壊するんだということを、不安に駆られていくヒロインの心と重ね合わせて描いている気がしました。神代さんも自分と同じように時代を見ていたんだなと思って、うれしくなりましたね。これには円谷《つぶらや》プロが制作協力していて、色の処理とか合成など、映像的に凝った作りになっていますが、作品全体を覆うどこか嫌な感じ。それがバブル時代の崩壊の予兆に思えて、面白かったですね。

——このとき原田美枝子は29歳。ここにたどり着くまで彼女は、２つの映画で神代監督と組んでいる。その一つが鳴り物入りで製作された東映の大作『地獄』（79年）だった。

## 『地獄』には捨てきれない魅力を感じるんです

——これは弟の妻と関係した資産家の兄が彼女と一緒に逃げ、女性の方は弟の放った追っ手によって殺害される。だが彼女は亡くなるときに、娘を出産。この子が成長した姿が原田美枝子扮するヒロインで、彼女は最初知らずに異母兄弟の兄たちと肉体関係になる。やがて兄の一人、林隆三と愛し合うようになり、2人は近親相姦の罪を犯したまま亡くなって地獄に落ちる。地獄で彼女は、今や人間性を失って獣化した亡き母親と遭遇。娘は母親の中に残る人間の愛に訴えかけ、奇跡が起こるというもの。

脚本は田中陽造さんですが、これは神代さんとその前に組んだ『やくざ観音 情女《いろ》仁義』（73年）がベースになった話ですね。その作品では死んだ女性の死体から生まれて僧侶に拾われた主人公が、成長して腹違いの妹と関係を持ち、父親を殺すまでが描かれていたんです。死んだ母親から生まれた主人公、近親相姦など類似点がいくつもある。最初に田中さんと神代監督はサーカスの少女を主人公にして、サーカスの公演最中に観客ごと小屋が燃え落ちて、全員が地獄へ落ちる話を作ったそうですが、東映の岡田茂社長に却下されて、昔の映画のアイデアを持ち出してきたと思うんですよ。

——結果的には若松孝二監督の『餌食《えじき》』（79年）と2本立てで公開されたが、当初『地獄』は1本立てでの興行を狙った、東映としては大作企画だった。岡田社長はホラー色の強いものを求めていて、かつてヒロインの母親に夫を奪われた岸田今日子《きょうこ》が、今も地下室に夫の死体をミイラ化させて保存しているなど、ホラーとしての味付けも随所に見られる。

『八つ墓村』（77年）とか、横溝正史原作のおどろおどろしい作品がもてはやされたときですからね。そういうものを取り入れながら、何嘘ついているんだって斜に構えて笑っている、神代さんの声が聞こえてきそうな作品なんです。だってヒロインが地獄に落ちてからは、閻魔《えんま》大王役で登場する金子信雄さんを含めて、ほとんどギャグみたいな感じなんです。ホラーにしようという意思が感じられないんです。

――地獄の描写をはじめ、特撮は数々の東映作品を手掛けた矢島信男が担当した。

矢島さんには、僕が徳間書店で『テレビランド』という子供向け雑誌の編集をしているときに、お世話になったんですよ。その頃、矢島さんは巨大ロボットが登場する特撮番組『大鉄人17《ワンセブン》』(77年)をやっていて、現場ではスタッフに怖がられていたけれど雑誌には協力的で、特別に写真を撮らせてくれたんです。だから我々にはすごくいい人でね。『地獄』の特撮シーンは見ていて困るぐらいの出来なんですけれど、矢島さんの顔がちらついて、冷静には判断できないんですよね(笑)。

――東映側と監督の考えのずれ、映像的な質の低さなど、さまざまな問題を抱えたまま完成した映画は、興行的に記録的な不入りとなった。

でも『地獄』には捨てきれない魅力を感じるんです。母から娘へ受け継がれる運命や、本当の地獄はこの世なんだよということなど、描きたかったことは作品から伝わってくる。そのやろうとしたことが10のうち1くらいしか達成できていないんですけれど、もしちゃんと作っていたら、どんな映画になっただろうと想像させる部分があって、作り手がやろうとしたことの爪痕を作品に残している。そんな残り方をする映画もあるんだなと思いました。

――母と娘の2役で近親相姦の渦に巻き込まれる女性を演じた原田美枝子は、まだこのとき20歳。その体当たり演技は当時空回りと評されたが、彼女は神代映画のヒロインとしての第一歩を、確実に踏み出したのである。

## いい女が5人も出てきて次から次へと関係を持って、いい思いをする男の話

——神代監督は『四畳半襖の裏張り』以来、何度も大正時代を題材にしてきた。その彼が最後に大正を描いた作品が、『もどり川』（83年）である。これは連城三紀彦の小説「戻り川心中」を原作に、萩原健一扮する歌人・苑田《そのだ》岳葉《がくよう》が5人の女性と関係を持ちながら、心中事件を起こしていくさまを描いたものだ。

僕はこれ、大正ロマン、頽廃の美、デカダンス、自己破滅などが盛り込まれた、神代さんの大正ものの集大成だと思います。またこの映画では、関東大震災が起こって登場人物たちの運命が変わっていくんですが、この震災のシーンがとてもよかった。今、関東大震災を題材にして作ろうとしている企画があるので、個人的にも参考になりました。

——男女の関係性を描いているが、通常の恋愛ものとは違って主人公の精神に寄り添うのではなく、彼の行為だけを追っていく展開も鈴木は気に入っている。

いい女が5人も出てきて、次から次へと関係を持って、いい思いをする男の話でしょう。そこに理屈がないのがいいんです。例えば深作欣二《ふかさくきんじ》監督の『火宅《かたく》の人《ひと》』（86年）も、原作者の檀一雄をモデルにした作家がいろんな女性と関係を持つ映画だけれど、あの作品では主人公が一人の女性と別れるたびに悩むんですよ。展開としては、別れて悩むの繰り返し。それによって深作さんは、どこか気持ちの上でつじつま合わせをしようとしている感じがするんです。でも『もどり川』の岳葉は、誰かと付き合っているときにほかの女性とも会う約束をしていて、すべての関係が入り乱れているんです。彼の中でモラルはゼロで、そんな関係を続けていく姿に痛快さがある。

——岳葉は、一度心中未遂を起こしたことで歌人として人気を得た、実力よりも話題性が先行する

芸術家。萩原健一は一流を気取りながらそうはなれない二流の男の、貪欲で身勝手なふるまいをはまり役で表現している。

またこんなむちゃくちゃな男は、当時のショーケン（萩原健一）でなければできなかったと思いますね。この頃彼は、大麻を常習していたと自伝でも書いていますが、その影響なのかセリフが聞き取りにくいんです。演技的にも肩に力が入り過ぎているところがありますけれど、やはりこの主人公は彼がやることで説得力が生まれているんです。

――岳葉と関わる女性は病身の本妻・ミネ（藤真利子）、師匠の歌人の妻・琴江（樋《ひ》口《ぐち》可《か》南《な》子《こ》）、彼のファンであるお嬢さま・文緒（蜷《にな》川《がわ》有《ゆ》紀《き》）、娼婦の千恵（池波志乃）、社会主義運動家である友人の妻・朱子（原田美枝子）の5人。

池波志乃さんは震災で亡くなるし、蜷川さんは岳葉と関わったことで自殺するんです。この男によってそれぞれの女性がつらい目に遭いますが、みんな魅力的なんです。有名な歌人の妻から貧民街の娼婦へと落ちてゆく樋口可南子さんは、エロチックですしね。原田美枝子さんも、警察に追われた活動家の夫が爆死して、生きる張りあいをなくしたように岳葉との心中へと向かっていく朱子をうまく演じている。ただこれが結構似たタイプの女性たちで、同時に付き合っているから、見ていて誰が誰だかわからなくなる瞬間があるんです。僕はもしかしたら、それも神代さんの狙いだったのかなと思いました。5人の女性は出てくるけれど、それぞれを区別する必要はないと。なぜそう思ったかというと、昔、高畑勲さんと『長《は》谷《せ》雄《お》草紙《ぞうし》』という、鎌倉末期に描かれた絵巻を映画化しようとしていたときのことを思い出したからなんです。

――神代辰巳が大正を背景に描いた映画『もどり川』と、高畑勲監督が14世紀の絵巻物を題材にした企画には、どんな関連があるのか。

## 絶世の美女とは、一人でいくつもの顔を持つ多重人格の女性に違いない

『長谷雄草紙』では双六《すごろく》の名人である長谷雄が、朱雀門《すざくもん》の鬼から双六の勝負を挑まれる。鬼が勝てば長谷雄の全財産をもらい、長谷雄が勝てば鬼は絶世の美女を差し出すことになるんです。勝負は長谷雄の勝ちで、鬼は絶世の美女を連れてくるんですが、ひとつ条件があるんです。それは100日間、彼女に手を出してはいけないと。でも長谷雄は80日目に彼女と関係して、女性は水になって消えてしまうんですよ。これを映画にしようとしたとき、高畑さんが「絶世の美女って何なんですかね」と言うから、僕は「いい女って昔から、昼は淑女で、夜は娼婦といいますよね。要するに顔を何個も持っているのが、男にとっての美女なんじゃないですか?」と答えたら、「それです」と。高畑さんは「絶世の美女とは、一人でいくつもの顔を持つ多重人格の女性に違いない」と言ったんです。

――つまり『もどり川』の岳葉も、いろいろな女性と関係することで、逆に彼にとっての理想とする一人の女性を求めていたのではないかと鈴木は感じたのだ。『長谷雄草紙』はアニメーションにすれば面白い企画だったと思うが、その後どうなったのだろう?

僕と高畑さんで企画を詰めていったんですが、結局は宮崎駿に潰《つぶ》されました(笑)。『長谷雄草紙』の水になって消えた女性ですが、彼女は鬼がいろんな美女のパーツをつないで作り上げた人造人間なんです。それで100日たてば完全な人間になっていたというオチが付くんです。このことも『もどり川』を思わせるんですよ。一人の女性が、いろんな美女の集合体なわけでしょう。神代さんは5人の女性に仮託して、似たようなことを考えていた気がするんです。

――映画の岳葉は結局、原田美枝子の朱子と狂言心中しようとして彼女に察知され、本物の心中を

しなくてはいけなくなる。

小舟に乗った2人が、心中するための薬を飲む。原田さんはショーケンが飲むはずの偽薬を本物にすり替えるんですが、この緊迫したやりとりがいいんです。神代さんと初めて組んだ『地獄』のときはまだ少女だった原田さんが、ここでは大人の女を見事に表現している。神代映画の彼女の変遷を追っていくと、最初はエネルギーだけで役にぶつかっていたのがだんだんうまさも出てきて、それを見るのも面白いですね。

――この心中で朱子は亡くなって岳葉は助かるが、ラストで彼は自死する。

主人公は結局いろんな女性をひどい目に遭わせて、おまえは平気なのかと言われてね。それが悔しくて死んだ気がするんです。本人にはそんな自覚がないんですから。でも最後に藤真利子さん扮する岳葉の本妻・ミネが出てくるんですけれど、人に岳葉の墓をどうするのかと聞かれて、彼女ははっきり答えない。それだと無縁仏になりますよと言われると、「いいんです、それで」と言うんです。岳葉自身は女性たちといい思いをしたかもしれないけれど、彼はそんな目に遭ってしかるべきだろうと神代さんは言っている。主人公は岳葉だけれど、女性の側に立って作品を締めているのが神代さんらしいと思いますね。

――『もどり川』は大正時代を再現するためにセットも建てられ、神代作品としては製作費がかかった映画だった。しかし公開の約2カ月前に萩原健一が大麻所持で逮捕され、興行的には不幸な結果に終わった。だからこそ今、多くの人に再評価してほしい一本である。

# 山本陽子

## モラルを捨てて暴走していく女性を山本さんは憑かれたように演じている

――87年5月29日に放映された『蛇苺《へびいちご》』（フジテレビ系）は神代辰巳監督、岸田理生脚本のコンビによる3本目のテレビドラマである。冒頭、山本陽子と中谷一郎の息子がバイク事故で死亡。一緒にバイクに乗っていた親友の宮川一朗太も大ケガをしたことがわかる。山本夫婦は仕事で海外へ行く予定だったが、山本は1人で日本に残り、軽井沢の別荘で心の傷を癒やすことにする。そこへ、ケガが治った宮川一朗太が現れる。

　そのとき山本陽子さんは、事故の傷を見せてと宮川君に言うわけですが、最初は太ももの傷に触れて、やがて彼の他の傷も見たいという流れになり、2人は肉体関係を持ってしまう。当時、山本さんは40代半ばで宮川君は20歳そこそこ。この2人が濃厚なラブシーンを見せるんですが、実は死んだ山本さんの息子は、長《おさ》内美那子《ないみなこ》さん扮する宮川君の母親と関係を持っていたんですね。彼は親友に母親を奪われた復讐のために、自分が彼の母親である山本さんと関係を持ったと。つまりここには若い男と大人の女のカップルが2組登場する。また長内美那子さんは60年代半ばから昼メロの

山本陽子（1985年）

スターとして活躍して、濡れ場も演じましたけれど、どちらかといえば清楚な人妻のイメージが強い。その彼女にかなりきわどいラブシーンをやらせているのが、衝撃的なんです。さらに彼女は目が悪い役で、肉体的にハンディを持った女性が、若い男に押し切られるように犯されていくわけですから、よくこんなドラマがテレビで普通に放映されていたなと驚きました。

――さらに死んだ息子は中谷一郎との間にできた子供ではなく、中谷の友人で画家の伊藤孝雄と山本陽子との間にできた子だった。息子はその事実を知って母親を生理的に毛嫌いし、彼女を汚す代わりに親友の母親を襲ったことがわかってくる。

つまり疑似母子相姦ですよね。宮川君の方も目的は復讐ですけれど、やはり母親の代わりに山本さんを求めている感じがある。登場人物たちの内面があらわになっていくほど、ドラマはどんどんモラルから逸脱していくんですよ。伊藤孝雄さんが別荘に訪ねてきて、「あなたは（妊娠することで）母親という動物になったんだね。相手は僕でもあいつ（中谷）でも、誰でもよかったんだ」と言いますけれど、これが岸田理生さんのセリフだと思います。女性が男のくびきから解き放たれて本来の姿になるために、このヒロインは妊娠する必要があった。でもそれが、結果的に息子を苦しめることにもなったわけですよ。そのモラルを捨てて暴走していく女性を、山本陽子さんは憑《つ》かれたように演じているんです。

――結局、宮川一朗太は、山本陽子との関係を清算して別荘を後にするのだが、彼が別荘を去るときに言い残す、捨てゼリフがまたすごい。

彼は死んだ息子とも肉体関係にあったと言い残すんです。つまり同性愛者でもあるわけですが、言ってみれば彼は死んだ息子と一心同体なわけでしょう。それだけに余計、山本さんと母子相姦した感じが強く印象付けられる。このように次から次へとモラルが崩壊していくサスペンスドラマで、映像作品への倫理規定が緩かった80年代のこの時期にしか生まれない、問題作です。でもね、今の女性が見るとこのドラマはもっと普通に受け取られる気もするんです。この時代はモラルをぶち壊すことで男社会から解放されようとしていたけれど、その後女性はどんどん変化して、精神的な自立が普通のことになりましたから。

――やがて女性の時代が到来することを予見して作品に思いを込めた神代監督と、岸田理生のコンビ。彼らはテレビでやれる、モラルと性表現の限界に挑戦して、女性たちの生き方を映し出していったのである。

# 余貴美子

## このドラマには、団塊の世代の男たちの愚痴が全編にあふれている

――神代監督は1995年2月24日に亡くなった。その約4カ月後。7月1日に放映されたのが、神代監督最後のテレビドラマ『盗まれた情事』(テレビ朝日系)である。鈴木は今まで見てきたテレビドラマの中でも、愛してやまない一本としてこの作品を挙げる。

脚本は荒井晴彦さんですが、荒井さんは僕と1歳しか違わない全共闘の真っただ中で大学生活を送った、団塊の世代です。このドラマは、その世代の人間の胸に刺さる部分が全編にあふれているんです。

――主人公は三浦友和扮する優秀な外科医。彼は院長の娘と結婚したが、夫婦はすでに倦怠《けんたい》期を迎えている。彼の勤める病院には、かつて一緒に70年の安保闘争を闘った北見敏之扮する友人が入院しているが、彼は末期がんで余命いくばくもない。

この友人が三浦さんに「医者に思想はいらないんだよ。腕が良ければいい」と言いますけれど、この感じはわかるんです。僕の話をすると慶應義塾大学に入ったとき、友人が自治会の委員長にな

りたいと言ってきてね。僕は彼を委員長にすることを請け負うんです。方法として思想うんぬんは関係なくて、各クラスに2人ぐらいいる委員を、とにかく説得すればいい。それは技術なんですね。僕は委員を説得して、友人を委員長にしたんです。つまり思想や信条に関係なく、仕事としてことをこなしていくのが団塊の世代の特徴なんですよ。だから70年安保が終わって、72年からテレビで「必殺」シリーズが始まったでしょう。あのシリーズは、僕にはものすごくピンときた。彼らは人殺しを技術で行うプロでしたから。

――また三浦友和にはもう一人、今では客の来ない映画館を父親から受け継いでいる、火野正平《しょうへい》演じるかつての同志が友人にいる。

火野さんが「今度、娘を連れて（映画を）見に来いよ」と言うと、三浦さんは「子供に見せてもいい映画なのか」と返す。すると「映画に大人向けも子供向けもあるもんか。面白いか、つまらないかだ」と火野さんは言う。これもよくわかりますね。僕らの時代には成人映画以外は年齢制限なんてものはなかったし、どんな映画でも子供は子供なりに受け止めていた。だから僕は、いろんな映画を小さいときから見ていたんです。それで結局、火野さんは経営がおぼつかなくなって映画館を閉めることを決めるんですが、「また、負けだよ」って言うんです。これは70年の安保闘争で敗北感を味わった世代の実感ですね。その人生に負け続けた男を演じると、火野正平さんはすごくうまい。言ってみればこのドラマには、団塊の世代の男たちの愚痴が全編にあふれているんですが、荒井晴彦さんは自虐も込めてその男たちの心情を見事に生きたセリフにしていますね。

――主演の三浦友和はかつて、スタジオジブリの『借りぐらしのアリエッティ』（10年）でアリエッティの父親・ポッドの声を演じていて、そのとき鈴木は彼と会ったことがある。

三浦さんは自分で車を運転してジブリに来てくれたんですが、ジブリに来るまでの道路が2車線のうち1車線しか使えない時期で、そこをどうやってうまくすり抜けてたどり着くかという話を延々した覚えがあります（笑）。話してみると、本当にいい人なんですよ。その三浦さんは団塊の少し下の世代ですが、この役にはすごくリアリティーがありました。神代さんの作品だと、男優はショーケンのイメージが強いですけれど、それに匹敵するくらい素晴らしい演技でした。

## 男への愛を捨てて女性同士で生きる選択をする

――その三浦友和が主演した『盗まれた情事』は、優秀な医者と2人の悪女の物語である。妻と倦怠期にある三浦友和演じる医者は、雑誌で「妻と情事をしてくれる相手を探しています」という広告を見て応募する。広告主は元レーサーの富豪で、彼はレースの事故によって下半身不随になり、妻を抱けない体だった。彼の代わりに妻の性的欲求を満たすのが仕事で、三浦友和はそれを引き受ける。ホテルの部屋で待つ彼の妻に会うと、それが余貴美子《よきみこ》。やがて三浦は彼女との情事を楽しむようになるが、実は彼らが情事をしているときの声は、ホテルの部屋の電話によって、依頼主に筒抜けになっていた。依頼主は彼らがセックスする声を聴くことで、肉体の性的機能を蘇《よみがえ》らせようとしていたのだ。

その事情を了解した上で、三浦さんは情

余貴美子（2005年）

事の仕事を続ける。ところがある日、電話の向こうから銃声が聞こえ、依頼主の男がライフル銃で殺されたことがわかるんです。当然、犯人は誰かというのがサスペンスなんですが、妻の余貴美子さんには、三浦さんと一緒だったからアリバイがありますよね。しかしこれにはからくりがあって、彼女は依頼主の本当の妻ではないんです。

——依頼主の本当の妻は高島礼子で、彼女は余貴美子を金で雇って自分の身代わりをさせていた。その裏事情を知った三浦は犯人を高島だと断定し、彼女をゆすって、愛情が芽生えた余貴美子と共に海外へ行く計画を立てる。

三浦さんが高島礼子さんと初めて会うのは、親友の火野正平さんがやっている映画館の中で、そこで彼女は三浦さんが事件当日会っていたのは余貴美子さんではなく、自分だと警察に証言してくれと頼むんです。このとき映画館でかかっているのが、大島渚《なぎさ》監督のデビュー作『愛と希望の街』(59年)。僕はこの映画が好きなんですよ。貧乏な少年が街頭で鳩を売っていて、金持ちの女の子がその鳩を買う。ところが家に帰ると、鳩が逃げてしまう。彼女がそのことを少年に言いに行くと、少年は逃げた鳩をまた売っているんです。彼は鳩の帰巣本能を利用して、同じ鳩をずっと売っていたんですね。彼女がそれをとがめると、「そうしないと食っていけない」と少年は言うんです。彼女は再び鳩を買って帰るんですが、家に帰ると彼女の兄がライフル銃の手入れをしていてね。今度は逃げた鳩を、その兄が銃で撃ち殺してしまうんですよ。つまり、この映画がそこでかかっているのは、依頼主をライフルで殺したのは高島さんだと裏付けているわけですよね。

——三浦の証言により高島は無罪になり、湖畔の小さな小屋で金の受け渡しが行われることになる。三浦と余貴美子のカップルが小屋へ行くと、そこには金がなく、しかも余貴美子によって三浦は小屋に閉じ込められてしまう。

つまり余さんと高島さんは共犯で、三浦さんを小屋ごと焼き殺そうとするんです。このとき余さんは小屋の扉が開かないように体でガードしながら泣くんですけれど、おそらく彼女は三浦さんを愛していた。でも扉は絶対に開けないわけで、ここが神代さんらしいアプローチですね。三浦さんを愛していたとしても、彼女はずっと彼と暮らしていく気はない。実は高島さんと彼女は同性愛的なにおいのするコンビで、関係性としては余さんの方が主導権を握っているんです。だから高島さんといた方が、自分は女王様のようにふるまえるわけですから。男への愛を捨てて女性同士で生きる選択をするところに、常に女性の側に立つ神代監督の姿勢を感じるんです。

## 全共闘の闘士たちはその後、無様な生き方や死に様をさらしていった

——ではこの作品は、人生に敗北した男を描いただけのドラマなのか。鈴木の見方は少し違っている。

僕はそこに脚本の荒井晴彦さんが忍ばせた、全共闘世代の心情が影響していると思うんです。三浦さんと倦怠期にある妻の友人として、田口トモロヲさん扮するテレビのディレクターが出てくるんですが、彼は自分より少し上の全共闘世代を毛嫌いしているんですね。それで彼は三浦さんが妻以外の女性と情事を重ねていた決定的な証拠となるビデオテープを持っていて、これを世間に発表してほしくなかったら俺の前で土下座しろと、三浦さんに迫るんです。田口さんは「おまえら全共闘世代は騒いだだけで何もつくり出せなかったし、何も壊せなかった。そのことを謝れ」と言って、三浦さんは彼の前に膝をつく。でも、その姿勢のまま田口さんを見上げて「(好き勝手にやれて)めちゃくちゃ気持ちよかったよ」と不敵に言ってのけるんですね。確かに70年の安保闘争は、騒乱は起こしましたが、その先に何かをつくり上げるというビジョンはなかったんです。そこが60年の

安保闘争との違いで、この世代の考え方はどこか刹那的なんですね。だから三浦さんはビデオテープが世に出ることで自分は仕事も家庭も失うだろうけれど、そんなことは構わない。彼の中にあったのは、新たに愛し始めた余貴美子さんと生きることで、他のことはどうでもよくなっているんです。まあそれも、余さんの裏切りにあってダメになるんですが。神代監督は僕より20歳上ですけれど、荒井晴彦さんの心情に寄り添って、全共闘世代がその後どう生きたかを描こうとしていた気がするんです。

――実はこのドラマの前に、神代監督と脚本の荒井晴彦コンビは映画『噛む女』（88年）を作っている。そこにも永島敏行扮するアダルトビデオ会社の社長を中心に、全共闘世代の男が3人登場し、主人公が女性2人の策略によって亡くなる展開など、類似点が多い。この『噛む女』ができたときの監督と荒井晴彦の対談を読むと、神代監督は劇中に出てくる全共闘のニュースフィルムを見ていると、理屈ではなくホッとすると語っている。彼はこの世代に、あるシンパシーを覚えていたのは確かなのだ。

僕が神代さんの作品が好きなのは、そういうことも影響しているんじゃないですかね。それともうひとつ思ったのは、神代さんは『青春の蹉跌』（74年）を作っていますよね。あの映画は大学生の主人公が良家のお嬢さんと結婚するために、自分が妊娠させた女性を雪山に誘って殺し、やがて自滅していくわけですけれど、彼もまたかつて学生運動をしていた男だった。だから『盗まれた情事』は、それから20年後を映し出したもうひとつの『青春の蹉跌』だったのではないかと。三浦さんがやった全共闘の闘士たちはその後、無様な生き方や死に様をさらしていったんです。これは同じ時代を生きた僕の実感ですね。70年安保当時、「総括」という言葉がはやったんですが、三浦さんは総括できないまま生き続けた男という感じがする。その主人公に訪れた20年後の青春と挫折を、ここでは描いている。だから僕には『盗まれた情事』と『青春の蹉跌』が、背景にある思いも含めて結びついて見えたんです。

――作品から受けた印象を言うと、『噛む女』よりもこのドラマの方が、映画の企画に向いているように思えた。ある世代の思いがうまく織り込まれているのも魅力で、CS放送などで見る機会があれば、ぜひ多くの方に一度は見てほしい逸品である。

# 柳愛里

## 僕が気づいたのは、これはビデオで見ることを前提に作っている作品だということ

――映画批評家の鈴木《すずき》一誌《ひとし》いわく、神代辰巳は「3本も遺作がある、珍しい監督」だという。遺作の1つは奥田瑛二主演の映画『棒の哀しみ』（94年）、2つ目は亡くなった後に放送されたテレビドラマ『盗まれた情事』（95年）、そしてもう1本がオリジナルビデオとして作られた『インモラル　淫らな関係』（95年）だ。撮影順で言うなら3つ目のビデオ作品は95年の1月30日に最後のダビングが終わって、2月24日に神代監督は亡くなっているので、これが本当の遺作。その中に彼はどんな思いを込めようとしたのだろうか？

『インモラル　淫らな関係』はあるマンションに引っ越してきたばかりの悦子（柳愛里《ゆうえり》）が、前の住人・武（柳《やなぎ》ユーレイ）に犯されるところから始まる。時間は飛んで、故郷に戻って実家のス

『インモラル　淫らな関係』（1995年）

ーパーで働いている武の前に、弟・敏（五十嵐光樹）の婚約者として悦子が現れる。悦子は武の体を再び求め、彼もそれに応えるが、別に弟から彼女を奪おうという気持ちはない。やがて敏と悦子は入籍し、その後で敏は兄と悦子がセックスしているところを目撃する。絶望した敏は投身自殺を図り、いたたまれなくなった悦子は彼らの前から姿を消す。その後、奇跡的に助かった敏が武といつものように釣りを楽しむところで作品は終わる。

男女3人の関係性を描いているということでは、神代さんの『恋人たちは濡れた』（73年）を思わせますが、今回は男2人が兄弟でしょう。ちょっと別のことをやろうとしていると思ったんです。主人公の武は、彼ら兄弟が幼い頃に母親が愛人をつくって家を出て行ってから、弟の食事を作って母親代わりをしていた。だから敏は、今も兄の味付けの料理しか受け付けないんですね。それで武というのは仕事をしても、どの女性とセックスしても、無気力な感じがするけれど、弟に料理を作って食事をしているときには、普通のいい人に見える。明らかに芝居が違うんですよ。それは何でだろうと思ったら、ライターの金澤さんに指摘されたことでなるほどと思いました。

——私がこの作品を見た感想で鈴木敏夫に指摘したのは、「武は女性なのではないか」ということだ。肉体は男性だが精神的には敏にとっての母親で、2つの性の中で武は生きている。武が弟の婚約者とわかっていながら悦子との関係をやめないのは、彼らの母親が多淫な女性だったからで、武にとって母親とはそういうことを平然とやる存在なのだ。

その感想を読んでむちゃくちゃ納得したんです。タイトルの『インモラル　淫らな関係』とは、そんな武のありさまを含んだ意味合いがあるのかもしれません。僕が気づいたのは、これはビデオで見ることを前提に作っている作品だということ。それはシナリオの段階からすごく考えてあると思いました。ビデオって基本は、1人で見るものでしょう。こういう成人向けの作品は特にそうですよね。神代さんはこれまでも、音をアフレコして独特の世界をつくり上げてきましたが、ここでは音の使い方がさらに変わっているんです。例えば敏が隣のビルから、武と悦子がエッチしている現場を見て衝撃を受ける場面。彼らの間にはビルとビルが離れて建っているし、窓が閉まってブラインドも下ろされている。でも悦子の喘ぎ声が、敏に聞こえるような音の処理をしているんです。つまり彼には、聞こえるはずのない音が聞こえている。それは作品を見ている人が想像した音で、これを神代さんは具現化したわけです。そういうことをしたのは、ビデオで見るひとりの人間の想像力を刺激しようという狙いがシナリオを書くときからあったからだと思うんですよ。

――またこの作品は他にも妙な魅力を持っている。

## 神代監督は主演ふたりの持つ素人っぽさを利用して、この作品を作っている

――『インモラル　淫らな関係』は、当時ビートたけしの弟子でお笑い芸人の柳ユーレイ（現・柳憂怜）が主人公の武を、柳愛里がヒロインの悦子を演じている。柳ユーレイは北野武の監督第2作『3－4X10月』（90年）の主役に抜擢《ばってき》されて俳優デビューしたが、彼が演技者として注目を集めたのは、この作品の後の『女優霊』（96年）から。また柳愛里は、東京キッドブラザースや姉で作家の柳美里《ゆうみり》が主宰する劇団の舞台には立っていたが、当時はほぼ無名だった。

この主演二人が本当に素人っぽいんです。その素人くささが、妙な嫌らしさを生むんですよ。柳愛里さんはグラマーではないし、見た目も隣のお姉さんという感じがして、映画の主演女優らしくない。だから逆に身近な存在だと感じられて、エッチをしていてもリアリティーを生むんです。どこか演技ではなく、本気でやっている感じがするんですね。そのことが1人で見るために作られたオリジナルビデオには、とても似合っているんです。神代監督は彼女や柳ユーレイさんが持つ素人

っぽさを利用して、この作品を作っている。主人公たちが見ている人に近づくことで、見る側はドキドキしながら鑑賞できますからね。

――また神代辰巳作品は〝長回し〟が多いが、ここでは長回しをしながらカメラが登場人物の周りをぐるぐる回る撮影法が多用されている。

2、3人で話すときにカメラが彼らの周りを回り続けるんですが、それらはどれも登場人物たちが秘めていた思いを口に出すシーンなんですね。僕のささやかな知識によればカメラがぐるぐる回るときには、本当はその人たちの心の中にカメラを入れたいけれども、それができないからカメラを回すと。実は高畑勲さんも360度回転させるのが好きだった。高畑さんが演出したテレビのアニメーション『母をたずねて三千里』(76年)にも、そういうシーンがいっぱい出てくるんです。この作品を撮影中に神代さんは病身で、現場で車椅子に座りながら演出していたので、体力的にカットを割りながら撮っていくのが難しくてこういう手法を多用したのかもしれませんが、そのぐるぐる回るカメラが妙に印象的でした。

――演技的にも撮影法的にもどこかルーズで、きっちりとまとまっていないところに、この作品の不思議な魅力がある。

神代さんは、既成の歌を挿入歌として使うのがうまい監督ですけれど、この作品では時折出てくる歌や、ブツブツ言っているセリフまで、脈絡のない独り言が多いんですよ。その誰と会話するのでもない独り言によって、見る側は妄想をかき立てられる。その面白さがあるんです。この作品の前に作った映画『棒の哀しみ』も独り言が多い作品で、奥田瑛二さん扮するキレイ好きなやくざは、家で掃除をしながら独り言を言っている。それが晩年の神代さんの特徴なのかもしれませんね。

――ちなみに、神代監督が亡くなる直前まで書いていた脚本「男たちのかいた絵」は二重人格のやくざの話で、主人公が死ぬ寸前に自分の中の別人格と会話する、神代監督にとって究極の独り言映画になるはずだった。

何か神代さんはね。これからは女性の時代が来るということもわかって作品を作っていたし、今は1人の時間を楽しむ〝ソロ活〟女子も多いですけれど、人は誰かとつるむのではなく、自分自身と向き合う1人の時代が来るということも、肌感覚でわかっていた気がするんです。だから神代さんの作品は今見ても面白い。『インモラル　淫らな関係』は大傑作とは言わないですが、神代さんらしい魅力を持った愛すべき遺作だったと思います。

# 「芋虫」

## 触って気持ちいいということを画によって具現化できるのが宮さんの才能

――神代監督の幻に終わった企画に「芋虫《いもむし》」がある。これは江戸川乱歩の同名小説をベースに、泉鏡花の「河伯令嬢《かはくれいじょう》」と「瓜《うり》の涙」の要素も取り入れてひとつの物語にしたもので、神代監督と岸田理生が共同で脚本を書いている。映画は1981年12月にクランクインする予定だったが、諸事情によって製作が中止され、脚本だけが残された。

これが映画化されていたら、おそらく神代さんの代表作になったと思うんです。それくらい、脚本が実に面白い。

――時は明治38（1905）年、舞台は北陸金沢へ向かう金石街道沿いにある山あいの集落。名家の須永家に嫁いだ時子は、戦地へ行った夫・春彦の帰りを待っている。その彼女をひそかに慕う義弟・夏吉は、女郎になるため売られてきた少女・おゆうと知り合う。やがて春彦が帰還するが、彼は戦争によって両手両足を失い、聴覚も発声機能もなくしていた。最初は絶望する時子だが、春彦の世話をするうちに、彼に生殖機能があることを知って、自分で主導権を握りながら春彦との性生活にのめり込んでいく。一方、夏吉は、女郎になったおゆうのところへ足しげく通うが金が底をつき、彼女との心中を決意する。

ここには2組の男女が登場するんですが、春彦の設定を読んでいてね。彼は時子に全身を拭いてもらったときに、筆談で「モット拭ケ」と要求する。それで拭いてもらっている間に男性器が屹立《きつりつ》していくんですけれど、すごく触覚が印象的な作品なんです。それで僕は宮崎駿を思い出しました。宮さんも、一番大事にしたのは触覚なんです。例えば『となりのトトロ』(88年)でトトロのお腹をメイちゃんが押す。するとお腹がへこむでしょう。あの感じを描ける人は宮さんしかいない。またトトロのお腹の上でメイちゃんが跳ねると、気持ちよさそうでしょう。あれも他に描けない。触って気持ちいいということを画によって具現化できるというのが宮さんの才能だし、それが宮崎アニメの秘密でもあるんです。ではその感じを、宮さんはどこで学んだか。そのひとつが江戸川乱歩の小説なんです。宮さんは乱歩の作品が大好きで、「芋虫」を読んでいるかはわかりませんが、好みの題材であることは間違いない。こういうものを映画にしたいと思っていたことでも、僕は宮さんと神代さんに共通項があると感じるんです。触覚に関する表現を、神代さんのようにエッチな映画でやるのか、宮さんのようにファンタジーでやるのか。その違いだけなんじゃないかと思いますね。

——また鈴木は、表現者は常に五感を研ぎ澄ましていなくてはいけないという。

宮さんで言うとね。基本的にあの人は毎日3食、奥さんの手料理を食べているんです。お昼も奥さんの作った弁当ですしね。そういう人は、例えばおいしいものを食べたときに、敏感になるんですよ。普段食べているものと違うわけですから。毎日おいしいものばかり探して食べていたら、五感がダメになりますよ。宮さんは、絶対に自分をそういう状態に置かない。これは食事に対する世代的な考えも影響していますけれど、それによって宮さんの中では〝妄想のおいしさ〟が膨らむわけですよね。それを映像にしているから、宮﨑アニメに登場する食い物はどれもうまそうなんです。だって宮さんが、本当においしいと思って描いているんですから。これは味覚の具現化ですけれど、「芋虫」の脚本を読むと触覚の映像化として、すごくイメージをかき立てられる本で、神代さんも五感を大事にしていたことがよくわかるんです。

## ヒロイン時子は宮下順子さん以外考えられませんね

――神代監督と岸田理生が書いた脚本「芋虫」に登場する2組のカップル。ひと組は美しい妻・時子と戦争で両手と両足を失った夫の春彦。もうひと組は春彦の弟・夏吉と、女郎になった少女・おゆうである。やがて時子は思うように動けない春彦を、自分の性の愛玩具として弄び始め、それに耐えきれなくなった春彦は餓死しようとする。夏吉とおゆうは、おゆうが女郎でいる限り結ばれないと思い、心中しようと2人で首を吊るため柿の木に登っていくが、失敗して死にきれない。その頃、死のうとする春彦を許せない時子は、彼の目を潰して完全な愛玩物にしようとするが、時子に殺されると思った春彦が嚙みついて逆襲。二人はもみ合いながら2階から階段を転がり落ち、心中のように死を遂げる。一方の夏吉とおゆうは生き残り、最後は戦地へ赴く夏吉をおゆうが送り出すところで終わる。

江戸川乱歩の「芋虫」では、春彦が1人で井戸に身を投げて終わるんですが、ここでは時子と相打ちのように、壮絶な心中を遂げる。つまり男の側の意思だけで、物語が終わらないんですね。また夏吉と心中しようと思っていたおゆうが彼を戦地に送り出して、いわば女性が勝利して終わるところなんか、岸田理生さんらしい結末だと思いました。そういう女性の側に立って物語を作っていく視点を、神代さんは一貫して持っていたと思うんです。

——この脚本は映画化されなかったが、もし予定通り81年12月にクランクインしていたら、誰がヒロインを演じただろうか？

時子は宮下順子さん以外、考えられませんね。この2年前に神代さんの傑作『赫い髪の女』（79年）に出ていますし、『四畳半襖の裏張り』（73年）を見ても和服が似合う。また身動きができないまま男性器だけ屹立していく春彦の上に、自分の下半身をうずめていくエロチックな感じは、この頃の宮下さんにピッタリだったと思うんです。僕が想像できなかったのは、おゆうのキャスティングですね。設定は少女なんですが、脚本にわざわざ彼女の年齢が18歳と書かれている。僕は『週刊アサヒ芸能』の記者をしていたときに吉原の取材をして、吉原にあるお寺の過去帳を調べたことがあるんです。すると吉原で働いていた遊女たちが病死した年齢は、17歳が多いんですよ。そのほとんどの死因が胸の病なんですが、つまり彼女たちはもっと若い頃に吉原へ売られてきたわけでしょう。18歳というのは、明らかに年齢設定がおかしいんです。神代さんと岸田さんはもちろん承知の上で脚本に書いたと思うんですけれど、では誰を想定しておゆうのキャラクターをつくり上げたのか。これがどうも思いつかなくて。

——可能性がありそうなのは、『地獄』（79年）や『ミスター・ミセス・ミス・ロンリー』（80年）で組んだ原田美枝子だが、81年当時彼女は22歳になっていたので、少女のイメージからは脱していた。神代監督が考えたおゆうが誰なのかを想像して読むと、この脚本はさらにイメージが膨らむ本になっている。

時子が春彦を蔵の2階に隔離して、そこを2人だけの愛の巣にしようとするのは、後に神代さんが岸田さんの脚本で作った『愛の牢獄』（84年）を思わせるし、夏吉が最初は時子を思って果たせず、その代わりにおゆうへ愛を傾斜させていくのは、やはり岸田理生脚本の『蛇苺』（87年）を彷彿とさせるところがある。神代、岸田のコンビは幻に終わった「芋虫」のモチーフを、その後、テレビドラマにしてかなえたのかもしれませんね。しかし僕は「芋虫」が見たかった。本当に惜しいと思いますよ。

――神代辰巳と岸田理生の個性が見事にブレンドされた内容だっただけに、これが幻の企画になったことは残念でならない。

# ロマンポルノの時代

## 神代さんの作品を見直して、その古びていない面白さに改めて感心した

――この「体験的女優論」では長く、神代辰巳監督の作品とその女優を追ってきたが、これは鈴木がそれだけ神代監督の映画に深い思い入れがあったからだ。神代監督の初めての日活ロマンポルノ作品『濡れた唇』が公開されたのは1972年1月。鈴木はその年の4月に徳間書店に入社して、会社がある新橋のロマンポルノ専門館へ通うようになる。10月に公開された『一条さゆり　濡れた欲情』を見て、彼の神代監督への熱は決定的になるのだが、背景としてロマンポルノの常連客だったことが大きなポイントになっている。

名古屋にいた時代から石原裕次郎さんの日活アクションや石坂洋次郎原作の映画を見てきて、慶應義塾大学時代もお客がまったく入らない日活映画を見続けました。それで71年に日活がロマンポルノへ路線転換したとき、完全に日活映画から離れていったお客も多かったんです。僕はどうせここまで見たんだから、本当の最後まで見てやろうという気持ちで映画館へ通っていたこともありますが、理由はほかにもあるんです。

――時は71年。沖縄返還協定に対する学生運動が激化し、11月14日に渋谷が機動隊1万2000人

によって封鎖される事態になった。デパート6店舗など全商店が封鎖・休業して、渋谷は事実上、戒厳令下に置かれた。このとき全学連・反戦青年委員会は渋谷・宮下公園に集結して、機動隊と激突。同日の池袋での闘争では死者も出る騒ぎになった。

その頃、積極的に学生運動をしていたGという友人がいたんです。戒厳令の日、僕は渋谷に下宿していたのでGが顔を見せてね。「ちょっと、文句を言ってくる」と言って出ていったんですよ。それから2時間くらいして戻ってきたら、彼は血だらけ。機動隊とやり合ってケガしたんです。このとき彼は頭をやられて、それが後々まで後遺症として残ったんです。そのGが大学を卒業して入ったのが日活。それで彼はロマンポルノのプロデューサーになったんですね。だから僕がロマンポルノを見続けたのは彼に対する思いもあって、義務のように感じていた部分がある。

——このGプロデューサーはロマンポルノの中に「緊縛」ものの路線を築いたり、いくつかの作品を企画・製作したが、数年でクレジットから姿を消している。

結局、渋谷闘争のときに受けた傷が尾を引いて、日活をやめざるを得なくなったんです。僕は彼のような武闘派ではないので闘争に進んで参加していないですけれど、時代の熱は共有していますからね。彼がやっているロマンポルノに対して、特別な思いがあったことは確かなんです。ただ僕が好きだったのは神代さんの作品や村川透監督の『白い指の戯れ』（72年）などで、Gのプロデュース作品はあまり印象にないんですけれどね（笑）。

——また日活ロマンポルノが、作品的に多様性に富んで時代を刺激していた70年代に鈴木は20代で、年齢的にも作品が持つ感覚とマッチしていたのだろう。

ロマンポルノも最初は裸を見せることがメインで、作品的にはダメだったんです。それが『白い指の戯れ』を見て、感動したんですよね。これをきっかけにいろんな新しいものが出てくるという、期待と予感がありました。その脚本を書いたのが神代辰巳さんだったでしょう。だから振り返ると神代さんの存在は、僕にとって大きかったんです。今回この「体験的女優論」で神代さんの作品を見直して、その古びていない面白さに改めて感心しました。

——映画ファンだった鈴木に強烈な印象を残し、今も彼を魅了し続ける神代辰巳。その監督した作品群は、これからも新たな観客を増やして、再発見されていくに違いない。

# 緑魔子

## 多感な年頃の僕の中では、映画は見られないけど、妄想だけは膨らんでいった

——1964年4月、鈴木は名古屋の東海高校へ入学した。その直前の3月、一人の女優が『二匹の牝犬』（64年）で東映からデビューする。それが緑魔子《みどりまこ》である。

実は『二匹の牝犬』は、リアルタイムに見られなかったんです。というのもこれはかなりエッチな作品として宣伝されていたので、中学生が一人で見にいくには勇気がいる映画だったんですよ。でも新人女優・緑魔子の記事が、当時の新聞や雑誌に多く掲載されていましてね。彼女は、風貌がものすごくバタくさいでしょう。日本人なのに西洋人という雰囲気で気になっていたんです。

——緑魔子は、高校卒業後に宮崎県から上京して女優を目指し、NHK演技研究所を経て、東宝ニューフェースとして東宝テレビ部に在籍。程なく『二匹の牝犬』のヒロインを探していた監督・渡辺祐介に見いだされて東映からデビューした、当時はまったくの新人だった。緑魔子という芸名も、この映画に出るときに、東映の岡田茂が命名したものである。

『二匹の牝犬』は小川真由美さん演じる、今でいうソープ嬢がお金を貯めて、杉浦直樹さん扮する証券マンを通して株の投資を始めるんですが、この証券マンが独断で株の操作をしていて、彼女のお金を損失してしまうんです。それをごまかす意味もあって彼女と深い仲になっていくんですが、そ

こで登場するのが緑魔子さん演じる小川さんの妹。最初は田舎から出てきた娘ですけれど、姉よりもドライで性に関してオープンな彼女は、姉さんから証券マンを奪っていい暮らしを始める。やがて2人の関係がばれて、姉妹が対決していくわけですけれど、このデビュー作から緑さんは大胆にヌードになっていて、そのビジュアルがかなり露出されていましたから、多感な年頃の僕の中では、映画は見られないけれど妄想だけは膨らんでいきました。

——いわゆる第2ヒロインを演じた緑魔子はこの映画での存在感が認められ、ブルーリボン賞新人賞を受賞した。ここから彼女は東映の悪女もの映画の一翼を担う、スターとしての道を歩み始める。64年7月には、同じ渡辺監督、小川真由美主演の『悪女』(64年)にブルジョアの令嬢役で登場した。

これは地方から出てきた小川さんがブルジョア家庭へ女中として住み込むけれど、令嬢にはいじめられ、そこの息子である梅宮辰夫さんには犯される。やがてこの兄妹の遺産相続争いにも巻き込まれた彼女は、最後に彼らに復讐をするという内容ですが、緑さんは存在感で既に小川さんと拮抗《きっこう》していました。ヌードシーンは当たり前ですが、ここでは同性愛者の女性役で、かなり強烈な個性を放っているんです。またこの作品で小川さんは、福島から上京してきた女性を演じているんです。この翌年から始まる梅宮辰夫さんと緑魔子さんの「夜の青春」シリーズも同様なんですが、この頃の映画には地方から都会に出てくる女性がよく出てきます。これは60年代の作品の特徴なんですね。日本が高度経済成長期に入って、田舎では長男が家を継ぎ、次男や次女以下の人々は職を求めて田舎から都会へと出てくるようになった。だから盆と暮れに田舎へ帰るという習慣は、この頃から日本で始まったものなんです。そんな田舎から出てきた女性が、都会でいろんな体験をして変貌を遂げていく。そんなキャラクターをやらせると緑魔子さんはピッタリだったんですよ。

——これら2作品をはじめ、初期には渡辺祐介監督と悪女ものを連発した彼女は、先に挙げた「夜の青春」シリーズでさらなる成長を遂げていく。

## そのラストシーンはまさに〝愛の不毛〟を体現していましたね

——65年1月公開の『ひも』を皮切りに、梅宮辰夫主演の「夜の青春」シリーズがスタートする。梅宮扮する女たちを食い物にして生きるダーティーな男を主人公にしたこのシリーズは、68年までに全8作品が作られたが、緑魔子はそのうち6本に出演した。

このシリーズは東映東京撮影所で製作された低予算映画です。でも監督は、『日本戦歿《せんぼつ》学生の手記 きけ、わだつみの声』（50年）の関川秀雄さんや、大好きだった「警視庁物語」シリーズ（56～64年）の村山新治さんなので、ただの風俗映画ではない。僕はそこにイタリアのネオレアリズモやフランスのヌーベルバーグ作品の影響があると思うんです。

——『無防備都市』（45年）や『自転車泥棒』（48年）に代表される、現実社会を客観的かつドキュメンタリー風に描き出したネオレアリズモ、『死刑台のエレベーター』（58年）や『勝手にしやがれ』（60年）など、ロケ撮影や即興重視の演出が特徴的なヌーベルバーグの諸作品は、日本の映画監督たちにも刺激を与えていた。

緑魔子（2001年）

「夜の青春」シリーズもロケ撮影を重視して、当時の社会をドキュメンタリータッチで描いている点で、それらの海外作品を思わせるところがありました。僕自身、ネオレアリズモの後期の作品、ピエトロ・ジェルミ監督の『刑事』（59年）なんかが好きでしたね。おふくろに連れられてリアルタイム（日本公開は60年）に見ていますが、大ヒットした主題歌「アモーレ・ミオ」をおふくろが口ずさんでいて、そばで聞いていて歌詞を覚えてしまったことを思い出しますよ。また「夜の青春」シリーズは田舎から出てきた何も知らない娘が、やくざやひもに騙されて、夜の女や売春婦へと変貌していくさまを描いていますけれど、それが当時の社会構造を教える映画にもなっている。60年代には、人間性も含めて上忍に支配され、虐げられる下忍の姿を描いた山本薩夫《さつお》監督の『忍びの者』（62年）もそうですけれど、社会構造を描く映画が多かった。その流れの中にこのシリーズもあって、タイトルはどれも強烈ですけれど、中身は社会派作品として見ごたえのあるものが多いんです。

――『ひも』はヒット作『日本侠客伝　浪花《なにわ》篇』（65年）の、第4作『かも』は『昭和残侠伝』（65年）の併映作でもあり、ヒロインの緑魔子の人気は急激に高まっていった。

緑魔子さんは僕にとって、『乾いた花』（64年）や『月曜日のユカ』（同）の加賀まりこさん、『ちんころ海女《あま》っこ』（65年）の中村晃子さんと並ぶ小悪魔的なイメージの女優さんでした。特に緑魔子さんの映画は観客に年齢制限のある、エッチな作品が多かったですから印象が強いんです。ただその頃、多くの映画で共演した梅宮辰夫さんは、緑魔子さんのことを「現代の愛の不毛を表現できる女優は、彼女しかいない」と後に『悪趣味邦画劇場』という本の中で言っています。確かに騙されて嫌々男とベッドインさせられる娘役なので、セックスをしているときにも無表情で天井を見上げていて、そこには性の喜びを感じさせない雰囲気が漂っていました。この〝愛の不毛〟というのも当時はひとつのキーワードで、ミケランジェロ・アントニオーニ監督が『情事』（60年）、『夜』

（61年）、『太陽はひとりぼっち』（62年）という〝愛の不毛3部作〟を発表した後でしたからね。それらに主演したモニカ・ヴィッティと、緑魔子さんのイメージが、僕には重なって見えたんです。また『ひも』の最後で殺人を犯して逃亡しようとする梅宮さんを、電話して警察に売り渡した後の勝ち誇ったような緑魔子さんの顔。自分を騙した男に対する復讐を、あの最後の表情ひとつで表現した彼女は、まさに〝愛の不毛〟を体現していましたね。

## 自覚はなかったかもしれないけれど、彼女は日本のアンナ・カリーナをやっていた

――66年3月、緑魔子は『非行少女ヨーコ』に主演した。これは降旗康男の監督デビュー作で、幼馴染みを頼って東京へ出てきた家出娘のヨーコが、新宿にたむろする若者たちのグループと親しくなり、やがて睡眠薬を服用することに溺れていく。彼女は生きる目的が見えない、やり場のない状況を変えるため、親しくなった青年ジロウとサントロペへ船出していくというもの。

地方から上京した家出娘が東京で変貌していくというのは、緑魔子さんの役柄としては目新しいものではないんですが、作品を支える人たちの顔ぶれが豪華なんです。冒頭でジャズを演奏しているメンバーの中には渡辺貞夫さんがいますし、新宿でヨーコが知り合う芸術家の井村役で寺山修司さんが、本人そのままのキャラクターで出ている。撮影の仲沢半次郎さんのカメラワークも洒落《しゃれ》ていて、ちょっと目を引く青春映画なんです。ただ面白いのはね、寺山修司さんは映画批評も結構やっていたんですが、この映画に関して、「最後に2人がサントロペへ行っても何の解決にもならない。東京で起きた問題は、東京で解決しなくてはいけない」と自分が出演したのに批判しているんですよ。

――このラストに関しては、生前の降旗康男監督に話を聞いたことがある。この映画はもともと佐藤純彌《じゅんや》監督のための企画だったが、佐藤監督はかなり撮影準備を進めた段階で別の作品の助監督を務めなくてはならなくなった。そこでピンチヒッターとして監督に起用されたのが降旗康男で、彼も主人公2人が船出して終わる、安易な希望につなげたこのラストが気に入らなかったが、もはや準備が進んでいてラストの変更はできなかったそうだ。

そういう裏事情があったとは知りませんでしたが、寺山さんの指摘はわかりますね。でも捨てがたい魅力のある作品でした。緑魔子さんのフィルモグラフィーでは、一連の不良娘や悪女役の最後に位置する一本なんです。彼女はもう同じような役をやりたくなくて、東映の岡田茂さんに直訴したそうですね。自分はゴダールのヌーベルバーグ映画に出てくるアンナ・カリーナのような役がやりたくて、「夜の青春」シリーズみたいなものは嫌だと。岡田さんはその要求を突っぱねたようですが、僕が面白いと思うのはね。緑魔子さんは「夜の青春」シリーズを嫌がっていたかもしれないけれど、あれは監督たちがヌーベルバーグの影響も受けて作った、東映流のヌーベルバーグ作品だったと思うんです。だから彼女は、自覚はなかったかもしれないけれど、日本のアンナ・カリーナをやっていたと僕は思うんですよ。全体的なイメージだと似たような役に見えるけれど、ひとつひとつアプローチが違っていて、演技の表現にもバリエーションがある。例えば渡辺祐介監督と組んだ『あばずれ』(66年)なんて、タイトルはひどいですけれど、サーカスに憧れる貧民窟で育った少女役で、彼女がサーカス団に入り込んでさまざまな経験をしていく話で、純粋にサーカスの一員になろうとする無垢《むく》な娘を演じていて、これはこれで異彩を放っているんです。おそらく同じ役柄ということもあるんだろうけれど、66年頃になると緑魔子さんは、女優としてさらに飛躍したいという意欲が高まってきたんでしょうね。それで東映から離れることになるんです。

――東映との契約は69年まで続いたが、67年4月からは他の映画会社の作品にも出演することが可能になった。ここから緑魔子本人が『映画秘宝』のインタビューで言っているが、「人生の充実期」が始まる。各社の鬼才監督によって緑魔子は、演技派女優として開花した。

## 大映に出てくる緑魔子さんは、〝狂気〟が一つのキーワードになっている

68年2月に公開された大映の増村保造監督作『大悪党』を皮切りに、緑魔子は東映以外の映画にも出演するようになった。『大悪党』では緑魔子演じる女子大生が佐藤慶のやくざに騙され、セックスしているところを写真とフィルムに撮られて、これをネタに彼の奴隷になっていく。それを救うのが田宮二郎扮する弁護士で、やくざを絞殺した彼女と組んで、ニセの殺害状況を演出し、法廷で彼女の無実を勝ち取っていくというものだ。普通の女子大生がやくざとの出会いによって堕ちていくというのは、東映時代に緑魔子がよく演じていた役だが、ラストにはタイトルにもなっている〝大悪党〟へと変貌して、生きるたくましさを手にするあたりは、日本の新たな女性像を模索していた増村監督らしい描き方だ。続いて緑魔子は、増村監督と江戸川乱歩原作の『盲獣』（69年）でコンビを組む。

——この映画は、登場人物が3人だけ。モデルの緑魔子さんが盲目の彫刻家である船越英二さんに拉《ら》致《ち》され、巨大な倉庫の中に監禁されるんです。船越さんは目が見えないから触覚だけを頼りに女性の彫刻を作っていて、緑さんの肉体に魅せられた彼は彼女の彫刻を作るために監禁したんですね。この触覚だけでつながる男女がエロチックなんですよ。最初は船越さんを嫌がっていた緑さんも、やがて彼とのアブノーマルな関係性にのめり込んでいくんですが、これは狂気の愛を具現化した異色作でした。監禁された倉庫の中には巨大な女性の裸体オブジェが2体置かれていて、その上で展

開される2人のセックスシーンも強烈な印象がありましたね。場所が一つに限定されているので、見ていて苦しくなる感じもあるんですが、これは海外でもカルト的な人気があるというのがよくわかる作品です。

――大映ではもう1本、市川雷蔵主演の「眠狂四郎」シリーズ第11作『眠狂四郎　人肌蜘蛛《ぐも》』（68年）にヒロインの紫役で出演している。

シリーズの中でも、これは僕が大好きな作品なんです。母親の墓参のために甲府を訪れた狂四郎が、自分と同じ〝黒ミサの子〟として生まれた青年を救うため、彼を捕らえた将軍家斉《いえなり》の子供、土門家武と紫の兄妹と戦う話なんです。この土門兄妹が人を殺して楽しむ猟奇的な人間で、家武役の川津祐介さんが白塗りのメイクで目がいつも尋常ではない人物を見事に演じていました。この兄がいるから、狂四郎を自分の虜《とりこ》にした後に殺したいと願っている紫の存在が際立つんです。緑魔子さんは妖しくも非情なお姫さまを圧倒的な存在感で表現していて、シリーズ中でも特に印象に残る悪女ぶりでしたね。

――この映画の脚本を担当した星川清司に話を聞いたことがあるが、家武と紫は政敵を毒殺し、近親相姦の関係にもあったと噂されるイタリアのボルジア家の兄妹、チェーザレとルクレツィアをモデルに創造したキャラクターだったとか。ここでも家武は矢に毒を塗って狂四郎を苦しめ、紫に男性としての愛情を傾けている設定だ。

その猟奇的かつ時代劇らしくない雰囲気が、狂四郎の映画にはうまく合っているんです。増村さんの『盲獣』もそうですけれど、大映の映画に出てくる緑魔子さんは、〝狂気〟が一つのキーワードになっていると思います。その振り切った演技と、共演した男優たちを圧倒するエネルギーは今見てもすごいと思いますよ。東映は男優主導の映画会社で、その中で彼女は数少ない女性映画に出ていましたが、大映は若尾文子さんをはじめ、女優のスターも育った会社ですからね。その中で堂々と自分の個性を出すことができたんだと思うんです。
――大映で〝狂気〟の女性を演じる一方、緑魔子は松竹でまた違った顔を見せていく。

## 山田洋次と森﨑東は、緑魔子さんの聖女としてのイメージをこの2本で作り上げた

――緑魔子は68年公開の松竹映画『吹けば飛ぶよな男だが』でヒロインの花子を演じた。

この映画は大阪を舞台に、なべおさみ扮するチンピラのサブが、自分と同じ不幸な境遇で育った家出少女の花子に親近感を覚えたことから始まる、山田洋次監督の喜劇。山田監督としてはハナ肇が主演した一連のパワフルな喜劇と、『男はつらいよ』（69年）第1作の間に位置する作品で、チンピラややくざの生態と当時の大阪の風俗を描いた秀作になっている。

山田さんの喜劇の中でも、これは描写がリアルなんです。例えばサブが、花子を助けたことでやくざから落とし前を迫られ、指を詰める場面があるんですが、このとき指を切った部分にあふれる血がリアルでね。何度見てもおぞけが立つんです。また花子はサブ以外の男の子供を妊娠して、それを知ったサブは暴れて傷害事件を起こして刑務所へ入る。彼が服役中に花子は流産して亡くなってしまうんですけれど、ヒロインを殺すことで主人公を突き放して、サブに自分でこれからどうするかを考えさせる展開も、喜劇なのにドラマとしてリアルな感じがあるんです。ロケ撮影をふんだんに使った大阪の描写も生きていますし、社会の下層に暮らす人々の生態が印象的に描かれた映画だと思いますね。

――この映画の脚本は、山田監督と森﨑《もりさき》東《あずま》の共作。この翌年に森﨑東は監督としてデビューし、『喜劇　女は男のふるさとヨ』（71年）で緑魔子を起用する。

この映画はストリッパーに仕事を斡旋《あっせん》する芸能会社を舞台にした、森﨑監督の〝女〟シリーズの第1作ですが、メインとなるのは倍賞美津子さん扮するストリッパーの笠子と、途中から登場する緑さんの星子です。星子は巡業の旅に出た笠子の紹介で芸能会社へやってきて、ストリッパーとして修業を始める。その彼女がある日、受験に失敗して自殺しようとした若者に体を与えて、警察に捕まるんです。彼女は、自分がセックスすることで若者が自殺を思いとどまるんじゃないかと思ったんです。それを星子の優しさと受け止めて、捕まえた警察に文句を言う、ストリッパーたちからお母さんと慕われている中村メイコさんもいいんですが、無垢な聖女を思わせる星子役の緑魔子さんが印象的なんです。

――その後、星子は、ケチで知られる伴淳三郎演じる老人から結婚を申し込まれ、これを承諾して最後は芸能会社でそのパーティーが始まる。

見返すと伴淳三郎さんの役は年齢設定が73歳で、今の僕と同年代なんですよ（笑）。だからまた違った感慨もあるんだけれど、星子というのは受験を失敗した若者にとっても、この老人にとっても、母性を感じさせるある種の聖女ですよね。でも見方を変えると、彼女はそういう自分が本来持っているものを、無意識に生きる道具としている、したたかなたくましさを持っている女性だと思うんです。倍賞さんの笠子は、常にバイタリティーにあふれたポジティブさをエネルギーにして生きていきますが、星子は相手にする男性を母性で受動的に包み込むことで生きていく。その対照的な2人のヒロインが、この映画では生き生きと描かれていましたね。

――この映画は脚本が森﨑監督と山田洋次、熊谷《くまがい》勲の共作になっている。

星子ほど生きるしたたかさを感じさせませんが、『吹けば飛ぶよな男だが』の花子も男性にとっては聖女ですからね。山田さんと森﨑さんは緑魔子さんの聖女としてのイメージを、この2本でつくり上げたと思うんです。

――大映作品の〝狂気〟、松竹映画の〝聖女〟を経て、緑魔子は女優として別のフィールドへと歩み出していく。

## 60年代から70年代にかけて異彩を放った映画女優として忘れられない人でした

――緑魔子は『かも』(65年)で初共演した石橋蓮司と、その後結婚(79年)。彼女は70年代初頭から演劇活動に力を入れ、75年には石橋と共に劇団第七病棟を結成する。映画館や銭湯を使って、独自の世界を作り出していく彼らの芝居は、公演を重ねるたびに大きな話題を集めた。それと共に映画への出演は減っていったが、演劇と映画の世界を行き来していた彼女を知る上で外せない作品がある。それが須川栄三監督の『日本人のへそ』(77年)だ。

これは井上ひさしさんの初の戯曲を映画化したものなんです。僕は井上さんの大ファンで、その芝居をほとんど見ている。だからこの映画も興味深く見ました。内容は吃音《きつおん》障害者が集まって、彼らを矯正するための告白劇をやっていく。この劇を企画したのが教授役のなべおさみさんで、告白劇の主役は緑魔子さん演じる元浅草のストリッパー・ヘレン天津なんですね。彼女は田舎で父親に犯されたショックで吃音障害になり、上京してストリッパーになるまでが最初は描かれていくんですけれど、これが劇場の舞台で行われる演劇スタイルなんです。まさか映画で芝居をそのままやるとは思わなかったから、ちょっと驚きました。ですから緑さんの演技もそれまでの映画とは違って、演劇的なんです。セリフと自分の身一つで見る者を惹きつける彼女の芝居が、結構面白い作品なんです。

――佐藤蛾次郎《がじろう》、草野大悟、三谷昇、小松方正といったくせ者揃いの俳優たちに交じって、美輪明《みわあき》宏《ひろ》も吃音障害の患者を演じている。

美輪さんは『もののけ姫』（97年）や『ハウルの動く城』（04年）といったスタジオジブリ作品でお世話になったのでよく知っていますが、僕が会った頃の美輪さんは独自の世界を持った方でした。でも最初は、17歳からシャンソン喫茶の『銀巴里《ぎんパリ》』で歌って注目された、美貌の青年だったわけですよね。やがてユニセックスな雰囲気で人気を集め、映画でも『黒蜥蜴《くろとかげ》』（68年）や『黒薔薇《くろばら》の館』（69年）で女性の役を演じた。でもここでは男性役で、しかも最初は普通のサラリーマンとして登場するんです。ただ見た目には、10代の頃の美しい面影《おもかげ》を残している。その普通の役と見た目のギャップ、さらには吃音障害という部分も相まって、その存在が印象的なんですよ。美輪さんがなぜ三島由紀夫さんをはじめとする芸術家たちを魅了した伝説的な存在なのか、この作品を見ると、その片鱗がわかると思うんです。

――出演者たちはいずれも好演しているが、当時ATG配給で公開されたこの映画は、興行的に惨敗した。

それもまた、わかるんです。前半は演劇の雰囲気をそのまま取り込もうとしているから、意欲を買うけれど、映画としてはすんなり見るのはつらい。また後半は、最初の設定がすべてどんでん返しされてしまうんですけれど、この後半で舞台から映画は飛び出し、通常の映画の表現になっていくのも中途半端なんです。どうせだったら最後まで舞台の空間で表現していれば、それはそれで実験的な作品として注目されたと思うんですけれど。

――須川監督は自ら須川プロを設立してこの映画の製作に当たったが、興行が振るわなかったことで活動の場をテレビに移し、映画は『螢川』（87年）まで撮る機会に恵まれなかった。

今だと差別的な用語も多いので、なかなか見る機会が難しいと思いますが、捨てがたい映画だと思いますね。緑魔子さんはその後もいくつか映画に出ていますが、自分の本道を演劇女優の方へと移していきました。でも僕にとっては60年代から70年代にかけて他にない個性で異彩を放った、映画女優として忘れられない人でしたね。

# 八千草薫

## 団塊の世代は、生活感のあるスターというのはどこか抵抗がある

——鈴木がテレビのシナリオライターの中で最も好きだという山田太一。山田太一は58年に松竹大船撮影所へ助監督として入社し、63年から映画の脚本を手掛けているので、脚本家歴は約60年。テレビでは65年からドラマのシナリオライターとして活躍したが、彼の名前を一躍高めたのが『岸辺のアルバム』（77年・TBS系）である。この作品でヒロインを演じたのは八千草薫。ただ不思議なことに鈴木は山田作品が大好きだったが、そのドラマの常連である八千草薫のファンではなかった。

ドラマは面白いけれど、八千草さんのファンにはなれなかった。その理由が知りたくて、今回彼女を取り上げたところがあるんです。いろんな彼女の出演作を見直して思ったのは、八千草さんには生活感があるんです。僕は、それがどこかで嫌だったんですね。例えば宮さんは、「宮本武蔵」映画のヒロイン・お通といえば、稲垣浩監督の3部作（54～56年）に出た八千草薫さんなんですよ。でも僕は、内田吐夢《とむ》監督による5部作（61～65年）の入江若葉さんこそ、お通だと思う。宮さんとは8歳年が違うんですが、僕のような団塊の世代は、生活感のあるスターというのはどこか抵抗がある。でも宮さんは生活感のある女優が好きなんですね。振り返れば宮さんが作る映画のヒロインも、見た目は可愛いけれど全部生活感のある女の子ばかりなんです。そこで思ったのは、僕らの世代が生活感のないスターを追い求めたでしょう。そこを過ぎて宮さんが監督として出てきた70年代

末から80年代には、宮さんが好きだった生活感のある女の子像が逆に一般の方には新鮮に見えたのではないかと。そのことに思い至ったんです。

——生活感のある女優に対する生理的な嫌悪感は彼の世代的なもので、別に八千草薫のウイークポイントではない。逆に言えば生活感があるからこそ、八千草薫は70年代から多くのテレビドラマでヒロインを飾れたとも言える。

それで彼女に備わった生活感のもとは、何なんだろうと興味が湧いたんです。八千草さんは幼少期に父親を亡くして、母一人子一人で貧しい中で育った。47年に宝塚歌劇団に入団してスターになり、51年から映画にも出始めますけれど、僕には彼女はどんな役をやってどんな演技をするかということよりも、生きていくことが大事だった気がするんです。生きるために女優をやる。それが基本にあるから、どこか生活感が透けて見えるところがあった気がするんですよ。

——また鈴木は八千草薫が57年7月に、19歳年上の映画監督・谷口千吉《せんきち》と結婚したことにも注目した。

言葉は良くないですが、これは略奪婚だったわけですよね。当時、谷口千吉は、やはり女優の若山セツ子さんと結婚していて、自分の監督作『乱菊物語』(56年)に出演した八千草さんと不倫関係になり、若山さんと離婚したんです。僕は「次郎長三国志」シリーズでお蝶を演じた(52～53年)若山さんが好きでしたから、『週刊アサヒ芸能』の記者だったとき、すでに女優を引退していた若山さんのその後を取材したことがあるんですよ。彼女は四国で飲み屋の女将になっていた。その後は84年に精神を病んで、翌年に自殺したんですけれど、八千草さんは谷口千吉夫人として、そういう状況を横目で見て生きてきたわけでしょう。早くに父親を亡くしたことも、不倫の末に夫と結婚したことも乗り越えて、強く生きていこうと思った。そのことが彼女の芝居から、生活感が消えない理由なのかなと。そう思ったらすごく人間臭くて、遅まきながら八千草さんに魅力を感じたんです。

## 妻・則子の暇な時間を潰すような日常を丁寧に描いたところにリアリティがあった

——その八千草薫が出演したテレビドラマが、77年6月から9月にかけてTBS系で放送された『岸辺のアルバム』である。このドラマは山田太一が初めて書いた新聞小説を、山田自身がシナリオ化した作品。時代は70年代半ば。東京郊外の多摩川沿いに建つ、一軒家で暮らす田島家の4人が主人公だ。一見平穏無事な中流家庭に見えるが、父親の謙作（杉浦直樹）は勤める商社が倒産寸前で、長女の律子（中田喜子《よしこ》）はアメリカ人に犯されて妊娠し、中絶手術をする。母親の則子（八千草薫）は専業主婦だが、ある日電話をかけてきた若い男・北川（竹脇無我）と浮気をしてしまう。その家族の秘密に気付くのが息子の繁（国広富之）で、受験生の彼はやがて家族の秘密を暴いたのちに家出してしまう。それまでのホームドラマが、家族の絆を人情たっぷりに描いたアットホームなドラマだったのに対し、山田太一は家族というものをリアリズムで描きだした。

八千草薫（1980年）

僕は大学3年生のときに、「子ども調査研究所」でアルバイトをしていたんです。そこではいろんな子供の意識調査を行ったんですが、テーマの一つに「個室」というのがあって、膨大な量のリポートを調査して書いた。これが60年代末頃なんですが、家の中で「個室」というものを与えられたのは、僕ら団塊の世代が初めてだったんです。本来家族はみんなが揃って暮らすものでしたが、その頃になると〝個〟が大事だということになって、家族がおのおの勝手に生きるようになってきた。『岸辺のアルバム』は、まさにそんな個の集合体になっていた、家族がテーマですよね。このドラマでは子供たちが自分の部屋を持っていて、しかも部屋に鍵がかかるようになっている。つまりそれぞれが秘密の空間を持って生きているんです。今では鍵なんかなくても、パソコンや携帯の中に自分の秘密が収められていて、個のテリトリーはもっと大きくなっているんでしょうけれど。

――つまり今の家族のありさまの原形がリアルに描かれたのが『岸辺のアルバム』であったわけだ。また一方でこのドラマには、70年代という時代背景が色濃く出た、人間の孤独も映し出されている。

ドラマの中で一番大きく取り上げられているのが、妻の孤独です。日本は江戸時代後期から昭和の高度成長期の前まで、生活スタイルがほとんど変化していなかった。その時は一家の主婦は朝から晩までやることが多くて、ずっと忙しかったんです。それが50年代後半、白黒テレビ、洗濯機、冷蔵庫が三種の神器として登場して、60年代に生活の中で定着する。つまり家事を手助けする家電が揃い始めて、主婦は暇になるんですよ。彼女たちは暇になったから仕事ばかりで家庭を顧みない夫や、遊び回って家に帰ってこない子供に対して、寂しさを覚えるわけですよね。ドラマの則子も寂しかったから、浮気をしてしまう。今はまた共働きの夫婦が増えたので、暇な主婦というのはリアリティーがなくなっているかもしれませんが、このドラマでは則子の暇な時間を潰すような日常を丁寧に描いたところに、リアリティーがあったんです。

──また72年に社会人になり、働き始めてやがて結婚した鈴木にとって、この作品の一家の姿は他《ひ》人事《とごと》ではなかった。

僕も出版社で忙しく働いていましたからね。ここでの父親・謙作のように、俺は仕事をしているって思っていました。またそんなことを強く言っても、主婦は仕事だから仕方ないというところがあったんです。その化けの皮をはがして、おまえたちはこれでいいのかっていったのが『岸辺のアルバム』だったんです。

## 山田さんは『岸辺のアルバム』の企画書に「戦後民主主義は、果たして日本人を幸せにしたのか」と書いている

──個人を尊重する家族の在り方、暇な日常の中での妻の孤独。そんなリアルな家族を描いた『岸辺のアルバム』に、山田太一はどんな思いを込めたのだろうか。

山田さんはこのドラマの企画書に「戦後民主主義は、果たして日本人を幸せにしたのか」ということを書いている。僕はそんなことを考えてドラマを作る山田さんはすごいなと思ったんです。個人の尊重なんて、まさに戦後民主主義の特徴で、それによってここに描かれる田島家の人々は幸せになったわけではない。またこれは日本の高度成長期と関係があるんですが、『岸辺のアルバム』は74年に水害で多摩川の堤防が決壊し、19棟の家が流された事実がクライマックスになっているんです。どんどん水があふれてきてマイホームがあぶないと知ったとき、田島家の父親・謙作が自分は家と一緒に流されて死ぬという。彼にとって仕事漬けの毎日を送って、やっと建てたマイホームこそが自分が生きた証しであり、家庭そのものなんですね。もうひとつ謙作が大事にしたのが、家族のアルバム。アルバムの中ではみんなが笑って写真に納まっているんですが、それは写真を撮る

ときに見せるよそ行きの笑いでしょう。つまり謙作にとっては、マイホームとか嘘の笑いが納まったアルバムとか、家族は形でしかないんですね。でも謙作みたいな父親は、その当時いっぱいいたんですよ。彼と同じ時代を生きた僕の場合は、マイホームを持たなかったんです。というのも自分が働き始めた70年代、土地の値段が高騰して、一戸建ての家を持つのはとても無理だと思った。またクールに考えれば家を持つことにこだわっていたら、それだけで人生が終わると感じました。だから僕はマイホームを捨てて、鍵ひとつで出入りできるマンション住まいの方を選んだんです。

――戦後民主主義と高度経済成長期がもたらした、形だけの家族の幸せ。それに対する疑義を唱えるとともに、山田太一は反戦への思いもドラマに織り込んでいる。

謙作は商社に勤めているけれど、業績が不振でいろんな仕事に手を出さなくてはいけなくなる。その一つとして部下の中田(村野武範《たけのり》)が持ってきたのが、自衛隊に小銃の銃身を納める話なんですね。これに対して、戦時中を生きてきた謙作は激しく嫌悪感を示す。でも中田は人殺しの武器ではなく、自衛隊が使うものだから問題はないというんです。戦争を知らない若い中田のように商売として割り切れない、謙作の思いがそこにある。僕のような戦後すぐに生まれた団塊の世代までは、戦争につながりそうなことに対して敏感に反応しますから、謙作の気持ちがよくわかります。また反戦に対することは、ちゃんと言っていかないといけないとも思っている。山田さんはそれを作品の中で言い続けてきた人で、そこもすごいことだと思いますね。

――またここには、戦後の日本が抱えるアメリカに対する複雑な心情も映し出されている。

長女の律子は英語を習得したくてアメリカ人と付き合うんですが、その男が別のアメリカ人を彼女に紹介して、律子は彼に犯されて妊娠するんです。アメリカ人にとって、律子は体《てい》のいいセックスの相手でしかなかったんですね。律子の方は英語を学んで、アメリカ人と同等になろうと思って努力してきたんですよ。ここにも戦後日本のアメリカに対する精神性が入っているし、アメリカ人の日本人の扱い方などに、第2次世界大戦が残した爪痕が描かれていると思いましたね。

――ホームドラマの形を借りながら、戦後の日本社会の問題を『岸辺のアルバム』の中に描き込んだ山田太一。では彼は、日本人はどのように生きるべきだと思ったのだろうか。

## 『岸辺のアルバム』は、日本人と戦後を捉え直す意味でも多くの人に見てもらいたい

――『岸辺のアルバム』の中で、鈴木には忘れられないセリフがある。それは律子（中田喜子）が、中絶手術に付き合ってくれて、手術の費用を払った弟・繁（国広富之）の学校の先生・堀（津川雅彦）に、借りた手術費用を返しに行く場面。常にプライドが高く人を見下しているような律子だが、堀先生の前で自分はマリファナも吸ったし、いろんなアメリカ人と性交渉を持ったと弱みをさらけ出すようなことを言う。以前会ったときとは少し違う素直な彼女に対して、堀先生は自らの人生観をそこで言う。

彼はね、「どんなふうに人が生きたっていいと思っている」と。ただ、「死ぬこととか、孤独とか、誰かを好きになることとか、人間の根源にあるような問題を、小ばかにした生き方は好きじゃない」と言うんです。それって、それまでの律子の生き方なんですね。それで、「そういうことと、真面目に向き合っている生き方なら、どんな生き方だって、いいと思っている」と言うんですよ。この言葉を聞いて、律子の雰囲気が一変するんですね。それで堀先生と律子は付き合い始め、おそらく結婚するだろうというところまで行くんですけれど、まるで気負いがなく人生について淡々と思うところを語る津川雅彦さんが、実にうまい。またこのセリフの内容って、戦後の日本人の生き方に対する、山田太一さんの意見にもなっていると思うんですね。

――ドラマの中では堀が言う根源的な問題を小ばかにしてきたのが律子であるし、仕事の多忙さを理由にその問題と向き合ってこなかったのが父親の謙作だ。そして孤独を抱えた母親の則子は、問題と正面から向き合うのではなく、気分を紛らわすために浮気へと走っていく。

八千草さんは最初、この役をオファーされたときにね、「妻が恋をして、それが本物であれば、夫と別れるというのならわかる。しかし、なんとなく浮気をするのはよくわからない」という理由で、一度断ったんですよ。八千草さんは略奪愛で谷口千吉と結婚した人ですから、この断った理由は自分の実感だったんでしょうね。でも山田さんが書いたシナリオにはたった一人で広い家の中で暮らす、主婦の日常が実に細やかに描かれていた。だから則子の心に入り込んできた孤独感と、それを埋めるように浮気をする彼女の気持ちが、八千草さんには自然にわかったそうです。

――八千草薫は、この演技でテレビ大賞の主演女優賞を受賞。国広富之も新人賞に輝いた。

国広さんの繁が、家族一人一人の秘密を暴き立てる第12話のシーンは印象的でした。山田さんがこのドラマで、もう一つやりたかったこと。それは「何かを美しいと思い、何かを醜いと感じる。そういう感覚は、個人のものだろうか。そうではない。長い歴史の中で培った感覚だ」ということです。繁は母親の孤独を理解しながら、彼女が浮気をしたことを感覚的に許せない。父親が銃の部品を自衛隊に納品したり、東南アジアから売春目的で女性たちを来日させていることを、それは仕事だから仕方がないと思いながら、感覚的に醜いと思ってしまう。日本人に歴史の中で受け継がれてきた美意識や、こうありたいと思う生き方。それをそのまま出すと、繁のように家族のあるバランスを壊してしまうかもしれないけれど、それに蓋をして繁が言う「インチキな生き方」をしていってもいいのか。そのことも山田さんは強調しているんです。このドラマは、70年代という時代性は背負っていますが、日本人と戦後を捉え直す意味でも多くの人に見てもらいたい作品ですね。

――『岸辺のアルバム』で初めて出会った八千草薫と山田太一は、さらにコンビを重ねていく。

## 八千草さんは、どの作品でもどこか恥ずかしそうに演技をする。これが上品な感じに見えるコツ

――79年、八千草薫は山田太一脚本のNHKドラマ『あめりか物語』に出演した。この作品は日本からハワイのサトウキビ畑で働く日本人労働者に嫁いだ姉・良（十朱幸代《とあけゆきよ》）と、その弟でサンフランシスコへ移住した幸吉（北大路欣也）を第1世代に、彼らの子や孫へと至る日系移民3世までの人生を、全4話で描いたものである。

八千草さんは、サンフランシスコに到着した幸吉が宿泊する、ホテルの経営者の奥さん役なんです。このホテルの経営者が若山富三郎《とみさぶろう》さんで、彼は何も知らずにアメリカへやってきた日本人に過酷な労働環境の仕事を紹介して、その紹介料を取っているんですね。最初は夢を抱いてアメリカに来た若山さんは、アメリカ人の日本人差別や、アメリカに馴染もうとしない日本人に幻滅して、今では気持ちが荒《すさ》んでいる。しかし幸吉はこの地に根を張って生きていこうとしていて、彼の熱意に若山さんの心が動いていく。その人間的な弱さを表現した、若山さんがいいんですよ。そんな夫を見守りながら、ホテルで懸命に働いているのが八千草さんなんです。彼女は幸吉が、アメリカで出会った最初の憧れの女性なんですが、1906年に発生したサンフランシスコ大地震で亡くなってしまうんです。出番は少ないですが、主人公のつらい生活を和《なご》ませる一輪の花という感じで印象に残りました。

――この作品もそうだが、八千草薫はどこか控えめで清潔感のある女性を演じると、その見た目のイメージがピタリとはまった。

それはテクニックによる見せ方だったと思いますね。八千草さんは、どの作品でもどこか恥ずかしそうに演技をするでしょう。これが上品な感じに見えるコツなんです。でも本当の彼女は、エッ

セイ集の『まあまあふうふう。』の冒頭に自分で書いていますが、「こう見えて、私はわりあいに大胆なところがあるのですね。自分で言うのもなんですが、潔いのです」という人だったと思うんです。例えば75年に『赤い疑惑』（ＴＢＳ系）に出たときには、主演の山口百恵がアイドルとしての仕事が忙しくて、それに合わせた撮影スケジュールが釈然としないので、数回でレギュラーを降りてしまった。思い込んだらすぐに行動する、意志の強い人だと思うんですよ。また彼女は、昔の仕事は振り返らないとエッセイ集で言っています。だから本当の自分とは違うけれど、どんな役も求められたものをきっちりとこなす。そんなプロの女優だったという気がしますね。

――そんな八千草薫の仕事ぶりが、『あめりか物語』でもよくわかるが、山田太一に目を向けると、この移民ドラマのために彼は2年間かけて、１００人以上の日系人に取材している。ＮＨＫはこの後、日系移民を題材にした大河ドラマ『山河燃ゆ』（84年）を別のシナリオライターで作ったが、そういう意味でもこれは移民ドラマの先駆けでもあった。それだけでなく鈴木は、〝移民〟は山田太一にとって重要なテーマの一つだったと見ている。

内藤洋子さん主演の青春映画『あこがれ』（66年）の脚本を山田さんは書いていますが、このときも内藤さんの恋人・田村亮さんの母親が、ブラジル移民のために出発する場面が最後に出てくるんです。また八千草さんと大滝秀治《ひでじ》さんが主演したドラマ『夕陽をあびて』（89年・ＮＨＫ）も、定年退職した夫婦がオーストラリアに移住しようとする話でしたからね。移民というのは山田さんがずっと追いかけたテーマだと思うんです。海外へ行くというフィルターを通すことで、山田さんは日本人を違った角度から見つめようとしていたのかもしれません。

## スポットが当たるのは
## 妻がいなくなっておろおろする男の姿

——『あめりか物語』以降、八千草薫は『季節が変わる日』（82年・日本テレビ系）、『最後の航海』（83年・同）、『シャツの店』（86年・NHK）、『なつかしい春が来た』（88年・フジテレビ系）、『いちばん綺麗なとき』（99年・NHK）、『ありふれた奇跡』（2009年・フジテレビ系）と、山田太一脚本のドラマに出演した。それだけでなく『ラヴ』（83年）や『早春スケッチブック』（84年）といった山田の戯曲にも主演し、彼の作品には欠かせない女優になっていく。中でも鈴木が注目したのが、NHKのドラマ『シャツの店』である。

これは「男たちの旅路」シリーズ（76〜82年）で、山田さんに新たな魅力を引き出された鶴田浩二さんの遺作です。「男たちの旅路」シリーズでは若い世代と価値観、人生観の違いを感じながらさまざまな問題に直面していく、元特攻隊の警備員を演じていました。でもこのドラマでは、時代遅れのオーダーメイドのシャツを作り続ける職人気質《かたぎ》の洋裁職人・磯島周吉に扮して、軽みのある演技を披露しているんです。

——磯島の店では妻の由子（八千草薫）と弟子の里見昭夫（平田満）が仕事を手伝っている。だがある日、由子は理由も言わずに、家を飛び出してしまう。

放送された当時、高畑（勲）さんとこのドラマについて、話したことがあるんです。高畑さんは、『シャツの店』が優れている部分のひとつは冒頭ですと言った。なぜかというと、どうして由子が家を出ていったのか。その説明が何もないんですね。「これがドラマなんです」と高畑さんは言うんです。今のドラマは、なぜ彼女は家を出なくてはいけなかったのかを、だらだら描くからつまらない。山田さんはそこのところをわかっていて、いきなり奥さんが出ていってしまう。すると、力点が置かれるのは、残された夫はどうするかということでしょう。仕事ばかりしてきた主人公は、今日のご飯や洗濯は、どうすればいいの、となる。ドラマでは弟子の昭夫が周吉の面倒を見ることになるんですけれど、スポットが当たるのは妻がいなくなっておろおろする男の姿で、そこによってドラマが生まれていくんです。

――仕事さえきちんとやって、一緒に暮らしていければそれでいいじゃないかと思ってきた周吉。由子がどこに不満があるのかわからない彼は、昭夫を連れてスナックへ通い出す。

あの鶴田浩二がスナックで女性のおっぱいを触り、カラオケで「傷だらけの人生」を歌うんですから。ただこの歌が、問題なんですよ。「傷だらけの人生」は大ヒットした鶴田さんの持ち歌ですけれど、NHKは放送禁止歌にした。それが原因で鶴田さんとNHKは仲たがいしたんですね。だから『男たちの旅路』を始めるときに出演交渉は困難を極めて、東映で鶴田さんの任侠映画をプロデュースしていた俊藤浩滋《しゅんどうこうじ》さんの了解をとらなくてはいけなかったんです。その歌をNHKのドラマで歌わせているんですから、僕は驚きました。狙いはわかるけれど、ここでこの歌を使うのはちょっとどうかなと当時思いましたけれどね(笑)。

――ドラマは由子の真意がわからないまま進んでいき、周吉は息子・秀一(佐藤浩市)の恋人の父親・村川重彦(杉浦直樹)や、由子に片思いする中年男・宇本賢次(井川比佐志)も巻き込んで、女心がわからない男たちの気持ちに寄り添う内容になっていく。

ここでの中年男たちは、男の在り方に関してあるイメージを持っていた世代です。でも今はそうじゃないことを、由子の行動を含めて突き付けられる。この間、中年男数人でこのドラマを見直しましたが、みんな感動するんです。それは周吉たちの心情に対する共感で、根本は今も変わっていない気がしました。

## 八千草薫として
## 〝いい加減〟の見せ方を知っていた

――『シャツの店』でオーダーメイドのシャツを作る店を営む、磯島周吉と由子の夫婦を演じた鶴田浩二と八千草薫。2人は若い頃から幾度か共演している。

稲垣浩監督の「宮本武蔵」3部作で佐々木小次郎とお通を演じたのが印象的ですが、他にも鈴木英夫監督の『殉愛』(56年)では夫婦に扮している。これは第2次世界大戦末期、学徒動員で召集された鶴田さんと、その恋人の八千草さんが、鶴田さんが特攻隊に選別されて明日をも知れない命だとわかっているのに結婚する。やがて出撃が決まった前日、鶴田さんは妻になった八千草さんに会いに行くんですが、八千草さんは彼がいよいよ出撃することを、夫が遺書を持っていたことから感じて、自分も服毒自殺するんです。死んでいく夫に対して、殉死することで愛を貫くヒロインを八千草さんは演じたんですね。別に関連付ける必要はないんですが、2人がかつてそういう映画で共演していたことを思うと、『シャツの店』のクライマックスが、余計に響くところがあるんです。

――理由も告げず家を出ていった由子。その理由を周吉は、息子や弟子の尽力によってようやく知ることになる。

由子が家に帰る条件は、ただ一つ。「目を見て、好きと言ってほしい」ということなんですよ。これが昭和の〝男〟として生きてきた周吉には、照れくさくてできない。結局、由子が借りているアパートへやってきた周吉は、彼女に「好きだ」と言うんですけれど、この鶴田さんがいいんです。また八千草さんは当時50代半ばですけれど、夫にそういう条件を突きつける女性を演じられる女優は、そうはいなかったと思うんです。八千草さんが長年培ってきた、自分を上品で可愛らしく見せるプロの女優としてのテクニックと、鶴田さんと経てきた共演歴の重み。それが伴って、この愛の告白場面は印象的でした。ただ放送当時、鶴田さんにこんなセリフを言わせるなんて何事だという意見もあったそうです。それもまたわかるんですけれどね。やはり僕らの世代にとって、鶴田浩二は任侠映画の〝男〟を代表するスターでしたから。でもこのドラマが遺作になったことで、鶴田浩二という俳優は、より多面的な魅力を残して世を去った気がしますね。それと高畑さんもこのドラマが好きだったんです。あの人は近代的な思考で作品を作りましたが、人間的には前近代的なところがあって（笑）、鶴田さんの周吉に共感する部分が多かったんでしょうね。

——その後、八千草薫は70代になってからも映画『ディア・ドクター』（09年）で毎日映画コンクール・や報知映画賞の助演賞を受賞。80代で『くじけないで』（13年）に主演するなど、19年に亡くなるまで、女優人生を全うした。

彼女のエッセイ集『まあまあふうふう。』を読むとね、夫の谷口千吉さんからあるとき、中国には「馬馬虎虎（まあまあふうふう）」という言葉があると教えられたそうです。それは「いい加減（良い加減）」という意味で、程よく、ちょうどよく生きるということなんです。この言葉を知ってから彼女は考え過ぎず、力を抜いて生きようと思ったそうですが、自分の過去の出演作にこだわらないことも含めて、常にそのときそのときにちょうどいい仕事をしていった人だという気がしますね。一つの作品で突出した強さを出すのではなくて、芯には生きるための強さを秘めながら、八千草薫として〝いい加減〟の見せ方を知っていた。そんな女優としてのありようが、山田さんのドラマにも似合っていたんだと思うんです。

——〝いい加減〟を貫いて、ドラマの中では男たちの憧れのような女性を演じた八千草薫。その存在は、今もファンの心に残っている。

# 檀ふみ

## 檀さん自身、このドラマが大好きだと言っていますけれど

――84年、鈴木敏夫はこの年3月に公開される『風の谷のナウシカ』の実質的なプロデュースを担当し、多忙を極めていた。そんな時間のない中でも欠かさず見ていたのが、山田太一脚本によるNHK制作のドラマ『日本の面影』（84年）だった。

山田さんの作品が好きだったということもありますが、これは小泉八雲ことラフカディオ・ハーンを描いたドラマです。ハーンが明治23（1890）年に来日する直前から、彼が日本で亡くなるまでの14年間を描いていますが、僕はハーンに特別な思いがありました。ハーンは最初、特派員記者としてアメリカから来ましたが、すぐにその職を辞して、日本で中学校の英語教師になる。その赴任地が島根県の松江だったんです。僕は大学生の頃、東京へ出てきた松江の女性と知り合いになりましてね。彼女の家は、ハーンが松江で身を寄せて暮らした家の一つなんですよ。その彼女と付き合ったことでハーンのことをいろいろ聞いて、大学時代に松江にも行ったことがある。松江は古い町並みが残るいいところでね。以来何度も足を運んでいるんです。そんなこともあって、このドラマは興味を持って見ていたんです。

――ラフカディオ・ハーンを演じたのは、映画『ウエスト・サイド物語』（61年）でシャーク団のリーダー、ベルナルドを演じ、日本でも絶大な人気を得たジョージ・チャキリス。

やはり僕の世代だと、チャキリスには強烈な印象がある。その彼が50代を迎えてどんなハーン像を見せてくれるのか。ハーンは全く日本語がわからずに来日して、古来伝わる日本の文化や伝承に興味を持っていったんですが、セリフは英語と片言の日本語なんですね。チャキリスは英語の脚本

を覚えてから、それを日本語の文法に合わせて単語を並び替えてまた覚え、生きたセリフとしてしゃべっているんですよ。片方の目を失明していたハーンの役は、表情の演技も難しかったと思いますが、実に繊細に表現している。またハーンはギリシャで生まれてアイルランドで育ち、アメリカで記者になった人ですけれど、チャキリスもまたギリシャ系の両親の間に生まれたアメリカ人ですから、その雰囲気が実に似合っているんです。

――全4話で構成されるこのドラマは、ハーンがニューオーリンズで記者をしていた時代から始まる。ここで彼は万国博覧会に出席するため日本から派遣された、文部省の役人・服部一三（津川雅彦）と出会う。

ハーンは服部から『古事記』のイザナミとイザナギの話を聞いて、神である夫が死んだ妻を冥界から連れ戻そうとするという展開が、ギリシャ神話のオルフェウスとエウリュディケの物語に類似していることに興味を覚え、日本へ憧れる気持ちが高まるんですね。ハーンはその前から心霊現象に惹かれていて、科学技術の発展を良しとしていた当時の世相からすれば、後ろ向きの人間なんです。この第1話には「迷信を壊すと、一緒に壊れる心もある」というハーンのセリフが出てきますが、山田太一さんは近代と前近代の精神的な闘いを、ハーンの心情に仮託して描いた。その視点がすごいと思うんですよ。

檀ふみ（1984年）

――ハーンは来日して松江で暮らし始めるのだが、当時外国人の身の回りの世話を日本女性がすると、周りから白い目で見られた。そんな偏見にもめげず彼に尽くしたのが、後に妻になる小泉セツだった。

この女性を檀ふみさんが演じているんですが、彼女の演技が素晴らしい。檀さん自身このドラマが大好きだと言っていますけれど、僕もこれが彼女のベスト作だと思います。

## 彼女が女優になったのは、父・檀一雄さんがきっかけなんです

――山田太一脚本の『日本の面影』でラフカディオ・ハーンの妻・小泉セツを演じた檀ふみ。作家・檀一雄の娘で、東映の社長も務めた高岩淡《たかいわたん》を叔父に持つ彼女は、任俠映画の名プロデューサー・俊藤浩滋にスカウトされて、72年に『昭和残俠伝　破れ傘』で女優デビューしている。

当時は引退した藤純子の後を継ぐ一人として売り出されましたが、デビュー作を見たとき、僕は「こんな女の子を起用して、東映は何を考えているんだ」って思いました（笑）。でも今度見直してみて、結構演技がうまいと思ったんです。当時はおそらく「昭和残俠伝」シリーズが落ち目だったことと、彼女が任俠映画にそぐわない雰囲気だったので、偏見を持って見ていたんでしょうね。

――その後、ポスト藤純子と目されながら、檀ふみは東映の専属にはならず、各映画会社の作品に出演していく。

女優になるとき、高岩淡さんは猛反対したそうですが、実は彼女が女優になったのは、父・檀一雄がきっかけなんです。檀一雄は「30歳まで女優をやって、それから物書きになれ」と娘に言ったそうです。檀一雄がむちゃくちゃな夫婦生活を送っていたことは自伝的小説『火宅の人』を読んで

もわかりますけれど、檀ふみさんにとって父親の存在は大きかったと思います。本人のいろんなインタビューを読んでみても、全然女優になりたくなかったらしいんですが、父親の命令は絶対で、それを彼女は実践していった気がするんですよ。物書きとしても後にエッセイストになりますから。

――父親の意向を背負って、自分の人生を歩んでいった檀ふみは当初、映画『青春の蹉跌』（74年）に代表される青春スターとして、あるいはレギュラー出演したＮＨＫ『連想ゲーム』で知的タレントとして注目を浴びたが、代表作と呼べる作品にはめぐり合えなかった。

実は『日本の面影』まで、僕は檀ふみさんに注目していませんでした。ところがこの作品で彼女が演じたのは、没落した武士の末裔《まつえい》で、家計の苦しい一族のために進んで外国人であるラフカディオ・ハーンの住み込み女中になる女性でしょう。まだ明治の半ばですから、偏見の目で見られるんですが、彼女が演じたセツは「何でこの仕事を引き受けたのか」と聞かれて、「お給金がいいから」と答える。つまり最初から腹をくくって、人から何を言われようが職に就こうとするんですね。やがて彼女はハーンの誠実な人柄にも惹かれていくんですけれど、そのけなげで一途で、一所懸命な感じが、明治という時代のある女性像を表している。それって宮﨑駿が描く女性像でもあるんですけれど、僕はその原点が黒澤明監督の『姿三四郎』（43年）に出てくるヒロイン・小夜だと思っているんです。明治の末に生まれた黒澤監督が明治時代を舞台にした『姿三四郎』に描いた女性像が、宮﨑駿や小泉セツにつながっているのが面白いと思いましたね。

――またこのドラマには、セツが武士の末裔であることをのぞかせる場面もある。

第3話の冒頭でハーンとセツは出雲《いずも》大社を訪れるんですが、ハーンがお守りを買おうとすると、神社の宮司に拒否されるんですね。日本語がわからないハーンに代わってセツが事情を聴くと、これは縁結びのお守りだから、外国人がたわむれに日本女性のために買うものではないと言われる。2人の仲を邪推した物言いに、思わずセツは「無礼なことを」と切り返す。これが本物の武士のように、説得力があるんです。檀さんはこのセリフや、劇中で淡々と話して怖い、『怪談』の語りも素晴らしくて、強烈な印象を残しました。

## 山田太一さんは理屈では説明できない過去の精神性に目を向けて

――山田太一が『日本の面影』の企画をＮＨＫから依頼されたとき、最初は「日本の近代史を支えたエネルギー」のことをドラマにできないかと言われたという。つまり石炭や石油などのエネルギーの変遷と近代史を絡めた作品をイメージしての発注だったが、山田は精神的なエネルギーが明治に入って大きく変わったことを題材に、作品を作れないかと思ったとか。そこで主人公として浮かんできたのが、当時の日本を外国人の目から見つめたラフカディオ・ハーンだった。

日本は明治に入って、合理的、科学的な発展を善としたわけですよね。明治政府は富国強兵をスローガンに掲げ、欧米に追い付くために欧化政策を推し進めて、それまで日本が大事にしてきた文化や伝承といった、精神的な部分を切り捨てる方向へ向かった。ドラマでは第2話で、三ツ木清隆さん扮するハーンの世話係になった青年・真鍋晃とハーンの会話が象徴的です。真鍋はハーンといれば、外国のことが学べると思って世話係になったんですが、ハーンは日本の古いことにしか興味がない。それで不機嫌な真鍋にハーンが理由を尋ねると、「人間は自分の力で世界を切り開くだけ。助けになるのは合理主義と科学です」という真鍋に対し、「そうだろうか。私たちはなぜ生きているのか。死んだらどうなるのか。わからないことばかりだ。なぜ感じたり、考えたりできるのか。私は思っている。人間は無力だ」とハーンは返す。それに続いて、自分たちは何か大きな目に見えない意思によって動かされているに過ぎないと彼は言うんです。そういう目に見えない意思と共生している営みが当時の日本には残っていて、彼はそれが大事だと真鍋に言うんですね。そうじゃないと、日本はどこにでもある当たり前の国になってしまうと。山田さんは他の作品でもそうですが、一貫して人間の無力さや弱さを描いてきた。でも近代を推し進める真鍋や明治政府は、合理主義と科学でそれを補えると思っているわけでしょう。そのことに、山田さんは疑問を呈したわけですよね。

――またこのドラマが作られた当時はバブル経済の真っただ中で、右肩上がりの経済がすべての価値観に優先されていた。

歴史は繰り返しているんです。明治政府は合理主義と科学を取り入れて、日清・日露の戦争に勝利する。またそれが第2次世界大戦の崩壊へとつながるわけですが、第2次世界大戦では大和魂など、物資がない日本の現状を打破するために、教条的な精神主義を政府が国民に植え付けて戦い、結果的に大敗する。そのことに対する反省から戦後は、また合理主義による経済を振興させて、それがバブルの崩壊を生んでいくんです。そういう流れの中で山田太一さんは、理屈では説明できない過去の精神性に目を向けて、それがもたらす精神的な幸福というものを、ハーンの口から問いかけていたのだと思うんです。

――だがそのハーンが愛した日本は、当時まだ鉄道すら通っていなかった島根県の松江が特別で、教師としての次の赴任地・熊本や神戸にはもはや存在しなかった。

自分の愛した日本がなくなりつつあることを感じたハーンは幻滅を覚えて、妻や子供と一緒にアメリカへ行こうとする。それを日本に帰化することでやめるんですけれど、彼の来日がもう少し遅かったら、ハーンは日本を好きになっていたかどうか。彼は、自分たちは大きな意思に動かされているると言いましたが、このタイミングで日本に彼が来たのも大きな意思が働いていたのかもしれませんね。

## 中国とロシアの軍事力と経済によって国益を獲得していく在り方を、ハーンが見たら

――『日本の面影』にはラフカディオ・ハーンが残した著作の中でも有名な『怪談』と『骨董』からいくつかのエピソードが紹介されている。それらは小泉セツがハーンに語って聞かせる形を取っているが、映像的には劇中劇の独立した物語としても楽しめる。

のっぺらぼうに化けた貉《むじな》が人を騙す「むじな」は人形浄瑠璃の人形を使って描かれますし、「雪女」は真行寺君枝さんと田中健さん、「耳なし芳一《ほういち》」は小林薫さんと長塚京三さん、「幽霊滝の伝説」は上原ゆかりさんとキャストも豪華なんです。面白いのは、例えば「雪女」で雪女と一度遭遇した主人公の巳之吉が、再び彼女と出会う季節を、セツが冬に設定して語っているのに、ハーンが春にした方がいいと言うと、映像も冬から春に変わるというふうに、2人で物語をつくっていく過程を映像で見せていることですね。

――この『怪談』のエピソードの他にも、ドラマでは芸達者なキャストが脇を固めて、作品に厚みを加えている。

日本におけるハーンの仕事先を紹介する文部省の役人・服部一三役の津川雅彦さんは全編の語り部でもあるし、松江でハーンの心情を理解する親友・西田千太郎には小林薫さんが扮していて、どちらもいいんです。また女優陣でも最初にハーンの世話をする少女・信を演じた杉田かおるさんがうまい。英語がわからず、外国人を初めて見た彼女が、ハーンにどう接していいのかわからず、困惑してどこか怯《おび》えている雰囲気がとても自然で。それと西田の妻・クラ役の樋口可南子さんも、ハ

ーンに尽くす檀ふみさんのセツが持っているりりしさとはまた違った、夫を信頼している女房の可愛らしさを表現していて、2人の妻が好対照をなしているんですよ。

――人間的に魅力的な彼らが生きた明治時代、ハーン以外の外国人は、当時の日本をどのように見ていたのだろう。

このドラマの後ですが、渡辺京二さんが『逝《ゆ》きし世《よ》の面影』という本を書いています。これは江戸から明治維新の頃に来日した、外国人たちが残した手紙やリポート、エッセイなどによって、明治になって日本から失われたものを探った本なんです。そこで外国人の多くが言っているのが、「我々西洋人が失ったものを、この国の人は全部持っている」と。その驚きを本国に書いて送っているんですね。また「こんなに子供を大事にする国はない」と書いている人もいて、「世界に幸福度の基準があるとしたら、日本が世界一だろう」という意見もある。でもドラマの中で伊丹十三《いたみじゅうぞう》さん演じる熊本の英語教師・佐久間信恭《のぶやす》が前近代を擁護するハーンに対して、昔の日本はいいことだけではないと言う。「まず貧困あり、迷信あり、婦人蔑視、嫁いびり、村八分、衛生状態は最悪、地主横暴」と欠点を挙げるんですけれど、それもまたその通りなんですね。ただ、外から見た人が幸福だと感じる日本があったことは確かで、山田さんは渡辺さんの本が出る前にシナリオを書いていますが、いい面と悪い面を描き込みながら、それでも近代が失ったものは大きいのではないかと言っているところが、さすがだと思いました。

――ハーンは明治の日本を見て、合理主義と科学にひた走る方向性に危機感を覚えたが、私は今回このドラマを見直して、それは今世界規模で起こっていることに通じる気がした。

中国とロシアの軍事力と経済によって国益を獲得していく在り方は、ハーンが見たらどう思うんでしょうね。僕も今回ドラマを見直して、現代の方がピンとくる部分が多かった。だから機会があったらこの作品は多くの人に見てもらいたいし、山田さんの作品の中でも特にお薦めしたい一本です。

# 佐藤オリエ

## 『ながらえば』では笠智衆さんにきつく当たる息子の嫁を演じた

——鈴木が愛してやまない山田太一作品に『ながらえば』（82年）、『冬構え』（85年）、『今朝の秋』（87年・すべてNHK）と続く笠智衆主演の3部作がある。これらは小津安二郎映画や「男はつらいよ」シリーズの御前様役で知られる、名優・笠智衆の主演作を作るために企画された。山田太一は58年に松竹大船撮影所の演出部に入社し、助監督として働いた。その彼にとって笠智衆は松竹映画の大先輩だったわけで、笠智衆主演ドラマへの思い入れは並々ならぬものがあった。

山田さんのインタビューによると、笠さん主演ドラマの企画は、どこの放送局へ持ち込んでも通らなかったそうです。確かにその頃、笠さんほどの高齢者をメインにしたドラマはほとんどない。それで、以前山田さんと『上野駅周辺』（78年・NHK）などで組んだ伊《い》豫《よ》田《た》静弘《しずひろ》ディレクターが名古屋へ異動になり、それがきっかけになってNHK名古屋放送局でやっと成立した企画が『ながらえば』だった。ただ内容に関しては、山田さんは悩んだ

佐藤オリエ（1991年）

ようですね。名古屋の街を歩き回って題材を探したけれど思いつかず、駅の周辺で「ここから電車で直行して一番遠い駅はどこですか」と人に尋ねると「富山駅だ」という答えが返ってきて、この物語を思いついたそうですよ。

――『ながらえば』の物語は以下のとおり。息子夫婦の転勤で、名古屋から富山へと引っ越した隆吉（笠智衆）が、虫の知らせで名古屋の病院へ残してきた妻の容体が心配になり、３００円だけ持って電車に乗る。ところが名古屋までの電車賃が足りず、途中の駅で降りることになってしまう。

隆吉は自分の金をすべて、生活が苦しい息子夫婦に渡しているんですね。だから自由になるお金がない。それで家のタンスから金を持ち出そうとするんですけれど、そこを息子の嫁・佐藤オリエさんに見つけられてもみあいになるんです。佐藤さんは僕の世代だとテレビ『若者たち』（66年・フジテレビ系）で5人兄妹の長女を演じて印象的だったし、『続・男はつらいよ』（69年）ではマドンナをやっていた。ここでは笠さんにきつく当たる息子の嫁をリアルに演じています。僕が佐藤さんで思い出すのが、彼女の父親で彫刻家の佐藤忠良《ちゅうりょう》さんです。高畑さんと『おもひでぽろぽろ』（91年）を作るときにね。日本のアニメーションでは、日本人の顔を描くと2次元的になってしまう。それを3次元的に描くにはどうしたらいいかと高畑さんが言いだしたんです。それで参考にするために、日本人の顔を立体的に捉えた彫刻家・佐藤忠良さんに協力をお願いしに行ったんですよ。佐藤さんは快く引き受けてくれて、すごくお世話になったんです。

――ドラマの筋を先に進めると、途中下車した隆吉は山奥の旅館に泊まることになる。その旅館ではちょうど、主人（宇野重吉）の妻が亡くなったばかりだった。

これは宇野重吉さんと笠さんの唯一の共演作ですが、2人の場面がいいんです。笠さんはお金がないことと、妻の待つ名古屋へ行きたいことを説明する。だからお金を貸して欲しいと言うと、宇野さんは「仏があんたを、うちへ泊めたのかもしれん」と言って、お金を貸す。その上で「早う、奥さんに会うてあげてください」と言うんです。この老妻を亡くしたばかりの男と、もしかしたら妻の死に目に会えないかもしれないと心騒ぐ男の交流が、名優2人の演技で心に残るんです。それでやっと病院へたどり着いた笠さんは、ベッドで眠っている妻の額にキスしようとする。そこで妻が目覚めてキスは未遂に終わるんですが、この後「わしは、おまえとおりたい。おりたい」と言って泣く。このときの絶妙な愛情表現が忘れられない作品でした。

# 笠智衆

## 山田太一さんは、この3部作で小津さんが要求しても泣かなかった笠さんを泣かせているんです

——シナリオライター・山田太一が敬愛した俳優、笠智衆。彼は1904年、寺の息子として熊本県に生まれた。笠智衆は本名である。

昔、笠智衆はどこまでが名字かわからなくて、「りゅうち、しゅう」だと思っていた時もありますよ（笑）。笠さんは最後まで熊本弁が抜けなかったですが、それが何とも言えない味になっていた。僕が思うに、土地の訛《なま》りが抜けない人ほど、俳優として最後まで残っている気がするんです。

——笠智衆は25年に松竹キネマ蒲田《かまた》撮影所の研究生になり、一時実家の寺を継ぐために帰郷するが、その後撮影所へ戻って同年12月に正社員になった。小津安二郎の監督第2作『若人の夢』（28年）で小津映画に初出演し、以後はほとんどの作品に出演した。

小津の『落第はしたけれど』（30年）で初めてタイトルに名前が出て、36年の『大学よいとこ』『一人息子』で小津監督から大役を与えられ、斎藤寅次郎《とらじろう》監督の『仰《あお》げば尊《とうと》し』（37年）で映画に初主演。戦後は『晩春』（49年）、『麦秋』（51年）、『東京物語』（53年）など小津映画に

おける〝老け役〟の名演で世界的にも知られ、山田洋次監督の「男はつらいよ」シリーズには、帝釈天《たいしゃくてん》の御前様役で第1作から第45作（69〜92年）まで出演している。

笠智衆さんは小津監督によって俳優として成長していった人ですが、山田太一さんも小津さんに憧れて松竹に入ったんです。ただ山田さんの松竹入社は58年で、小津さんが亡くなったのが63年。山田さんの映画の師匠は木下恵介監督ですが、もう少し小津さんが生きていたら、きっと小津さんの下に就きたかったでしょうね。そんな小津さんへの思いが、笠さん主演の3部作にはあふれている。山田さんは鶴田浩二さんや高倉健さんら、自分のドラマにビッグスターを使うときには、それまでの既成イメージを否定するキャラクターを演じさせて、俳優を自分の世界へ引き寄せた。でもこの3部作では、小津さんがつくった笠智衆のキャラクターをそのまま使っているんです。こういう俳優へのアプローチは最初で最後でしょうね。それだけ小津映画に傾倒し、その映画に出ていた笠さんを敬愛していたということだと思います。

――小津映画の笠智衆を踏襲しながら、山田太一はそのイメージを崩そうとしたところもある。例えば『ながらえば』で、笠智衆扮する隆吉が堀越節子演じる老妻と、やっと再会して泣く場面がそうだ。

笠さんは明治生まれの熊本男子ですから、子供の頃から「男は笑うな。泣くな。しゃべるな」と事あるごとに親から言われ、自分も息子にそう言って聞かせたそうです。だから『晩春』で原節子さん演じる娘の結婚式の後、家に帰ったやもめの父親がリンゴの皮をむくシーンで、小津監督は父親の悲しみを表すために慟哭《どうこく》してくれと言ったけれど、笠さんはどうしても泣けなかった。笠さんの妻・花観《はなみ》さんは夫のことを「鉄の玉を真綿でくるんだような人」と言ったそうですが、頑固で曲げないことは絶対に曲げない性格だったんでしょう。でも山田さんは、この3部作で小津さんが要求しても泣かなかった笠さんを、泣かせているんです。『ながらえば』の妻との再会シーンでは涙こそ見せませんが、泣いたことを肩で表現している。また自分を心配して富山から名古屋まで来てくれたその笠さんを、見つめる老妻役の堀越節子さんもいいんです。彼女は全編病院のベッドで寝ているだけなんですが、長い年月連れ添ってきた夫婦にしか出せない、いたわりと深い愛情がこのシーンには表れていました。

──『ながらえば』は芸術祭優秀賞などの賞に輝き、その成功が3部作へとつながっていく。

# 岸本加世子

## 岸本さんは体から生命感があふれていて、これが笠さん演じる老人との対比になっている

──山田太一による笠智衆3部作の第2作『冬構え』。これは妻に先立たれ、孤独を感じた圭作（笠智衆）が、さらに老いて子供や孫に迷惑をかけることになる前に、自殺しようと死に場所を求めて東北を北上していく旅を描いたロードムービー。圭作は貯金していた300万円を下ろし、それを使って今までやったことのない経験を味わおうとする。

泊まった旅館で世話をしてくれた仲居の麻美（岸本加世子）に、いきなり心づけとして5万円を差し出す。それで麻美は圭作を金持ちだと勘違いして、恋人の板前・昭二（金田賢一）と2人でいつかやろうとしていた小料理屋の資金を、彼から引き出そうとするんです。麻美を演じた岸本さんは体から生命感があふれていて、これが笠さん演じる老人との対比になっている。彼女が生き生

岸本加世子（1987年）

きとするほど、圭作のみすぼらしさが際立ってくるんです。昭二に「あのおじいちゃん、お金持ちなのよ」って麻美が言うと、「おじいさんの靴を見たか。何回も直した跡がある」と昭二が返す。彼は、圭作が金持ちのふりをしていることを見抜いているわけですね。そういうつましい生活をしてきたのでお大尽《だいじん》としてふるまえない老人を、笠さんは見事に演じています。

――圭作は、金目当てに自分を追いかけてきた麻美と昭二にポンと150万円くれてやったり、沢村貞子演じる老婦人をナンパしたりする。

笠さんは沢村さんと宿を共にしますが、沢村さんは人妻で、夫を裏切れないということで何もなく終わるんです。沢村さんは約300本も映画に出ている女優ですからね。一線を越えそうになるとき、ギリギリのところでのかわし方がうまい。沢村さんは戦前に左翼演劇運動に参加して2度捕まっていて、映画へ本格的に出だしたのはその後なんです。やはりこの年代の女優さんは経てきた遍歴がすごいので、さりげなく人生の年輪を感じさせる演技をしますね。また沢村さんの場合は芸能一家で甥が津川雅彦と長門《ながと》裕之、弟が加東《かとう》大介、兄が沢村国太郎なんです。沢村国太郎さんといえば僕らの世代だと、とにかく悪役のイメージ。こういう芸能人の家系図はなぜか僕の親父が詳しくて、子供の頃から沢村さんには沢村国太郎の妹という刷り込みがありました。

――沢村貞子は3回結婚しているが、2人目の夫は俳優の藤原釜足《かまたり》。『冬構え』には、その藤原釜足も最後に登場する。

昭二の祖父・惣造役で、青森の下北半島で一人暮らしをしているんです。圭作は断崖から飛び降り自殺を図るんですが死にきれず、惣造の家で介抱される。その夜、死ねなかったことで言いようのない孤独感に襲われ、部屋の中で一人泣く笠さんの演技は忘れられないですね。翌日、昭二は惣造に「生きているのが一番だ」と圭作に言ってくれと頼むんですが、惣造は「わしは、生きているのが一番だのって、そしたことは言えね」と言う。圭作も「死ぬのも容易じゃない」と語り、死生観を共有した老人2人は、この家で一緒に暮らすことになるんです。つまり人生の終わりに向けて身支度をし始める彼らを、『冬構え』というタイトルが表しているんですよ。

——このドラマは当時NHKで数々の名作を作り上げた深町幸男が演出を担当している。

深町さんは新東宝で助監督を経験してからNHKでディレクターになった人なので、画作りがうまい。山田さんの書いたセリフを印象付けたいシーンでは俳優の芝居をじっくりと見せるとか、緩急のつけ方が素晴らしいです。『冬構え』には僕が最近、月に一度は必ず行っている岩手県花巻市の大沢温泉も出てくるし、昔よりも身近に感じて見られましたね。

# 杉村春子

**鉱造の妻・タキ。息子への愛だけ先走って、実は何もできない母親の雰囲気がよく出ている**

——山田太一による笠智衆3部作は、主演の笠智衆に小津安二郎映画そのままのキャラクターを重ねていることも含め、小津映画へのオマージュという点で一貫している。中でも最終作の『今朝の秋』は、その印象が強い。これは蓼科《たてしな》に住む笠智衆扮する鉱造が、東京にいる息子・隆一（杉浦直樹）ががんに侵されて余命3カ月だと知り、彼の最期に寄り添おうとする物語だ。小津作品で笠智衆は、『晩春』

杉村春子（1987年）

（49年）など娘を送り出す花嫁の父を演じたが、ここでは息子を死出の旅へと送り出す父に扮している。結婚式と葬式の違いはあるが、子を失う父親の寂しさを山田太一は笠智衆によって表現した。

このドラマでは笠さんと杉浦さんの親子の関係もいいんですが、今回見直していちばん感心したのは、鉱造の妻・タキを演じた杉村春子さんでしたね。

――タキは20年前に男をつくって、鉱造と隆一を捨てて家を出ていった女性。その彼女が、息子ががんだと知って、身の回りの世話を買って出る。

鉱造は最初、それを許さないんですが、「男親がそばにいたって何もできないんだから」と半ば強引に隆一の世話を始めるんです。ところが今は居酒屋の女将をしている彼女は、世話といっても何をしていいのかわからない。とりあえず息子が着ている物の洗濯をしようとするけど、洗濯せっけんひとつ用意していないんですから（笑）。それで病院の洗い場へ行くと、誰かが忘れていった洗濯せっけんがあって、それを盗んで洗濯を始めるんですが、このときの周りに誰もいないか見渡す感じが、ものすごくうまい。息子への愛だけ先走って、実は何もできない母親の雰囲気がすごくよく出ているんですよ。

――やがて自分の病状を悟った隆一は、鉱造に生まれ育った蓼科へ行きたいと話す。それを聞いた鉱造は、隆一と病院を抜け出して車で蓼科へと向かう。タキは心配して、それを追いかけるのである。

このときタキと一緒に蓼科へ行くのが、居酒屋の手伝いをしている美代なんですけれど、これを樹木希林さんが演じている。樹木さんは61年に1期生として文学座へ入り、そこのトップ女優だった杉村さんの付き人をしていた。63年に文学座から大量の脱退者が出たときにも、杉村さん本人から「あなたは残ってちょうだい」と言われた人です。そんな2人の関係が、タキと美代に重なって見える。まあここでは、気持ちだけで自分勝手に行動していくタキに、本音で苦言を言えるただ一人の人物として美代は出てくるんですけれど。

——結局、蓼科の家には鉱造と隆一、タキと美代、隆一の妻・悦子（倍賞美津子）とその娘・紀代子まで一家全員が揃って、夏の一夜を過ごすことになる。

このとき、笠さんが「恋の季節」を口ずさむんです。この歌はかつてタキが出ていった後に、酔うと鉱造がよく歌っていた歌なんですよ。冒頭の歌詞が「忘れられないの、あの人が好きよ」でしょう。口ではタキを絶対に許さないと言っていた鉱造の心が、この歌に込められていて、劇中でも印象に残る場面になっていました。

——笠智衆の著書『あるがままに』を読むと、「恋の季節」を歌うために、プロデューサーからテープを渡されて、それを聴きながら何度も練習したがうまく歌えず、途中から家族全員の大合唱になったので、みんなに助けられたとか。ここでは鉱造が思わず歌を口ずさんで、自分の心の内を見透かされた恥ずかしさを、さらに歌うことでごまかすのだが、ドラマの鉱造とタキの関係は病に侵された息子を通して、新たな局面に入っていく。

## 杉村さんには演劇でも映画でも、芝居に人生のすべてをかけているような凄みがありますね

——『今朝の秋』で、夫と息子を捨てて20年前に家を出ていった女性・タキを演じた杉村春子。代表作「女の一生」をはじめ、劇団文学座の中心的存在として新劇界で活躍した彼女だが、映画でも『晩春』から『秋刀魚《さんま》の味』まで、小津安二郎作品に常連俳優として出演した。

小津さんは事前に脚本の読み合わせをするんですけれど、そこに唯一不参加でも許されたのが杉

村さん。小津さんは自分の世界に俳優をはめ込む監督ですけれど、杉村さんは自分の芝居をしても、ある程度許されていた感じがあった。あるとき、「小津映画の4番打者は誰ですか」と聞かれて、小津さんは迷わず「杉村春子」と答えたそうですけれど、彼女には演劇でも映画でも、芝居に人生のすべてをかけているようなすごみがありますね。

——両親を早くに亡くした杉村春子は置き屋の経営者をしていた養母と、寿座という劇場を経営する養父のもとで育ち、幼い頃から劇場で新派や連鎖劇の芝居を見て育った。たくましく生きる色街の女たちと、芝居の世界に慣れ親しんだ彼女の環境が、女優として我が道を突き進む杉村春子をつくり上げたと言える。

だからこのドラマでも病気の息子のために周りの迷惑など顧みず、自分のやりたいように我が子への愛情をぶつけていくところや、居酒屋の女将として客を楽しませる感じなど、どれもが杉村さん本人と重なって、タキの存在がリアルなんですよ。実際の杉村さんは最初に医者と結婚して、次に劇作家の愛人がいて、3人目は最初の旦那さんの後輩の医者と結婚している。それがみんな、結核を患って死別しているんです。なんか僕には夫の精気を吸い取って、すべて自分の芸の肥やしにしていった感じがしてね。タキも夫と息子を捨てて他の男のもとへ走りますけど、その男も7年前に亡くなっている設定ですから、山田さんは杉村さんに当て書きして、このキャラクターをつくった気がするんです。

——ドラマでは笠智衆扮する鉱造とタキの息子・隆一が亡くなり、2人が蓼科の家で今後を語らうシーンが最後に用意されている。

昔、自分を捨てたタキを許せなかった鉱造が、この場面で「ここへ移って来んか?」と言う。彼としては精いっぱいのラブコールですよ。だけどタキは、「ダメダメ。私、こういうネオンも電車もないとこ、たまんなくなっちゃうの。(中略)せっかく意地張って、お父さんのとこ出たんだもの。誘われてすぐ舞い戻るんじゃ情けないじゃない。もう少し意地張っていたいの」とその申し出を断る。これも杉村春子さんならではのセリフだと思いました。また僕は杉村さんが本当に美しいと思った。ラストは蓼科に鉱造一人が残るんですが、まるで『東京物語』（53年）ですよ。そういう意味でもこれは、山田さんの小津さんへの思いが結晶した作品だったと思います。

――このドラマのとき、笠智衆は体調を崩していて、いつも最後の作品になるかもしれないという気持ちで現場に臨んでいたという。だがその後も山田作品では『春までの祭』（89年）、映画では山田洋次監督の「男はつらいよ」シリーズや黒澤明監督の『夢』（90年）、熊井啓監督の『ひかりごけ』（92年）などで見事な演技を披露し、93年に亡くなるまで俳優人生を全うした。

多くの人が笠さんと言えば、「男はつらいよ」シリーズの御前様のイメージしか抱いていないと思うんです。映画ファンなら小津映画の笠さんも知っているでしょうが、決してそれだけの俳優ではない。晩年に主演したこの山田太一さんの3部作は、老人の孤独とそこからこぼれ出る思いを描いた作品として、今後も見続けられてほしい名編だと思います。

# 樋口可南子

## 樋口可南子さんは一見真面目だけど実は多感な高校生の和彦を誘惑する美女が似合っていた

――山田太一脚本のドラマでベスト5を挙げるとすれば『男たちの旅路』（76〜82年・NHK）、『岸辺のアルバム』（77年・TBS系）、『ふぞろいの林檎《りんご》たち』（83〜97年・TBS系）などと共に、必ずランクインするのが『早春スケッチブック』（83年・フジテレビ系）だろう。鈴木も放送当時、この作品を欠かさず見ていた。

このドラマが大好きで、見たときびっくりしたんです。山田さんの作品の中で一番演劇的だと思ったし、そこに僕が好きだった寺山修司のにおいを感じたんですよ。
——彼がなぜ山田ドラマと寺山修司を結び付けたかは後々語るとして、確かにこの作品は登場人物の人数も物語の主な場所も限定されていて、ある意味演劇的。主人公は東京の郊外に一軒家を構える望月家。信用金庫の渉外課長である省一（河原崎《かわらさき》長一郎）を父親に、妻の都（岩下志麻）、大学受験を控えた高校生の和彦（鶴見辰吾《しんご》）、中学生の良子（二階堂千寿《ちひろ》）という4人家族。

和彦は都の連れ子で、良子は省一の連れ子である。

シングルマザーとシングルファーザーにそれぞれ連れ子がいて、2人が結婚して10年。互いを気遣いながら、破綻なく家庭を守ってきた。この設定もリアルで考えると嘘っぽいでしょう。そこも演劇的な感じがしたんです。
——和彦はある日、謎の美女・明美（樋口可南子）からアルバイトしないかと声を掛けられ、古びた洋館にやってくる。

樋口さんは、一見真面目だけれど実は多感な高校生の和彦を誘惑する美女が似合っていました。明美は注目されているモデルという設定ですが、当時新進女優として活躍していた樋口さんとダブったイメージがありましたね。後に糸井重里さんと結婚して、僕は糸井さんから彼女を紹介されたこともあります。
——この洋館にいたのが沢田竜彦（山﨑努《つとむ》）。偏屈な彼に和彦は最初、警戒心を抱くが、平凡な日々を送る父・省一にはない魅力

樋口可南子（1993年）

を感じ、彼に会うため洋館へ通うようになる。

竜彦は和彦の実父なんです。彼は昔、有名なカメラマンだったんですが、目に悪性の腫瘍ができて、このまま放っておけば失明して、やがて死ぬかもしれない。それを知った竜彦に惚れている明美は、息子の和彦と会わせることで、竜彦が病気の治療をするように仕向けようとしたんです。しかし竜彦は、治療をかたくなに拒否する。「ただ長生きしたって何になる、誰かを深く愛することもなく、何に対しても心から関心を抱くことができず、くだらない自分を軽蔑することもできず、魂は1ワットの光もない。そんなヤツが長生きして何になる」と彼は明美に言う。目を患ってカメラマンとしての将来を絶たれた彼は、それでも表現者として高みを目指してきた自分の生き方を貫くために、ただ延命することを拒む。そんな彼の言う言葉に、いい大学に入って、いい会社に就職して、事なかれ主義で平凡な人生を送ることが幸せなんだという省一に育てられてきた和彦は、刺激を受けるんです。

——この平凡な人生を否定する前半の竜彦は、山﨑努の好演もあってインパクトが絶大。

世間に対して憤る男が吐く、毒のような言葉がある種の名言になって、見る者に響くんですよ。山田さんは後に言っていますが、テレビは基本的に〝お客さま（視聴者）は神様だ〟というスタンスでドラマをつくってきた。だから小市民の生活を肯定して描いてきたと。ここではあえてその生き方を批判することで自分が抱えていたストレスを発散したんだって。そんな山田さんの思いの象徴が竜彦なんです。

——では和彦は竜彦に感化されてしまうのか。そこで竜彦の前に現れるのが、彼の元恋人でもある和彦の母・都。その女性を演じた岩下志麻が、作品をさらに面白くする。

# 岩下志麻

## 高畑さんはこの作品で岩下志麻という女優に興味を持ったし、僕もそうです

――彼女が演じた都は18年前、自分の意思でカメラマン・沢田竜彦の子供・和彦を産み、シングルマザーになった。その後、都は10年前に望月省一と結婚。省一の連れ子・良子を交えて、平和な家庭を築いてきた。だが和彦が秘かに竜彦と会っていることに気付き、彼女は18年ぶりに彼と会う決心をする。

都は今の家庭を壊したいとは、かけらほども思っていなくて、受験を控えた和彦の心を惑わさないでくれというために、竜彦と会うんです。最初の再会はスナックなんですが、昔恋人だった頃の彼女のイメージで接してくる竜彦を、都は完全に拒否する。その後も竜彦が息子と会うのをやめないので、彼が住む洋館へ都は行く。この辺の展開が、むちゃくちゃドキドキするんです。見ているとわかるけれど、都は「今も、竜彦のことが好きなのかな」って感じさせる。その好きという気持ちを抑制して交わす2人の会話が、素晴らしいラブシーンを生みだしているんです。

――都に会って創作意欲をかき立てられた竜彦は、彼女をモデルに写真を撮ったりするが、2人が触れ合うことはない。

自分の気持ちを素直に出さず、抑制するすごさ。これこそ本物のドラマだと思いました。2人が触れ合わないから逆に、とてもセクシュアルな大人のドラマになっているんです。この作品が放送されたのは83年の1月から3月で、僕は5月から実作業が始まる『風の谷のナウシカ』（84年）の制作準備を進めていて、忙しかったんです。それでも毎週これだけは欠かさず見ていて、『ナウシカ』ではプロデューサーを務めた高畑さんとドラマの話をしていました。高畑さんも山田さんの作

品が好きでしたからね。話す内容は、いつも岩下志麻さんのことなんです。山田さんは平凡な主婦に納まっている都を、毎週精神的に追い込んでいく。その面白さについて、いつもしゃべっていました。高畑さんはこの作品で岩下さんという女優に興味を持ったし、僕もそうです。僕は、岩下さんが松竹の女優だった時代から結構出演作を見ていますが、『切腹』(62年)の仲代《なかだい》達矢さんの娘役以外は、それほど印象に残っていない。でもここでの強靭《きょうじん》な意志力によって家庭を守りながら、かつての恋人への思いを封じ込めようとする都役は、強烈に頭にこびりついて離れなくなりました。

――岩下志麻は58年にテレビドラマ『バス通り裏』(NHK)で女優デビューし、60年に『笛吹川』で映画初出演。松竹の看板女優として、小津安二郎監督の『秋刀魚の味』(62年)や野村芳太郎監督の『五瓣《ごべん》の椿《つばき》』(64年)などに出演した後、夫・篠田正浩の監督作『心中《しんじゅう》 天網島《てんのあみじま》』(69年)での演技が高く評価された。86年からは「極道の妻《おんな》たち」シリーズに主演して人気を得た。

岩下さんは『早春スケッチブック』のDVDに収められた特典映像の中で、「普通の主婦なんて、やったことがない」と言っているんです。確かに、彼女には主婦のイメージがない。それを演じてここまでドキドキさせてくれるんですから、やはりすごい女優ですよ。また面白いのがね、特典映像で彼女は、「自分が20代の頃には竜彦みたいな人に憧れたけれど、30歳を過ぎたら、あんな人とは絶対一緒に暮らしたくないと思った。私は安定が欲しくなったのよ」と言っているんです。劇中で都は、竜彦をイメージして「お母さん、自分のして

岩下志麻(2012年)

いることにうっとりな人、嫌いよ」と言いますが、40代で都を演じた彼女の実感が、このセリフに込められている気がするんです。

## 岩下さんが「本当の竜彦は河原崎さんですよ」と言っている。その彼が凡人役を得意としたのが面白い

——18年ぶりに再会した元恋人同士の望月都と沢田竜彦。最初は自分の家庭に波紋を起こす竜彦を拒否していた都だったが、竜彦の病気が進み、彼が精神的な弱さを見せるようになると気持ちに変化が起こってくる。

それでも彼女は自分から積極的に会いに行くのではなく、夫・省一の了解を得て竜彦と会うようになるんです。最初は竜彦に嫉妬心を燃やしていた省一も、彼の病気のことを知って会うことを許す。そして第11話では、都が竜彦の暮らす洋館で一晩を共にするんです。その夜、2人は今の生活や昔のことを、心の垣根を取り払って素直に話し出す。ただ竜彦は病気でもう、目がほとんど見えなくなっていて、注《つ》ごうとするウイスキーをこぼしてしまうんです。こぼれたウイスキーを拭く都の手に、竜彦の手が重なる。実はここがドラマで2人が触れ合う初めての場面で、ドキドキしました。そして翌朝、心配でしょうがない省一が洋館にやってくると、ソファに座った都が竜彦の頭を膝枕してあげているんですよ。

——後で都は省一に状況を説明するが、死ぬことが怖くなっている竜彦を見て「離れて見ていることなんて出来なかった。口で慰めるだけなんて出来なかったの。とっても自然に、抱きしめてあげたの」と言う。つまりそれは恋人への愛が再燃したのではなく、彼女の死にゆく者に対する慈愛だったのだ。

しかし膝枕の現場を見た省一は「はなれろ！　そこの2人、離れろッ」と怒りに駆られて叫んでしまう。ここでの河原崎さんがいいんです。普通の男の抑えられない感情が、そのまま出ている。河原崎さんは、ストリッパーの倍賞美津子さんに惚れる自動車修理工を演じた『喜劇　女は男のふるさとヨ』（71年）や、遊んだ女を棄《す》てる男に扮した『私が棄てた女』（69年）などの映画もそうだし、テレビのサラリーマン役でもそうですが、取り立てて特別な能力を持たない平凡な男を演じて、強烈な印象を残す。〝無個性の個性〟というものを表現した俳優で、03年に64歳で亡くなりましたけれど、忘れ難い名優でしたね。

――このドラマでは夫婦を演じているが、実は岩下志麻と河原崎長一郎はいとこ同士。

お互いのお母さんが姉妹なんです。だから昔から相手をよく知っている。『早春スケッチブック』のＤＶＤ特典映像を見ると、岩下志麻さんが「本当の竜彦は、河原崎さんですよ」と言っているんですよ。私生活ではよく酒を飲むし、性格も省一のように事なかれ主義の平凡な人ではないと。そんな河原崎さんが凡人役を得意としたのが面白いですよね。

――これに対して竜彦を演じた山﨑努は、『天国と地獄』（63年）の誘拐犯役や、テレビドラマ『必殺仕置人』（73年）の〝念仏の鉄〟など、世の中を斜めから見たアウトサイダー的な役を多く演じたが、私が何度か取材した印象は、徹底して役を作り込まなくては気が済まない、繊細で神経質な面がある俳優に思えた。

演じた役のイメージとご本人が違うところが、俳優さんの魅力でもありますよね。僕も大好きな十朱幸代さんにゴルフ練習場で会って、彼女が男っぽくてサバサバしているのに驚いたことがあります。ここでの山﨑さんは、全12話の流れを本当に考えて役作りをしていたと思います。最初は世の中に対する憤りから始まって、都や息子に会いたいという願いになって、病状が進むとそれが祈りになって死を迎える。竜彦の心境の変化を見事に演じきっていますね。

# 二階堂千寿

## 物語の後半は、良子役の二階堂千寿がいなければ成立しない

――また『早春スケッチブック』には岩下志麻、樋口可南子に加え、もう一人重要な女優がいる。それが中学生の望月良子を演じた二階堂千寿だ。望月家では兄の和彦や母親の都が竜彦と会うようになり、それまで盤石と思われた家族のバランスが崩れそうになる。そこで良子は、竜彦からかかってきた電話をきっかけに彼と会う約束をする。家族を変にしないでと文句を言うため、彼女は待ち合わせの喫茶店へ出かける。

竜彦と良子が会う、この喫茶店からの場面がいいんです。「もう家に来ないで」と言いに来た彼女に対して、竜彦は「あと、1時間付き合ってくれ」と言う。良子が「そんなのは嫌」というと、「じゃあ50分」と返され、「30分なら」と彼女がこたえると、「40分だ」と竜彦が返し、良子の反応がないので竜彦が「39分」と言うと、初めて良子が笑うんですよ。2人が打ち解けた瞬間ですよね。ここでの二階堂さんがものすごくかわいい。そのあと、公園や街を歩くデートシーンの映像が流れる。テレビのドラマというのは場面の一つ一つが意味を持たないといけない、ストーリー主義ですよね。ところがこのデート

二階堂千寿（1983年）

シーンはセリフのまったくない映像だけで、彼らの気持ちが和んでいく感じを出していて、僕は全12話の中で一番美しい場面だと思いました。演出したのはフジテレビの河村雄太郎さんで、DVDの特典映像で河村さんは山田太一さんも交えた座談会に参加していますが、山田さんが「あそこで粉雪が舞いましたよね。名シーンというのは、やっぱりそういうことが起こるんですね」と言ったら、河村さんが「あの雪は、降らせたんです」と答えて。それを聞いた山田さんの口が、開いたまま塞《ふさ》がらないのがおかしかった（笑）。粉雪が演出だと知らなかったんですね。

――ここで竜彦と出会った良子は、都や和彦を竜彦に取られそうだと感じた父親の省一が、彼らと竜彦が会うことを禁じてから、望月家で唯一、竜彦とコンタクトを持つ人間になる。

良子は最初、竜彦と最も関係性が薄いキャラクターなんですよ。血のつながりもないしね。だからこそ、彼と会って客観的にその人間的な魅力に惹かれていく。彼女は竜彦が住む洋館へも行くようになるんですけれど、良子の素直な物言いと、受け答えの反応によって、竜彦が元気になるのがわかるんです。後に『早春スケッチブック』の脚本が文庫化されたとき、山﨑努さんが解説を書いていますが「良子役の二階堂千寿にぞっこん惚れました。独自の表現力、品格、すなおな性格、なんとも素晴らしかった」と彼は書いています。それはわかりますね。僕も天才だと思いました。物語後半の部分は良子がいなければ成立しないし、また彼女でなければ、こんな名作になっていないと思うんです。

――その二階堂千寿は2歳から児童劇団で演技を始め、『熱中時代　教師編Part2』（80年・日本テレビ系）で、水谷豊扮する教師・北野広大を頼って北海道から上京する小学生・みね子役で注目された。続く代表作がこの『早春スケッチブック』で、以降は水谷豊主演のテレビドラマ「相棒」シリーズにもゲスト出演している。

彼女にとってこのドラマは大きかったと思うし、それは兄の和彦を演じた鶴見辰吾さんにもそうでしょうね。DVDの特典映像で彼は、竜彦が和彦に言う「たった一人の人間が、世界を揺り動かすことだってあるんだ」というセリフに、その後の自分の人生が支配されたと言っています。出演者たちにそのくらい影響を与える力を、このドラマは持っていたと思うんですよ。

# 寺山修司

## 竜彦は寺山修司、省一は山田太一さんがモデルだった

――『早春スケッチブック』は、望月家の都と省一夫婦、沢田竜彦と若い愛人である明美が織りなす、大人たちのラブストーリーと見ることもできる。実はそのキャラクターにはモデルがいたということを、鈴木は後に知った。

15年に、山田太一さんが編集した『寺山修司からの手紙』（岩波書店）という本が出版されました。その中で寺山修司を長年公私共に支えた本の企画者・田中未知さんが、竜彦は寺山で明美は自分、省一が山田さんで都は山田さんの妻・和子さんがモデルだと言っているんです。この本は、早稲田大学の同級生で親友だった寺山さんと山田さんが、学生時代にやりとりした手紙を収録したものです。和子さんも彼らの同級生で、寺山は彼女に惚れていたんですよ。結局和子さんは山田さんを選んで、その後結婚したんですが、山田さんは大学卒業後、松竹に入社して助監督になる。すると篠田正浩監督の『夕陽に赤い俺の顔』（61年）の助監督に就いたとき、脚本家が寺山修司なんですよ。当時の寺山さんは歌人として有名で、戯曲やテレビ・ラジオドラマのシナリオも書く時代の寵児《ちょうじ》だった。片や山田さんはしがない助監督でしょう。同級生の書いたシナリオを映画にするのは、複雑な思いがあったと思いますね。

――鈴木個人で言えば、大学生時代に寺山修司の書いた人形劇の上演を手伝ったり、彼が演劇実験

室　「天井桟敷」を立ち上げてから、その演劇を見に行ったりと寺山のファンだったとか。また徳間書店に入社してから、先輩に最初に連れていってもらった飲み屋のママさんが田中未知さんでね。そのときは挨拶しただけですが、山田さんにもスタジオジブリの企画で2度、シナリオを頼みに行っていますから、モデルになった関係者3人と関わりがあったんです。そんなこともあって、このドラマは思い入れが深いんですよ。

――山田太一と寺山修司は大学卒業後、さほど深い付き合いはなかったようだが、寺山修司が83年に亡くなる前年のあたりから、2人の関係は復活していた。

寺山さんは重い肝硬変を患っていて、医者からこのまま仕事をしたら命の保証はできないと言われていた。自分の死を予感していたからか、寺山さんの方から山田さんの家を訪ねるようになった。だから『早春スケッチブック』も田中未知さんと一緒に毎週欠かさず見ていて、見終わると山田さんに感想の電話をかけてきたそうです。それで寺山さんが「あの竜彦は俺だろう。そして省一がおまえだ」と決めつけて感想を言ったらしいですね。後に山田さんは「寺山はそう言ったけれど、僕の中には竜彦の面も、省一の面もあるんです」と言っていますけれど、僕には自己弁護のように思えますね（笑）。

――『早春スケッチブック』の放送は83年の1月から3月で、5月に寺山は亡くなっている。彼は自らの生き方を貫いて能動的に死を選んだ竜彦に、自分を重ね合わせてドラマを見ていたのかもしれない。また山田太一が竜彦に寺山のイメージを抱いていたとしたら、どんな気持ちでシナリオを書いていたのだろう。

このドラマが演劇的なことも含めて、寺山さんへのリスペクトを感じるんです。それだけではなく、寺山批判も入っていますけれど（笑）。そんな彼らの関係性を踏まえてこの作品を見ると、リアルタイムに見たときとは違ったものが見えてきて面白いですよ。

早春スケッチブック

# 石坂和子

## 当事者間の思いのずれ。これって竜彦と都の関係みたいでしょう

――岩波書店が出している書籍情報誌『図書』（2016年8月号）に、『寺山修司からの手紙』の出版に合わせて、石坂和子さんが書いた「あの頃――『寺山修司からの手紙』を読んで」という文章が掲載されている。『寺山修司からの手紙』は、早稲田大学時代に親友で同級生だった寺山修司と山田太一が交わした、プライベートな手紙のやりとりを収めた本だが、その中には彼女のことも書かれているのだ。

手紙に書かれた当事者としての反論と、和子さんから見た寺山修司の人物像が書かれているんですが、これがすごく面白い。またこの手紙を自分に断りもなく世に出した、山田さんに対する怒りも書かれているんです（笑）。山田さんは「今度、自分と寺山の往復書簡の本が出るよ」と言っただけで、和子さんは2人が文学論や芸術論を交わした内容だと思ったら、自分のことも赤裸々に書かれた内容だったので。和子さんと寺山さんの関係を簡単に追うと、大学時代に和子さんは寺山さんから最初に声をかけられて、入学してすぐに彼からラブレターをもらうんです。でも寺山さんに恋愛感情を抱けない和子さんは、友達としてならと返事をする。それを寺山さんは、親がうるさいので、和子さんが素直に自分の気持ちを表せないからだと決め込み、その後も彼女にアプローチを繰り返すんですよ。

――歌人としての寺山の才能を認めた彼女だが、鎌倉旅行に誘われたときも、それを断っている。やがて寺山は腎臓炎で立川の病院へ入院。このときは見舞いに行っていて、入院中には寺山の方から和子の家へ電話をかけてきたとか。一方的に思いを寄せてくる寺山に、彼女は「もう見

舞いには行かない」と程なく決別宣言をしている。

一方の山田さんは、自分の妹の名前で和子さんに手紙を出して「寺山の見舞いに行って欲しい」とつづるんですね。和子さんは山田さんが自分の寺山に対する気持ちを知らないとわかって、直接会って見舞いに行かない理由を話す。これが、2人が面と向かって話した最初だそうです。

――ここから山田太一と和子は、当時は大学でも行われていた修学旅行をきっかけに仲が深まり、大学卒業後の61年に結婚する。以後の寺山に対する彼女の記述はそっけない。「何十年か後の受賞パーティー、渋谷の試写会でばったり寺山さんに会い、彼の三田の事務所を訪ね、その後、彼はわが家を訪れた」と。おそらく石坂和子にとって、寺山修司は自分の大学時代のある部分を彩った、印象に残る同級生以上のものではなかった気がする。

女子高にいた和子さんは、大学に入ってもっと自由な日々を謳歌《おうか》したかったんですね。なんか彼女の文章を読むと、それを寺山さんの執拗なアプローチが阻害している感じもあって。だから寺山さんと山田さんのやりとりが収録された本に対して、どうしても文句を言っておきたかったんでしょうね（笑）。ある関係性における、当事者同士の思いのずれ。これって『早春スケッチブック』に描かれた、竜彦と都の関係みたいでしょう。竜彦は、表現者として生き生きとした生活を送る自分のような男を、都は今も求めているはずだと思っているけれど、都の方は全くそんなことは思っていない。彼女は家族で安定した、平和な生活を守りたいんですから。和子さんの文章を読んで、『早春スケッチブック』の背景になった、最後のピースが埋められた感じもしましたね。

――山田太一が、大学時代の和子夫人の心情をどこまで理解していたかはわからないが、ドラマの人間関係を重ねると、彼のシナリオライターとしての想像力のすごさがよくわかる。

# 山田太一

## 無理をして自分を超えようとする人間の魅力を忘れたくない

――『早春スケッチブック』は、どんな結末を迎えたのか。望月家の人々に波紋を投げかけた竜彦の病状が悪化して、気持ちの上では彼のことを放っておけない都、和彦、良子。そんな家族の様子を見て、父親の省一は、思い切った決断をする。一家で竜彦が住む洋館へ押しかけ、たとえそれが短い日々だったとしても、彼と一緒にみんなで暮らそうとするのだ。

ドラマの最初の方で、竜彦が「おまえらは、骨の髄まで、ありきたりだ」とバカにしていた、省一のような小市民。その優しさに、竜彦は打たれるんですね。山田太一さんは前半で竜彦が言う、社会や凡人を批判して、もっと人間は高みを目指さなくてはいけないというセリフを、ニーチェの言葉を参考に作ったそうですが、要は最後に凡人が超人をのみ込んでいくんですよ。この最終回で竜彦は省一に対して「欠点を鋭く指摘して、人に恥ずかしい思いをさせるなんてことは、実に下劣なことです。素晴らしいのは誰にも、恥ずかしい思いをさせないような人格だ」と言わせていますけれど、これは彼の自己批判であり、山田さんの寺山修司批判でもあると思うんです。それで主要人物が揃ったささやかなパーティーの夜。竜彦と省一は、2人で「北国の春」をデュエットする。後でこの映像に和彦のナレーションがかぶるんですけれど、「(僕には)2人が、頑張って自分を超えようとしているように見えた。自分を克服して、自分以上のものになろうと、はりつめているように見えた」と彼は言う。凡人と超人の父親2人が、自分を乗り越えようと必死に歌うこの場面が、僕はとても印象に残りました。

――臨終の場面は描かれないが、やがて竜彦は病気のために亡くなり、ドラマは彼の思いを受け継いだ息子・和彦のナレーションでエンディングを迎える。

和彦は竜彦と出会ってからの3カ月を経験した後、「少なくとも、僕は変わらなければならないと思った。あるがままに、自然に生きるのではなく、無理をして自分を超えようとする人間の魅力を、忘れたくないと思った」と言う。山田さんはテレビドラマの主な視聴者である小市民を刺激する竜彦を登場させて、平凡な生活を批判したけれど、最後は小市民の生活が尊いだろうというところに着地させている。ちゃんと普通の人のありようをフォローして終わらせているのがすごいと思うんです。まあ、見方によっては超人（寺山修司）よりも、凡人（山田太一）の方がすごいだろうって、自己弁護しているとも受け取れるんですけれど（笑）、ただ和彦のナレーションにもあるように、そうではない竜彦のような生き方も否定していない。またこの最後の言葉は、寺山修司に対する山田さんのリスペクトでもあると思うんですよね。

――結論として平凡な人を肯定した山田太一。それは、彼のドラマが好きだった高畑勲にも通じるものだと鈴木は言う。

高畑さんとは共通項がありますね。高畑さんも絶対に、世の中を批判的に見るヒールを主人公にはしなかった。また特別なヒーローではない普通の人の、他人から見たらたいしたことはないけれど、自分にとっては一大事という物語を、丁寧に描いた人でした。底辺にある思いは、山田さんに通じるものがあったと思いますね。

――『早春スケッチブック』は、鶴見辰吾にその後の人生を左右するほどの影響を与えたし、山田太一の後の世代のシナリオライターたちにも、強い刺激を与えた。出演者や見た人の人生さえも変えるドラマが持つ力を、作品を見て再確認して欲しい。

## 『ふぞろいの林檎たち』は、劣等感に苦しむ若者たちを描いた物語

――『早春スケッチブック』（83年・フジテレビ系）が終わって2カ月後、『ふぞろいの林檎たち』（83年・TBS系）の放送が始まった。この作品は『パートⅡ』（85年）、『パートⅢ』（91年）、『パートⅣ』（97年）と続編が作られた、脚本の山田太一にとって最長のシリーズになった人気作。第1作では三流の工業大学に通う仲手川良雄（中井貴一《きいち》）、岩田健一（時任《ときとう》三郎）、西寺実（柳沢慎吾）が、看護学校で学ぶ宮本晴江（石原真理子）や水野陽子（手塚理美《さとみ》）、女子大生の谷本綾子（中島唱子《しょうこ》）と知り合い、関係を深めていく。さらに仲手川が出会った風俗嬢の大学生・伊吹夏恵（高橋ひとみ）と恋人の本田修一（国広富之）も加わり、彼ら8人の青春が描かれていく。

この当時は学歴が幅を利《き》かせていた時代で、山田さんは三流大学の大学生を主人公にすることで、その劣等感に苦しむ若者たちを描いたんですね。

――少しこの頃の世相をおさらいすると、81年に一橋大学に在学中だった田中康夫が書いた小説『なんとなく、クリスタル』がベストセラーになり、若者たちは小説に登場する有名ブティックやファッションブランドに飛びつくようになった。おしゃれなキャンパスライフが大学生たちに浸透し、それとともに一流大学の大学名自体もブランド化していく。83年には素人の女子大生がMCを務める『オールナイトフジ』（フジテレビ系）が始まり人気を集め、各大学のミスコンが話題になり、学歴と容貌が大学生のトレンドになる。さらにバブル経済真っただ中の80年代末には、結婚の条件として高学歴、高身長、高収入の「三高」が流行語になった。

いわば80年代は、大学生が形として〝ブランド化〟されていった時代だったわけだが、山田

太一はそういう時代の逆を行く〝ブランドになれない三流大学生〟たちに目を向けたのだ。

山田さんは大学生がテレビドラマを見なくなったので、大学生たちが見たいドラマを作ろうと、プロデューサーの大山勝美さんと大学生をリサーチしてこのドラマを作ったそうです。すると一流大学よりも、三流大学に通う学生の方が人間的にチャーミングだったと。それで三流大学生を主人公にしたんですけれど、彼らが味わっていた劣等感ということではね。山田さんは早稲田大学を卒業して、松竹に入って、大船撮影所で7年間助監督をしていたでしょう。それで助監督になってすぐの頃に就いた作品の脚本を、大学時代に親友だった寺山修司が書いていた。撮影所でも寺山は俳優たちと楽しく談笑する立場で、自分は名もなき下っ端の助監督ですから、そこで覚えた劣等感があったと思うんです。学歴とは違うかもしれないけれど、その体験を丸ごとドラマにしてぶつけたのが『ふぞろいの林檎たち』だった気がするんです。

――第1話で仲手川は、一流大学の学生が主催した六本木のコンパに紛れ込もうとして素性がばれ、その場からすごすごと退散する。女性との出会いの場にも、一流と三流の大学生には壁ができていたのだ。

第1話のタイトルは「学校どこですか」。仲手川は人前で学校名を名乗れない、名乗っても誰も知らない大学なんです。そんな学歴の劣等感もぬぐいきれない彼らが、どんなふうに青春を生きていくのか。それが大きなテーマなんですけれど、もう一つ山田さんはシビアな劣等感をドラマに持ち込んでいる。それが〝容貌からくる劣等感〟ですね。これを代表するのが谷本綾子を演じる中島唱子さんなんですけれど、僕は彼女こそこの作品の本当の主人公だと思っているんですよ。

# 中島唱子

## 彼女こそこの作品の本当の主人公だと僕は思っているんですよ

――『ふぞろいの林檎たち』のパートⅠは、劣等感が作品のテーマ。登場する女性たちも、それぞれ劣等感を抱えている。看護学校に通う晴江と陽子は女子大生に引け目を感じていて、最初彼女たちは津田塾大学の学生だと嘘をつく。一流商社に勤める本田修一と共同生活をする伊吹夏恵は風俗業で働いていて、いい生活をするためと割り切って仕事をしているが、風俗業の感覚に慣れていく自分が嫌でしょうがない。ちなみに夏恵を演じた高橋ひとみは寺山修司が主宰する演劇実験室「天井桟敷」の女優で、寺山の推薦で親友・山田太一のドラマに起用された。また主人公の一人・仲手川良雄の義姉・幸子（根岸季衣《としえ》）は体が弱くて子供が産めず、そのことで姑《しゅうとめ》の愛子（佐々木すみ江）に家から追い出されようとしている。いろいろな劣等感を抱える彼女たちだが、それはすべて山田太一が書いた役柄の設定。しかし、鈴木は本物の劣等感を持って役に臨んだ、谷本綾子役の中島唱子こそ作品の中心だと言う。

中島さんは当時高校生で、このドラマがデビュー作なんです。彼女は15歳のときから劇団に入っていて、そこのマネージャーがＴＢＳの社内に貼り出された募集告知を見て、中島さんにオーディションを受けさせたんですが、その募集の条件がね。〈容貌の不自由な人募集します〉だったんです。彼女自身はそのことを知らずにオーディションを受けて見事に合格したんですが、やがて自分の容貌がよくなかったので受かったと知る。それでとても演じることができないと感じたそうですけれど、山田太一さんが「容貌だけであなたを選んだわけではありません。オーディションのときのあなたは、誰よりも輝いていました。誰よりもかわいく書きますから、オーディションに来たときの気持ちで演じてください」と言ったので、演じる決心をしたんです。でもね、彼女は石原真理子さん、手塚理美さんと並ぶ3人のヒロインの1人でしょう。常に他の2人と容貌を比べられるセリフが出てくるんです。最初に綾子は仲手川を好きになるんだけれど、彼に脈がないとわかると、自分に優しい言葉をかけてくれた西寺実（柳沢慎吾）に接近する。それでデートをするたびに、多いときには1万円、少ないときは5000円とお金を渡すんですよ。これは容貌に自信がないから、申し訳ないという気持ちの表れなんですけれど、山田さんはよくこういう脚本を書いたなって。だって他の人は役柄の内面で抱えている劣等感だけれど、中島さんは見た目でわかるリアルな劣等感を表現していた。つまり彼女だけがドキュメントとして役を演じているんです。その説得力が、劣等感という意味では一番直接的に印象に残るんです。

――晴江や陽子は学歴に関する劣等感はあっても、自分たちが目指す看護師という仕事に誇りを持っている。だから、その劣等感自体がやや希薄なのだが、綾子は自分の劣等感から抜け出すため、アクティブに行動する。

好きな男には進んで会いに行くし、実が喧嘩で痛めつけられたら、その復讐に自ら乗り込む。なりふり構わず、自分で人生を切り開こうと懸命に行動するんですね。そんな彼女が、見ていくとどんどんかわいくなっていく。また、彼女は元々柳沢慎吾さ

中島唱子

んのファンだったので、演じるのが楽しかったんでしょうね。ドラマでは誰もが劣等感を克服しようと悩むけれど、彼女の場合は見た目という動かしがたい劣等感ですから、悩むことを通り越して、それを変えるにはどうすればいいかを実践するんです。だから僕には、綾子が本当のヒロインに見えました。

# 小林薫

## 劣等感を持ったまま、誇りを持って生きていくとはどういうことか

――では、他の人物たちはどうやって劣等感と向きあったのか。これは、三流大学に通う仲手川良雄、岩田健一、西寺実の青春を描いたドラマである。彼らは大学4年生だが、就職口の当てもない。そんなある日、夜に警備員のアルバイトをしていた岩田が、担当する一流商社で自殺しようとしていた重役を見つけ、一緒に酒を飲むことで彼の自殺を止める。これがきっかけで彼は、その重役の引きで一流商社への就職が内定するのだ。

岩田は京都が実家で、父親が公立高校の校長。兄と妹も出来が良くて、自分だけ昔から問題児扱いされてきた。だから家庭内で劣等感を持ちながら、一流の大学や企業の人間を毛嫌いする気持ちが強かったんです。ところが、その会社に就職が内定すると、重役から英語くらいできなきゃだめだと言われて、英会話のレッスンを始めるし、会社に入ればいくらでもいい女と付き合えるからと言われて、せっかく仲が深まってきた看護学校の陽子とも、会う約束をしなくなっていく。ところが終盤になって重役が社内で失脚し、彼の就職もご破算になってしまう。すでに両親にも内定のことを伝えていた岩田の劣等感は、それでより深まるんですね。両親は一流商社に決まったときには喜んで、それがダメになったと知ると、理由も聞かずに彼を嘘つき呼ばわりするんですから。結局

親は、自分をひとりの人間としてではなく、大学や会社の格だけで判断するのかと。主人公3人の中で、岩田は一度劣等感を克服しようとするんだけれど、待っていたのは苦い敗北。このドラマがすごいと思うのは、通常なら劣等感をテーマにすると、最後はそれをいかに克服したかが描かれますよね。ところが山田さんは、克服しないんです。劣等感を持ったまま、誇りを持って生きていくとはどういうことかを描いているんですよ。

——一人息子の実は就職が決まらなければ、家業のラーメン屋を継げと言われそうで、それが嫌になっているし、仲手川は就職よりも義姉と母親の確執や、本田修一と共同生活を続ける伊吹夏恵のことが気になってしょうがない。自分が次の一歩をどう踏み出せばいいのかわからない彼らは、仲手川の兄・耕一（小林薫）にほのかな光を見つける。耕一は、子供が産めないことを苦にして家を出た妻の幸子（根岸季衣）を捜して奔走する。やっと幸子を見つけて家に帰ってきた耕一に、姑の愛子（佐々木すみ江）は「別れる決心をして、出ていったんでしょう」と幸子を責め、耕一には「世間には、いっくらだって、女の人いるんだよ。どうでも、幸子さんじゃなきゃなんて、そんな甘いこと、この頃は若いもんだって言わないよ」と言う。

ここで耕一は「若いもんが、どうだか知らねえが、世間がどうだか知らねえが、俺は、幸子じゃなきゃ嫌なんだ。（間）そうなんだから、しょうがねぇ。こいつがいいんだからしょうがねぇ」と言い返す。つまり彼は〝子供が産めない嫁〟という条件だけで幸子を見ている母親に対して、あくまで彼女自身を見て、その存在を必要としている。これって、学歴や就職先で人間を見る人に対する、山田さんの問いかけでしょう。耕一の言葉に、この場にいる主要メンバー全員が感動するんですが、演じた小林薫さんも本当に良かった。自分に対する他者の評価に惑わされずに、人間が生きていく誇りや喜びはあるのに、他者の評価ばかりを気にする。自分を認めろと声高に叫ぶ、今はやりの承認欲求とは逆の価値観ですけれども、だからこそこのドラマは今また見てもらいたい作品なんです。

――こうして劣等感をテーマにしたドラマのパートⅠは、好評のうちに終了した。

## 石原真理子

### 演じる人とキャラクターが近づいていく感じがありました

――パートⅠから2年後、『ふぞろいの林檎たちⅡ』の放送が始まった。主人公たちは社会人になっている。岩田健一と西寺実は工作機械を扱う同じ会社のセールスマン、仲手川良雄は運送会社に就職し、宮本晴江と水野陽子は同じ病院で看護師をしている。谷本綾子は、まだ大学生。そして本田修一と伊吹夏恵は一緒に仕事をしながら、恋人として同棲生活を続けている。

パートⅠは劣等感がテーマで、パートⅡも最初の方は、いい会社に入れなかった主人公たちは、大手企業や取引先からさげすまれて劣等感を覚えているんです。また同じテーマかと思わせて、それだけでは終わらないのが、山田太一さんのうまいところなんですよ。

――岩田は陽子と、仲手川は晴江と、実は綾子と付き合っているが、それぞれ問題を抱えている。陽子は看護師を続けたいと思っているが、岩田は結婚したら彼女に仕事を辞めてほしい。晴江は看護師として生きることに悩み、結局辞めてクラブで働くようになる。実の家では父親が急死し、母親の知子（吉行和子）が虚脱感に襲われる。そして綾子が実の生活に、より入り込んでくるようになるのだ。

仕事で壁にぶつかり、女性たちとの関係も揺れ動いていく。その中で岩田、仲手川、実の3人は、大人になるとはどういうことかを知っていく。それがパートⅡのテーマで、途中からがぜん面白くなっていくんですよ。

――ここでヒロインを演じた女優たちに目を向けよう。晴江を演じた石原真理子は映画『翔んだカップル』（80年）で高校生のときに女優デビューし、『ふぞろいの林檎たち』のパートⅠでブレーク。さまざまな芸能人との恋愛遍歴によって世間を騒がせたが、89年に学業に専念するために渡米。仕事があると日本に帰ってくる生活を続け、06年から女優業に復帰した。その奔放な発言と、ひとつの場所に落ち着かない雰囲気は晴江に重なる部分があった。陽子役の手塚理美は小学生の頃からモデルを始め、アイドルを経て81年からは女優業に専念。これもまた、生涯の仕事として看護師をやり続ける陽子のキャラクターが、イメージ的にダブる。

当初は違ったかもしれませんが、シリーズが続くと、演じる人とキャラクターが近づいていく感じがありますよね。山田さんも、そこは意識して書いていたんじゃないかな。綾子だけは、パートⅠでは演じた中島唱子さんのドキュメントの部分が強かったけれど、パートⅡでは綾子のキャラクターが前面に出てくる。例えば、実の家では母親だけでラーメン屋をやっていけないので平野（小林稔侍《ねんじ》）という料理人を雇うんですが、実は彼と母親の関係を邪推するんです。それには綾子の、母親は平野が好きなんじゃないかという女の勘が影響している。綾子としては実と結婚したとき、平野がいてくれれば自分一人で母親の相手をしなくても済むという計算があって、2人をくっつけたいんですね。そういうしたたかな面も中島さんはうまく出せるようになっていて、女優として成

石原真理子（1985年）

長したなと感じました。

――女性たちの人生設計に影響されながら、自分はこのままでいいのかと思い惑う男たち。そのことは看護師が天職だと話す陽子に対して、仲手川が「こんなことで一生暮らすのか、こんなことして、20代が終わっちゃうのかって、体がぶるぶるって震えるんだ」と仕事の愚痴を吐き出すセリフでもわかる。

しかし人生は前に進んでいかなくてはいけない。そんなとき、岩田に起きたある出来事が彼らを大人にさせていくんです。

# 時任三郎

## こうして主人公たちは社会人として地に足がついた

――パートⅡで、工作機械を売る会社に勤めている岩田健一。営業先の仕入れ部に行っても注文が取れず、悩んでいた彼に現場の正宮課長（岡本信人）が、320万円のモーターを買ってやるという話を持ち掛ける。しかし商品の配送先は、その会社と関係のない倉庫。不審に思った岩田が配送日についていくと、正宮は別の会社にモーターを横流ししていた。そのことを部長に報告した岩田は社長と会い、夜に新橋の料亭に来いと呼び出される。

料亭に行くと社長がいて、これからやることを黙って見ていろと言われる。そこへ部長が正宮を連れてやってくる。部長はそこで正宮が、自分の借金を返すために商品を横流しした事実を話す。正宮は開き直って、期日までに代金を支払えばいいんだろうと言うんですが、社長は「代金はいただきません」と言う。その代わりこれからも自分の会社に商品を発注してもらって、こちらはその代金を少しずつ水増し請求する。その水増し分から今回の商品の代金をいただきますというわけです。つまり正宮の取り分を彼の会社に肩代わりさせようとする不正なんですね。このやりとりを、岩田は驚きながら黙って見ているんですが、この一連のシーンは強烈に印象に残りました。というのも自分に重ねて見たら、僕は社長と同じ考え方をしていたんです。

——鈴木は、日頃からスタジオジブリのために一所懸命働いてくれているある企業の担当者から、「うちのCMを、ジブリで作ってくれないか」と相談を持ち掛けられた。制作費は、その企業の通常の予算の倍だったというが、それでもアニメーションを作るには、とても折り合えない低予算だった。

僕はそのとき、「タダでいいです」と言ったんです。理由は、提示された低予算でジブリが制作したという実績が残ると困るからですが。別に見返りを求めたわけではないんですけれど、結果的にその後の付き合いで制作予算の数倍の利益が生まれました。だから岩田とは状況が違うけれど、僕がそこで考えたのは、自分はいつどこでそんな駆け引きを覚えたのかと。誰かに教えられた記憶はないんです。山田太一さんはサラリーマンをしたことがないので、ドラマのためにリサーチしてこの場面を書いたんでしょうが、よくこんなリアルなことが書けたなあと感心しましたね。

——釈然としない気持ちが残る岩田は、実や仲手川に事情を話して、意見を求める。それで会社に新規の取引が生まれたんだからいいじゃないかと言う実。いいとは思わないが、しょうがないんじゃないかと言う仲手川。それぞれが意見を言う中で、彼らは大人になるには、白と黒に物事を色分けするだけでは収まらないことがあると知る。

一方で実は、母親との関係を疑ったラーメン屋の料理人・平野が、一度店を出ていくんですけれど、彼の誠実な人柄を知って、平野を連れ戻す。いつも自分のことばかり言っていた実が、母親と平野に対して歩み寄る姿勢を見せる。仲手川は会社の上司と関係がうまくいっていなかったけれど、彼に自分の思いをぶつけて腹の内を見せるようになる。岩田は引き抜きにあって、別の会社へ行くと、それまでの状況からそれぞれが一歩踏み出すんですが、対人間、対会社の中で自分がどう生きるかを、大人として考えた選択をするんですね。それは誰にとってもハッピーな選択ではないかもしれないけれど、自分が選んだ道であると。こうしてパートⅡは、違う道を歩み始めた彼らを映し出して終わるんです。

## 30歳を目の前にして揺れる、主人公たちの心

――パートⅡが終わって6年後。『ふぞろいの林檎たちⅢ』の放送が始まった。パートⅠで大学生だった主人公たちも30歳目前。仕事にも慣れてきて、家庭を持った者もいる。

西寺実は綾子と結婚して、子供がいる。岩田健一も結婚して娘がいるんですが、何と結婚相手は前作まで付き合っていた水野陽子ではないんです。仲手川良雄だけ独り者で、彼らは晴江が自殺未遂を起こしたことで、久々に集まる。晴江は門脇（柄本《えもと》明）という金持ちと結婚したけれど、夫は彼女を束縛して、何でも金で解決しようとする歪《ゆが》んだ性格なんです。その状況から逃れようと、晴江は自殺未遂を起こすんです。

――このドラマはパートⅠでは劣等感、パートⅡでは大人になることをテーマにしてきた。ではパートⅢのテーマは何か？

これが仕事と家庭、そして浮気なんです。岩田は結婚した相手が、子供にパパのような三流大学へ入ってはダメよという教育ママで、家庭が嫌になって陽子に接近していく。陽子は看護師として仕事はできるんですが、そのストレスから行きずりの男とエッチするような女性になっているんです。実も会社の同僚の誘いから浮気をして、何と綾子も仲手川と一夜を共にする。ことが終わって

から綾子が、「いい思い出にする」と言うときの中島唱子さんが何ともかわいくてね。やはり彼女は、このシリーズのキーパーソンだと改めて思いました。さらに仲手川は相談に乗っていく中で、晴江に接近していく。彼らが浮気をするのは仕事がうまくいっていないときなんです。30歳を目の前にして揺れる、主人公たちの心。それを山田太一さんは浮気を中心に置くことで、見事に描き出しているんです。

——結局、岩田は離婚、実と綾子は平穏な日々に戻るが、晴江は門脇のもとから逃亡し、仲手川とも結ばれない。陽子は弘前《ひろさき》に新設される病院に引き抜かれるが、病院の開設が頓挫。心身ともに疲れた陽子は「もどって来いよ」という岩田の言葉によって、再び東京で看護師をする決心をする。

このシリーズはパートⅠが傑作。後の作品はそうでもないと世間で言われますが、僕はそう思わない。作品ごとに主人公の年齢によって、その時代に自分が感じたリアルな感情や出来事が思い出されていくんですよ。20代のパートⅠとパートⅡには青春の光と影が描かれ、30代手前のパートⅢには社会のこともわかってきた彼らが、つい〝よそ見〟をしたくなる浮足立った心が描かれる。彼らと同じことを体験していなくても、身近なものとして気持ちが呼び起こされる。そこに山田さんのすごさがあるんです。プロデューサーの大山勝美さんは山田さんのことを、「最初から天才だった。場数を踏めばシナリオがよくなると思ったら大間違いで、彼は才能があった」と言っていますけれど、それは納得できますね。

——その6年後。『ふぞろいの林檎たちⅣ』が放送された。時が空いたのは、山田太一が連続ドラマにこだわったからだ。

それまでにも『ふぞろいの林檎たち』をもう一度という声がTBSの中で上がったようですが、それはスペシャルドラマとしてだったんですね。でも山田さんは映画とテレビドラマとの違いを徹底的に勉強した方ですから、やるなら連続ドラマでやりたいと思った。その山田さんの意をくんで、応援したのが大山勝美さんだったそうです。

# 手塚理美

## この作品は〝生老病死〟、中でも死の問題がテーマになっている

――97年4月から放送が始まった『ふぞろいの林檎たちⅣ』では、主人公たちが30代後半になっている。のっけからネガティブなことを言うが、この作品はシリーズのファンから評判が悪い。

リアルタイムにドラマを見ていたファンの意見をSNSなどで読むとね。このシリーズはだんだん悪くなって、パートⅣに至ってはどうしようもないと。そんな書き込みが結構あるんです。そんな意見を踏まえて見直してみたんですが、まったく印象が違っていました。

――パートⅣの主人公たちの設定を簡単に書くと、仲手川と前作で離婚した岩田は今も独身。実は綾子と幸せな結婚生活を続けていて、独身の看護師・陽子（手塚理美）はベテランの看護師長になっている。前作で金持ちの夫と別れた晴江（石原真理子・出演時は改名して石原真理絵）は、ロサンゼルスで暮らしている。

この主要メンバー6人に、今回は長瀬智也《ともや》さん演じる桐生克彦、中谷美紀さん扮する遠山美保という若い2人が加わる。第1話では桐生の引っ越しの荷物が紛失して、その運搬を請け負った運送会社の社員・仲手川が失踪したことから、晴江を除いた主人公たちが集まってくるんです。正直、皆さん中年になって老けたなあと思いました（笑）。だから山田さんは、若い2人を入れることで作品の気分転換を図ったんではないかと。でもそれは見せかけで、最後まで見るとわかるんですが、主人公たちに最初は精彩がないのも、ドラマの展開を見越した仕掛けなんですね。

――仲手川の失踪は単なる物語の摑みで、姿を現した彼も含めてドラマは進むが、パートⅠでは重要なキャラクターだった彼の兄・耕一が、前作の後に亡くなっていることがわかる。

耕一は病死したことになっていて、最初はいい加減な設定だなと思ったんですよ（笑）。ところがこれも後で響いてくるんですね。というのもこの作品は〝生老病死〟、中でも死の問題がテーマになっているんです。山田さんはパートⅣを書いた当時63歳。おそらく死というものを意識し出した年齢だったと思うんです。そしてこの中には、衝撃的な死に関するエピソードが2つ登場するんですよ。

――ひとつは陽子が働く病院に入院している、がんで余命いくばくもない金持ちの男・佐藤晋介（北見敏之）のエピソード。

陽子は個室に入院した佐藤の担当になるんですが、第1話で佐藤は彼女のことを「嫌な女だ」と言うんです。ところが第3話になるとね。「大好きが本心です」「あなたに恋している」と佐藤は陽子に告白する。陽子は岩田と別れてからも、いろんな男と関係はあったけれど、そこから発展することはなかった。でも佐藤から告白されたことで心がときめくんです。自分の青春は終わったと思っていた陽子が、そこから変化していくんですね。そして佐藤が死ぬ間際に、2人は口づけをする。

――死を目前にした佐藤にとって、最後の思い人になった陽子。その彼女に、やがて亡くなった佐藤は、3000万円もの大金を残す。

手塚理美（2004年）

陽子はそんなものは欲しくないというけれど、一方では彼女が働く病院では、ホスピスを始めようとする動きがあった。それに絡めて当時の病院が抱える問題も描かれるんですが、陽子はホスピスをやるための資金としてそのお金を提供する。そうすれば佐藤も喜んでくれるだろうと。これによって佐藤は死んだけれども、彼の残したものが蘇ってくる。そんな話になっていくんですよ。

# 佐々木すみ江

## パートⅣの主人公は、仲手川の母、愛子。彼女ががんだとわかって右往左往する主人公たち

——終末期患者の痛みや症状の緩和を目的とした医療を行うホスピスは、80年代後半から日本でも注目され、90年代に入って導入する病院が増えてきた。このホスピスの話題が、やがてこの作品の中心になっていく。陽子が働く病院では、ホスピスを開設する準備が始まる。その一方、仲手川の母・愛子（佐々木すみ江）が末期がんに侵されていることがわかるのだ。

これが2つ目の衝撃的なエピソードで、パートⅣの実質的な主人公は愛子なんですよ。彼女ががんだとわかって、主人公たちはどうすればいいのか右往左往する。看護師の陽子へ相談がいって、彼女は愛子をホスピスの第1号患者として受け入れる準備を始めるけれど、その事実も、がんだという告知も愛子本人にはされていないんです。このシリーズはパートⅠでは大学生の青春を、パートⅡでは社会人になった彼らの葛藤を、パートⅢは仕事と家庭に関することをテーマにしてきましたが、今回はそんなプライベートな悩みを超えてね、人間が生きるというのはどういうことなのかを問題にしているんです。僕も後期高齢者になりましたから、他人事じゃないと思って、興味深く作品を見ました。

——愛子は車椅子生活になり、同世代の実の母・知子は彼女を見舞うことで、2人に友情が芽生え

ていく。

でも誰も愛子にがんを告知できない。そんなとき、日本に戻ってきた晴江（石原真理絵）が、本人に重い病気だと言ってしまうんです。とても重要な役割ですが、これが奔放な晴江のキャラクターに似合っていました。仲手川は陽子からの電話で、晴江が愛子に病気のことをにおわせたらしいと聞く。愛子に確かめた仲手川は、母親の誘導尋問によって彼女が末期がんであること、だからホスピスに入院させようとしていることを、すべてしゃべってしまうんです。その後に自分が全部話したことに対して、困り果てる中井貴一さんの演技がいいんですよ。仲手川はずっと独身貴族を通してきて、あまり精神的に成長してこなかった。そんなどこか青くささのある男を演じると、中井貴一さんは本当にうまいと思いました。

――この愛子を巡るがんの告知とホスピスの問題を通し、主人公たちは悩みを共有することで自分たちが生きるエネルギーを取り戻していく。

第1話では精彩のなかった主人公たちが、最終的に元気になっていくんです。そこには、やがて死を迎える愛子のことが背景にはあるんですが、人間はいくつになっても輝きを失わないんだということへたどり着くんですね。〝生老病死〟という切実な問題をテーマにしながら、生きる活力へと結びつけているという点でも見事な成功作だと思いましたね。

――最終的に仲手川は、パートⅣから登場したキャリアウーマンの相崎江里（洞口依子《どうぐちよりこ》）と婚約。

岩田と陽子は、今も互いに思いはあるそぶりは見せるが、その関係は発展せずに終わる。

だから本当ならパートⅤも見たかったですね。そう思わせるのは、このシリーズが連続ドラマとして描かれているのが大きいと思うんです。山田太一さんは連続ドラマにしかできないものにこだわった。映画のように2時間のスペシャルドラマだったら、その中で起承転結をつけなくてはいけないでしょう。でも1クール全13話あれば、もっと細かい部分まで分け入ることができますから。

昔、ベルトラン・タヴェルニエ監督の『田舎の日曜日』（84年）を見たときに、これが田舎で暮らす老父を娘や息子が訪ねる話で、何か連続ドラマの途中の1エピソードを見ているようだなって、高畑勲さんと話したことがあるんですが、そういう描き方の映画ってまれでね。山田さんはテレビドラマならではの面白さを、しかも14年もの歳月をかけて、このシリーズで表現したと思いますね。

——このシリーズでは効果的な音楽と印象的な名言も魅力のひとつだった。

# ミラン・クンデラ

## 私たちは、若さの何たるかを知ることなく少年時代を去り、結婚の意味を知らずに……

——誰もが思い出すのはオープニングの、高層ビル群をバックに林檎を投げ上げるショットと、そこにかかるサザンオールスターズの名曲「いとしのエリー」だろう。

特にパートⅠではドラマのバックに「いとしのエリー」をはじめ、サザンオールスターズの曲が流れ続けているんですが、山田太一さんもエッセイに書いていますけれど、この曲がドラマの邪魔をしないと。これはすごいと思うんです。インストゥルメンタルならわかりますが、歌詞がついた曲でドラマのセリフにかぶって流れていても邪魔をしない音楽というのは、それまでなかった。これはメロディーと歌詞が一体化しているからで、曲だけの効果もあるし、歌詞がドラマの状況とシンクロしているときもある。これって発明だったと思うんです。どの曲もサザンオールスターズの既成曲を使っているので選曲のうまさがあるんですが、あの曲があるとないとではドラマの雰囲気は大きく変わったでしょうね。

——また、鈴木は、山田太一の脚本にはアフォリズムの影響があるという。

アフォリズムとは、18世紀から20世紀にかけて哲学や文学の偉人たちが遺した名言のことなんですね。山田さんの親友・寺山修司はアフォリズムを集めた本をいくつも出していますが、山田さんの世代はアフォリズムに影響を受けたし、僕も若い頃から山田さんのドラマを見ると、これはあの名言から取ったなと感じることがあった。これは僕らの世代までの流行かもしれませんが、例えば芥川龍之介の「どうせ生きているからには、苦しいのは当たり前だと思え」とか、夏目漱石の「焦ってはいけません。ただ牛のようにずうずうしく進んでいくのが大事です」なんていう言葉は、人生のヒントになっているんです。『ふぞろいの林檎たちⅡ』で本田修一が言う、「人間の関係っていうのは努力すればよくなるというようなものじゃない。努力なんかしなくても、いいときはいい。その代わり、悪いときには手に負えない」というセリフも、ある真実をついていますよね。このドラマは手法的には会話劇で、ある種演劇的ですが、テーマは人生のリアルを描いている。そういう作品には人生論を語るアフォリズムが有効で、山田さんはそこから随分インスパイアされてセリフを書いていると思うんです。

——中でもこの作品を作るときに、大きなヒントになったのは、小説『存在の耐えられない軽さ』で有名なミラン・クンデラの評論集『小説の精神』（金井裕・浅野敏夫訳、法政大学出版局）ではないかと、鈴木はみている。

山田さんはこの評論集が大好きだそうですが、その中に、「私たちは一度しか生まれない。前の生活から得た経験を携えてもうひとつの生活を始めることは決してできないだろう。私たちは、若さの何たるかを知ることなく少年時代を去り、結婚の意味を知らずに結婚し、老境に入るときですら、自分が何に向かって歩んでいるかを知らない」という部分がある。これってまさに、『ふぞろいの林檎たち』の主人公が、毎回感じていたことそのものだと思います。自分が何者で、今何をして、どこにいるのか。そしてこれから何をすればいいのか。それを知りながら人生を歩んでいる者はいなくて、だからこそ誰もが〝ふぞろい〟の人生を歩む。山田さんはわかったふりをせず、人生の何たるかを知らないままに、懸命に生きる人々のリアルを作品に込めようとしたと思うんですよ。残念ながらこの作品はシリーズのパートⅡまでしかDVD化されていませんが、世相が変わってもそのリアルは彼らと同じ世代の人たちには伝わると思いますから、多くの人が作品に触れてほしいですね。

――山田太一が作品に込めた人生のリアル。それは、今も輝きを失っていない。

# 栗原小巻

## 主人公の男女は第5話まで言葉を交わさない

――これまで70～90年代の山田太一脚本によるテレビドラマを取り上げてきたが、鈴木には自身の山田太一体験の原点となった忘れられない作品がある。それが〈木下恵介アワー〉の一本、『3人家族』（68年・TBS系）である。

この前年に慶應義塾大学に入って名古屋から上京した僕は、最初は校舎のある日吉に下宿しましたが、68年4月に東急大井町線の中延《なかのぶ》駅のあたりに引っ越して、初めてテレビを買ったんです。それで最初に見たドラマが『3人家族』。木下恵介さんの名前に惹かれて見始めたんですが、これが面白くて。後に知るんですけれど、『3人家族』は山田さんが初めて単独で全話の脚本を書いた作品で、これで僕は山田太一という名前を知ったんです。

――松竹の助監督だった山田太一は、『香華《こうげ》』（64年）を最後に松竹を辞めた師・木下恵介の誘いで一緒に松竹を退社。木下はTBS系で自ら企画・監修、作者を兼ねるドラマシリーズ〈木下恵介劇場〉を立ち上げ、そのスタッフとして山田も参加した。シリーズの一本、『記念樹』（66年）の脚本を木下と共に手掛けた山田は、67年から〈木下恵介アワー〉と名前を改めたこのシリーズで、『3人家族』の脚本全26話を単独で書き上げた。

その少し前には『七人の孫』(64〜66年)とか『ただいま11人』(64〜67年)といった大家族ドラマがはやっていて、山田さんはその逆を行く家族のドラマを狙ったんですね。ここには2つの家族が登場して、ひとつは竹脇無我さん演じる長男・雄一をはじめとして、弟の健(あおい輝彦《てるひこ》)、父親の耕作(三島雅夫)という男3人で暮らす柴田家。もうひとつは栗原小巻さんの長女・敬子を中心に、妹・明子(沢田雅美)、母親・キク(賀原夏子)の女3人で暮らす稲葉家。どちらも3人家族の長男と長女が恋に落ちていくドラマですが、なんと主人公の男女は第5話まで言葉を交わさないんです。

――サラリーマンの雄一は横浜市妙蓮寺のあたりに住んでいて、OLの敬子が暮らしているのは横浜市野毛。2人は朝の通勤時に横浜駅で出会い、新橋駅まで横須賀線で会社に通う。

当時の列車の所要時間を調べると、横浜駅から新橋駅までは25分。2人は互いを気にしていて、何度も出会うけれども満員電車で身動きがとれないし、口をきくこともない。通勤時間の25分間、2人はドキドキする時間を味わうんです。2人がドキドキし始めると、決まって女性ボーカルのスキャット曲がかかって、ロマンチックな雰囲気を盛り上げる。でも彼らの関係は、もどかしいほど進展しない。これは視聴者の間で番組が評判になるのを待っていて、途中から見た人がいても、内

栗原小巻(1981年)

容についていけるようにと山田さんが考えたからだと思うんですよ。

——鈴木がそう推理するのには根拠がある。『3人家族』の放送が始まったのは68年10月15日。この年はメキシコオリンピックが10月12日から開催され、27日まで競技が続いた。日本中がオリンピックにクギづけになっていたわけで、2人が初めて言葉を交わす第5話はオリンピックが終わって、その熱気が冷めた頃に相当する。

第5話では、満員電車で押された2人はすぐ近くの抱き合うようなポジションになる。そこで雄一が初めて言った言葉が、「混みますね、毎日」ですよ(笑)。ここで「この青年は、なんと無口なんだろうと思った」という敬子の心の声がナレーションで入るんですが、このドキドキしながらもどかしい2人の感じが、爆発的な人気を呼ぶんです。

——『3人家族』は平均30・7%の高視聴率を獲得する。なぜ、このドラマがそれほど支持されたのか。

## 現代は働きすぎるのが、悪のように言われる。でも、思い切り働くというのは、本当にいけないことなのか

——『3人家族』が放送された68年。日本は熱く燃えていた。

川端康成がノーベル文学賞受賞という明るいニュースもあったが、成田空港建設を巡る三里塚闘争をはじめ学生紛争が激化。この年1月から始まった東大闘争は翌69年1月、機動隊8500人が動員され安田講堂を包囲した攻防戦でひとつのピークを迎える。

10月21日の国際反戦デーでは新左翼各派が国会、防衛庁、新宿駅でデモを行い、騒乱罪が適用され、全国で900人を超える逮捕者が出た。

世界的にもベトナム戦争が泥沼化の様相を見せ、パリでは学生のデモに始まる五月革命、キング牧師の暗殺など、騒然とする事件が相次いでいる。そんな状況の中で山田は、仕事と結婚という身近にある幸福を見つめたドラマを書いて、圧倒的な支持を得たのだ。

主人公の雄一は24歳くらいで、敬子は23歳。当時大学生だった僕からすると、ちょっと上の世代なんです。その2人が、これからどう生きていこうかと真剣に悩む。雄一は有能なサラリーマンで、彼の会社には海外研修制度がある。これは社内の試験を通ると海外に2年間留学できる制度で、300人のうちから15人しか選ばれない狭き門だけれども、雄一はその合格を目指している。この制度には一つ条件があって、独身であること。これがネックになって、雄一は敬子に気があっても、恋愛から結婚というプロセスを歩むことを躊躇《ちゅうちょ》する。だから彼女に、必要以上に近づかないようにしているんですね。そのことを雄一の弟・健（あおい輝彦）から聞いた敬子の妹・明子（沢田雅美）は、「出世のためにお互いの気持ちを抱え込んで犠牲にするなんて、ナンセンス！」と否定する。今は大学浪人をしている健も明子に近い考え方で、彼は出世よりも日常の幸せを大事にしたい、実直で心優しい青年なんです。この妹と弟のコンビがよかった。当時、沢田さんはまだ10代ですが、思ったことをポンポン言って、状況を動かしていく明子の役が非常にうまいんです。彼女は優柔不断な健との関係も、自分が主導権を握ってカップルのようになっていく。健役のあおい輝彦さんも、彼はアイドルグループ〝ジャニーズ〟の一員でものすごい人気だったんですが、67年にグループを解散して、〈木下惠介アワー〉の『3人家族』の前作『おやじ太鼓』（68年）で俳優デビューしたばかりでね。アイドルの顔とは違った、とても人間味のある青年を演じて注目を浴びたんです。この2人が、底辺でドラマを見事に支えていました。

——雄一が自分になびかない理由を知った敬子は、どんな反応を示したのか？

留学制度のことを知った敬子は、雄一と会って真意を確かめる。雄一は自分が2年間日本にいないので、「今23歳の君は、24歳と25歳という結婚適齢期を逃してしまう」と付き合えない理由を言う。当時は結婚こそ女性の幸福というレールが敷かれていて、その適齢期が20代半ばなんです。敬子の母親・キク（賀原夏子）も「結婚前に、何かあったらどうするの」とたしなめる。ここに60年代の時代感が出ているんですけれど、では雄一に留学を諦めて、敬子と生きるという選択肢はないのか。でも、彼は「出世とか、そういうんじゃなく、僕は思い切り働いてみたい」と言うんです。その言葉を聞いた敬子は、彼の気持ちを理解するんですよ。ここも今とは違いますよね。現代は働き過ぎるのが悪のように言われるでしょう。でも思い切り働くというのは、本当にいけないことなのか。そのことへの問いかけがあると思うんです。

――付き合いを諦めた2人は、どうなっていくのか。

## 車を止めるけれど、敬子は降りない。ここでふたりは初めて抱き合う

――会社の海外留学ができる研修制度の試験に合格した雄一。海外への出発が迫る中、雄一は敬子を誘って、日帰りドライブの旅に出る。

雄一が2年間海外に行くことが決まったので、好きだけれどもお互いの将来のために別れる決心をした2人。頭ではわかっていても、心が揺れ動く中で2人はドライブに行くんです。レンタカーを借りて、敬子が住む横浜市の野毛から箱根、芦ノ湖を通って、静岡県を南下していく。会話もあまり弾まないんだけれど、その分このドラマは登場人物の心情をナレーションが代弁しますから、旅の情景を挿入しながらナレーション主体で物語が進むんです。2人の中にあるのは、このまま帰りたくないという思い。長い沈黙の後、敬子が「もう下田でしょう？　あとどのくらいか、聞いて

みましょうか」と雄一に言うんですが、実はこのとき下田を少し過ぎて、多々戸浜《たたどはま》まで2人は来ている。それで雨が降ってきて帰路に就くんだけれど、横浜の方に戻ると辺りは真っ暗でね。車を止めるけれど、敬子は降りない。ここで2人は別れがたく、初めて抱き合うんです。でもキスはしない。ただこの日、彼らは結婚の約束をするんですよ。

——日本と海外、2年間の遠距離恋愛を心に決め、雄一が帰国したら結婚することを約束した2人。波瀾《はらん》万丈の展開でつづられるラブストーリーならわかるが、雄一の海外留学という障害一つだけで、ここまで二十数話の物語を持たせた、山田太一の筆力はすごい。

他人から見たら何てことはないけれど、本人たちにとっては大問題ということをその後も書いていった山田さんですからね。そこに行き着くまでのプロセスに語り口の妙があるんです。またどこか自分を律して生きている主人公に、竹脇無我さんと栗原小巻さんは似合っていました。竹脇さんは60年代に松竹映画でメロドラマのホープといわれたけれど、この頃からテレビを活躍の主舞台にして、明治の書生という感じの『姿三四郎』(70年)とか、森繁久彌《もりしげひさや》さんの孝行息子を演じた「だいこんの花」シリーズ(70〜77年)など、好青年的なイメージが強かった。栗原小巻さんは、メインは俳優座の舞台女優だけれど、映像では大河ドラマ『三姉妹』(67年)の武家の娘やこのドラマで一躍脚光を浴びて、ファンを表すコマキストという言葉までできた。彼女が持つ、意志が強くて知的な雰囲気はこの役に合っていたと思います。そんな清潔感のある2人が演じていることもあって、この恋愛関係は美しい日本語が印象的で、しかもセックスシーンがない。これが今見ると新鮮ですね。

——またこの作品には、見逃せない脇役キャラクターがいる。それが雄一の柴田家に出入りする、押しかけお手伝いさんの春日ハルを演じた菅井きんである。

ハルは雄一の父・耕作に惚れていて、家にやってきては何かと世話を焼くんです。最初はうるさいおばさんに見えるけれど、だんだん一家に馴染んでいく。その家族との距離感のとり方が、菅井さんは実にうまいんです。僕は菅井さんと縁がありましてね。徳間書店で編集者をしている頃、菅井さんがワイドショーみたいなものに出ていて、取材されたことがあるんですよ。そうしたら「鈴木さん、面白いから2人でやろうよ」って言われて、菅井さんがやっていたニュース番組みたいなコーナーのリポーターを手伝っていたことがある。それをやったのも、彼女が『3人家族』に出ていたという記憶があったからですね。

――最後には雄一と敬子の恋が成就した『3人家族』。だがこの作品にはもう一人、人生に惑う人物が登場する。それが敬子の父・兼一（森幹太）である。

## 縁を大切に育てていくことで生まれるものの先に、幸福はある

――兼一は13年前、妻のキクや娘の敬子、明子を残して、突然蒸発。キクは女手一つで2人の娘を育ててきた。その彼らの前に、今はアラスカで起業し、商売を成功させている兼一が現れる。

兼一は一人でいるのが寂しくなって、もう一度家族になろうと妻や娘の前に姿を現すけれど、妻のキクはそんな身勝手な夫を許せない。でも娘たちの尽力によって、再び夫婦は一緒になることを決めるんです。ここでポイントは兼一が蒸発した理由。彼が蒸発したのは計算すると37歳のときなんです。そこで自分の将来が見えてしまって、このままでいいのかという不安にとらわれて、兼一はアラスカへ行ったんですね。つまり夢を見た男が仕事ではそれをかなえたけれど、そこに幸福はなかったという末路を描いている。これって、「定年まですべてわかってしまう人生でいいのか」と世に問いかけた、山田さんの親友・寺山修司とつながるんです。つまり寺山さんのように生きて、

その先に待っていることはこれだよって。山田さんは寺山批判を、この初期の作品からやっているんですよ。一方で雄一の父・耕作は、定年間際にやっと課長になった出世とは縁遠い男だけれど、息子や周りの人に慕われる気のいい人間に描かれていますからね。そこに山田さんが思う、庶民の幸福というものが出ていると思いました。

――最終話は柴田家と稲葉家、両方の3人家族に兼一、柴田家のお手伝いさんのハルまで揃って、横浜の中華街で雄一と敬子を祝福する食事会が開かれる。

この席で耕作が「人と人が結び付くというのは、なかなか大して大変なことなんだ」と言うと、キクは「1人が2人になったということは、おめでたいことなんです」と言う。これに続いて「1人が2人になって、その意味を深く受け止めてこの席を祝ってくれているのだとわかると、雄一と敬子は、胸が熱くなって、励まされる思いであった」というナレーションでドラマはエンディングを迎えるんですが、何てことのない出会いから人と人が縁で結ばれていくこと。その縁を見逃してしまう人もいるけれど、縁を大切に育てていくことで生まれるものの先に、幸福があるんじゃないかと山田さんは描いている。この当時は70年安保闘争の中にあって、僕も渦中の一人でしたが、それは既存のすべてを壊してしまうことを目的とした、運動だったと思うんです。その破壊行動だけでは、何も生まれない。そんな時代への反動の思いが、このドラマが当時多くの人に受け入れられた理由だと思いましたね。

――また鈴木は『3人家族』に、後の「ふぞろいの林檎たち」シリーズの原点があるとみている。

雄一の出世よりも、思い切り働いてみたいという思いや、弟・健の出世することよりも日々の生活の中で充実感を味わいたいという思い。あるいは敬子の妹・明子の容姿に引け目を覚えながらもポジティブに状況を切り開いていこうとする女性の生き方や、結婚だけが女の幸福なのかという敬子の迷い。いろんなことが後の『ふぞろいの林檎たち』に通じるんです。連続ドラマを初めて一人で全部書いたことで、山田さんにも自分で表現したいテーマが見えてきた部分があると思うんです。だから、山田ドラマの原点として、これは再評価されて欲しい作品ですね。

## 脚本家山田太一の名前が初めてクレジットされた『歌え若人達』

――前回までは山田太一のテレビドラマの初期の代表作『3人家族』を取り上げたが「山田太一編」の最後として、彼の脚本家としての原点である、松竹時代にスポットを当てる。山田太一は早稲田大学を卒業した58年、松竹大船撮影所に助監督として入所した。ちなみにこの年は映画の観客動員数が史上最高の11億2700万人を記録し、ここをピークに映画はテレビの人気に押され、徐々に観客動員数を減らしていく。つまり山田太一は映画業界が斜陽期に入ったときに、松竹の助監督になったのである。助監督には研修期間があって、彼が最初に就いた作品は木下惠介監督の『楢山節考《ならやまぶしこう》』（58年）だった。一方、名古屋で少年時代を過ごしていた鈴木は当時小学生。両親に連れられて、よく映画館に通っていた。

山田さんが松竹に入った翌年、松竹ヌーベルバーグの監督が続々とデビューするんです。59年には大島渚が『愛と希望の街』で、60年には篠田正浩が『恋の片道切符』で、吉田喜重が『ろくでなし』で監督デビューしている。彼らは小津安二郎や木下惠介といった伝統的な松竹映画を作っていた巨匠たちとは違った、新しい映画を作ろうとした。中でも大島渚監督は目立っていて、60年に発表した『青春残酷物語』と『太陽の墓場』は刹那的に行動する若者を描いていて、とても危険なにおいがした。僕は当時小学生ですから、すごく気になったけれど一人で見に行ってはいけない作品だと思いました。ただこの松竹ヌーベルバーグの波は、60年の10月9日封切りの大島渚監督作『日本の夜と霧』が公開4日で上映中止になったことをきっかけに、会社の方針で消滅していくんです。

――大島作品に強く見られる社会・政治批判や、難解なテーマが観客のニーズと結びつかず、松竹ヌーベルバーグの諸作品は興行的に不調で、松竹は伝統的な家庭劇、恋愛劇へと路線を戻していった。その中にあって助監督の山田太一は、『恋の片道切符』や『ろくでなし』といった作品に就きながら、脚本の執筆を始める。これは松竹の社長・城戸四郎が「助監督が監督になるには、脚本を書くべし」という言葉を真に受けてのことだったが、同期入社した助監督7人の中で脚本を書いたのは山田だけだったという。その習作脚本が掲載された撮影所発行のシナリオ集を木下惠介が読み、脚本のト書きを褒めたことがあったとか。やがて山田太一は『永遠の人』（61年）から木下惠介組の常連助監督になり、『今年の恋』（62年）からは木下監督がシナリオを執筆するときに、口述筆記を担当した。

これが山田さんにとって、すごく勉強になったと思いますね。その後、山田さんは64年に始まる〈木下惠介劇場〉に参加して、テレビのシナリオライターになるんですが、初期の作品から印象的なのが、セリフのうまさ。これは木下監督の口述筆記をすることで、身についた気がするんです。加えて山田さんは『3人家族』を見ても思うんですが、セリフですべてを説明するんです。映像で表現する映画と違ったテレビの特性をいち早く感じて、矢継ぎ早に語るセリフですべてを説明することで、視聴者を飽きさせず逃さない。こういう手法は、山田さんの発明だったと思うんですよ。

――62年の11月初旬。木下監督は、正月映画の脚本を書くため熱海《あたみ》の宿に泊まった。宿には山田も同宿したが、脚本の構想がなかなかまとまらない。そこで木下監督は、かつて山田が書いた習作シナリオを喜劇に書き直して使いたいと言ってきた。これが脚本家・山田太一の名前が初めてクレジットされた映画『歌え若人達』（63年）になった。

# 西田佐知子

## 60年安保の敗北感を象徴した「アカシアの雨がやむとき」

――この作品は大学の寮で暮らす松川勉《つとめ》、川津祐介、三上真一郎、山本圭の学生4人を描いた青春群像劇。もとは山田が、大学の同級生だった寺山修司が篠田正浩監督の『夕陽に赤い俺の顔』（61年）で脚本家として迎えられたときに、自分は一番下の助監督だったことで味わった屈辱感を織り込んだ、シリアスな内容だった。これを木下監督は正月映画らしく喜劇的な要素を入れて改変したいと言い、山田はかなり喜劇風に書き直したという。

ですから映画は、かなりの珍品です（笑）。岩下志麻、倍賞千恵子、渥美清、津川雅彦らが顔を出すにぎやかな作品ですが、何を描きたかったのかよくわからない。おそらく木下監督は、大島渚監督が『青春残酷物語』や『太陽の墓場』で描いた過激な青春に対して、本物の青春はこっちだよということをやりたかったんでしょうが、当時50歳の木下監督が若者をどれだけ理解して描いているのか。それはわからなかったですね。

――ただ脚本に目を向けると、山田太一の狙いはうかがえる。松川勉は将来の展望を持たない無気力な若者だが、偶然グラフ誌の表紙を飾る写真を撮られたことで、いきなりテレビドラマの主役に抜擢される。女にもてて遊び人の川津祐介は、そんな松川に嫉妬心を燃やす。三上真一郎は真面目に勉強する学生で、川津の遊び仲間だった女学生の倍賞千恵子と、堅実に付き合っていく。この3人を山田太一と寺山修司に置き換えると、遊び人でマスコミの寵児になっていく寺山修司は松川と川津に、松川の境遇に嫉妬する川津の心情と、真面目な学生の部分は山田自身が投影されている気がする。そして全体に描かれるのは、将来どう生きればいいのかを悩む、学生たちの姿だ。

映画が公開された63年は、60年安保闘争が終わった後で、〝闘い済んで、日が暮れて〟という心境の学生が多かった。これからどうやって生きていこうかと、みんなある種の虚脱感に襲われていたんです。60年4月に西田佐知子さんが歌った「アカシアの雨がやむとき」が大ヒットしましたが、これはまさに60年安保の敗北感を象徴した歌でした。闘争の後に、何も残っていない感じがあったんです。大島渚監督は、それでも闘い続けるという姿勢で映画を作っていきましたが、山田さんはもっとリアルな気分を映し出そうとした。でも、木下監督が喜劇にアレンジしたことで、山田さんがやりたかったことがほとんど伝わってこない作品になってしまった。大学生の将来に対する不安を描く群像劇という点では、後の『ふぞろいの林檎たち』(83年)に通じるところがあるんですけれど。そういう意味では、惜しい失敗作でしたね。

――『歌え若人達』の翌年、木下恵介は松竹を辞めてTBS系で〈木下恵介劇場〉をスタートさせ、山田太一も木下の誘いでテレビのシナリオライターとして活躍していく。

山田さんはテレビ〈木下恵介・人間の歌シリーズ〉の『それぞれの秋』(73年・TBS系)まで木下監督と仕事を続けて、その後も木下監督の映画『この子を残して』(83年)に脚本で参加しています。山田さんが書くドラマは、どれも単なる家庭劇ではなくて、社会的なテーマを秘めている点や、リアルに人間を描こうとする姿勢など、やはり木下さんから受け継いでいるものは大きいと思うんです。僕は昔から木下監督の映画が好きでしたから、それも山田さんのドラマに惹かれた要因のひとつだった気がしますね。

――親友・寺山修司とのかかわり、師である木下恵介から受け継いだ作品のエッセンス。そこに山田太一の原点を見た気がした。

# 池内淳子

## ヒロインの葉子にはモデルがいて、これが
## 大岡昇平と8年間愛人関係にあった坂本睦子さん

――小料理屋を持つことを夢見る芸者のてまりを主人公にした「日曜劇場」の人気シリーズ『女と味噌汁』（65～80年・TBS系）で視聴率〝20％女優〟の異名を取り、血のつながらない子供たちを育てる母親を演じた『つくし誰の子』（71～75年・日本テレビ系）などによって、〝日本のお母さん〟のイメージを確立した池内淳子《じゅんこ》。ただテレビ女優の全盛期だった70年代の彼女のドラマを、鈴木はほとんど見ていない。彼にとっての池内淳子の印象は、川島雄三監督の映画『花影《かえい》』（61年）で最初に強く刻まれた。

――『花影』は大学生のとき、深夜のテレビで初めて見ました。元々川島雄三が好きで、この映画は川島監督の前作『女は二度生まれる』（61年）に連なる路線の、夜の世界に生きる女性の映画なんです。僕は原作者の大岡昇平さんも好きで、高校生のときに集英社から作家別の「日本文学全集」が出版されたとき、大岡さんのものを買ったんですよ。これが箱入りで当時２９０円という破格に安い全集だった。その中に『花影』が収録されていたんですが、読まずに放っておいたんです。それで映画を見た後、何となくその本を手に取って原作を読みだしたら、面白くて一晩で一気に読んじゃったんです。読み終わってわかったのが、映画はものすごく原作を尊重しているということでした。

――映画の内容は、銀座のホステスをしている葉子（池内）が、妻子のいる大学教授・松崎（池部《いけべ》良《りょう》）と別れ、弁護士の畑（有島一郎）やテレビのプロデューサー・清水（高島忠夫）、ぶどう酒会社を経営している野方（三橋達也）との出会いと別れを経験しながら、最後に自殺するま

でを描いたもの。他に葉子の人生には、彼女を長年後見してきた骨董品の目利きで知られる初老の男・高島（佐野周二）が絡む。
ヒロインの葉子にはモデルがいて、これが大岡昇平と8年間愛人関係にあった坂本睦子《さかもとむつこ》さんなんです。今回見直して、そのことを僕は初めて知ったんですが、彼女はすごい人生を歩んできた女性なんですね。

——坂本睦子は1915年に生まれ、彼女が幼い頃に父親が女をつくって失踪した。別の男性と暮らし始めた母親も間もなく亡くなり、睦子は養父と、彼が新たに結婚した養母と静岡の三島で暮らすことになる。しかし、養父も間もなく死亡してしまう。

つまり睦子は、早くから血縁者をすべて失った、天涯孤独の身の上だったんです。実際の睦子さんは養母の母親、つまり彼女にとってはおばあさんに当たる人になついていたようですが、映画の葉子は三島にいるという義母に手紙を出す。これが彼女にとって、唯一の個人的につながりのある人間なんですね。しかも三島の義母は、映画で最後まで姿を見せない。それだけに葉子の孤独が、その生活ぶりも含めて際立っているんです。

——モデルとなった睦子は、やがて養母や祖母と共に三島から上京し、中華料理屋を始めるが、この商売がうまくいかず倒産。睦子は16歳で日比谷のレストランの給仕係になり、このレストランに通っていた作家・直木三十五によって強引に処女を奪われた。これがきっかけ

池内淳子（1961年）

となったのか、彼女は17歳にして銀座のホステスとして働きはじめる。

睦子が最初に勤めたバーの経営者が、美術評論家や装丁家として有名な青山二郎だった。この人は映画の高島のモデルですが、昭和初期のその頃、金持ちだった青山のもとには多くの若い文士が集まっていて、その中には小林秀雄や河上徹太郎《てつたろう》、坂口安吾、中原中也《ちゅうや》、そして大岡昇平もいたんです。

## 池内さんは28歳でしたが、その孤独の影を背負ったヒロイン像は彼女によく似合っていた

――銀座のバーで働き始めた彼女は、そこに通ってくる文士たちと、次々に肉体関係を持った。

彼女がどれだけの文士と関係を持ったのかは判然としないようですが、小林秀雄、中原中也、坂口安吾とは確実に関係があって、小林と中原は彼女に求婚までしている。20歳の時には菊池寛《かん》の愛人になって、彼のお金で銀座のバーのママになるんです。でもバーの経営が不振でパトロンの菊池が手を引き、今度は河上徹太郎の愛人になる。河上とは戦時中に館山へ疎開し、戦後になると銀座へ戻り、今度は坂口安吾と同棲する。それは長く続かず、35歳の頃に『花影』の原作者・大岡昇平の愛人になるんですよ。何度も修羅場があったそうですが、2人の関係は8年ほど続き、大岡と別れた翌年の4月、睦子は周到に準備をして、自分のアパートで睡眠薬による自殺を決行するんです。亡くなったときは44歳でしたが、映画の葉子は30代後半に設定されていますね。また、この役を演じたとき、池内淳子さんは28歳でしたが、その孤独の影を背負ったヒロイン像は彼女によく似合っていると思いました。

――実際の坂本睦子は30年近く、いろいろな文士の体を渡り歩いたわけだが、映画ではヒロイン・

葉子の死に至る最後の１年ほどに凝縮して、人間像を描いている。

早くに血縁者をすべて失ったことが大きいと思いますが、彼女は本当の愛に飢えていたと思うんです。でも、彼女に言い寄ってくる男たちは、自分にとって都合のいい水商売の女としてしか見ない。有島一郎さん扮する弁護士の畑は葉子に求婚までするんだけれど、彼女が返事を濁すと、同じバーに勤めていた若い女性に乗り換えて、彼女に別の店を出させる。それを知った葉子が畑をなじると、彼は「水商売の女が」と言って、彼女の頰を思い切り殴るんです。誰もが葉子のことを、本気には思っていないんです。

――葉子にとって心のよりどころになっていたのが、骨董の目利きである高島。その彼も今では生活に困り、詐欺をはたらいて世間の信用をなくしている。それでも葉子は、高島に温かい目を向けて尽くしていく。

実はこの高島が、一番悪いヤツだと僕は思いました。後半で葉子が、「したいことをして死ねば、満足だわ」と言って、高島が「人間は自分の一生に、金輪際《こんりんざい》満足できるもんじゃないよ」と返すと、「じゃあ、いつ死んでもいいわね」と言う葉子に、「お葉が死ぬなら、俺だって死んでもいいぜ」と高島は言うんですが、この受け答えが上の空なんです。彼は葉子の人間性をよくわかっているけれど、大事な話を彼女がしても、ちゃんと受け止めようとはしない。後見人の立場を自任しながら、肝心なところから逃げている男で、本当にひどいヤツなんです。ただ、その表現は微妙で、佐野周二さんはそこをうまく演じていますね。

――誰からも愛されないと自覚した葉子は、自殺することを選ぶ。その直前、昔別れた松崎と久々に再会した彼女は、一緒に青山墓地へ夜桜を見に出かける。

この夜桜のシーンが、池内淳子さんもきれいですが、花の咲いている枝だけに照明を当てた画も素晴らしくて、カメラマンの岡崎宏三《こうぞう》さんの撮影が見事です。他にも葉子は自殺する前に三島に住む義母へ遺書を書くんですが、その遺書を投函する郵便ポストだけが異様に赤くて印象に残る。そういう岡崎さんの映像設計が、随所に生きている映画ですね。

## 銀座の高級クラブで、文士たちが水商売の女を弄ぶのが普通の世界。それが半世紀ちょっと前にあった

——愛を求めてさすらう、夜の銀座に生きた女性・葉子を描いた『花影』。誰からも本当に愛されない彼女は自ら死を選ぶが、鈴木はそこにかつてあった〝文壇〟という特殊な世界の闇を見た。

葉子のモデルになった坂本睦子さんは、いわゆる〝文壇バー〟の花形ホステスだったんでしょうが、文士たちは彼女を弄んだわけですよね。また文士だけではなく画家も、彼女と付き合った男たちは、誰もが自分の作品の中に彼女を描いていった。大岡昇平は『花影』で新潮社文学賞や毎日出版文化賞を受賞していますが、彼には奥さんもいたわけで、愛人とのことを書いた小説で亭主が賞を取って、奥さんはどう思ったんでしょうね。僕も文壇という言葉は耳学問で知っていて、ちょっとした憧れもあったんですが、その実態はこうなのかと。バーというか銀座の高級クラブで、文士たちが水商売の女を弄ぶのが普通の世界。それが今からたった半世紀ちょっと前にあったことが、ある意味衝撃でした。僕が徳間書店に入ったのは70年代初頭で、その頃の出版社の編集者は、もはや銀座に出入りしなかった。僕らが作家たちと会ったのは新宿のゴールデン街で、出版界も貧しくなっていたんです。そんな自分の体験も含めて、『花影』の世界とモデルの坂本睦子さんの人生には、いろいろ思うところがありました。

——男たちとは違った視点から、坂本睦子を見ていたのが随筆家の白洲《しらす》正子《まさこ》。青山二郎の弟子筋に当たる彼女は、睦子とも親しい間柄だった。彼女は睦子が自殺した直後に、「銀座に生き銀座

に死す　昭和文学史の裏面に生きた女」という睦子に関する文章を『文藝春秋』に発表している。映画『花影』の葉子は自分が愛した男に尽くす女性というイメージがあるが、白洲が描く睦子は「男が男の夢に描くにふさわしい理想の女体」の持ち主であり、「楽しそうに遊んでいても、一抹《いちまつ》の淋《さび》しさ」が漂う女性であり、男から次の男へと奪われていくたびに「月光の美しさを増していく」魔性の女性でもあった。また白洲は、睦子が直木三十五によって強姦まがいに処女を奪われたことで、不感症になったという噂も披露している。そして後見人的立場にあった青山二郎のことは、色恋の嵐の渦の外にいて、恋人でも彼女のファンでもなく、もしかしたら唯一の友達だったかもしれないと書いている。

この文章は大岡昇平が『花影』を発表する以前に書かれたものですが、後に白洲正子さんは「いまなぜ青山二郎なのか」という文章の中で、『花影』のことを非難しているんです。それは小説の中に、本当の睦子の人間像が描かれていないと。一方で『花影』は大岡昇平による、青山二郎批判ではないかということも言われていて、それは映画になった高島の葉子に対する態度を見ても、なるほどという部分はありますね。大岡昇平にしてみれば、青山二郎の睦子に対する煮え切らない態度が、彼女に死を決意させたのではないかと。真相は藪の中ですけれど、昭和の文壇を泳ぐように生きた睦子には、ある時代の女性の悲しさがあると思いましたね。

――『花影』を監督した川島雄三は亡くなった63年に、「自作を語る」というロングインタビューを受けているが、『花影』に関しては「原作のヒロインと池内淳子の年齢にズレがあって、そのへんに苦労しました」と、非常にコメントが短くて、そっけない。

でも川島監督らしい映画だと思います。池部良さん演じる大学教授の娘が足が悪いという設定にも、筋萎縮症だった自分のことが投影されていると思うし、長く生きられないという思いを常に抱えていた川島さんが、葉子に託したものが描かれていると思うんです。

## 『けものみち』の小滝は民子に愛しているそぶりを見せながら、彼女を鬼頭への貢物としか思っていない

——池内淳子は、東京で祖父の代まで8代続いた乾物屋の長女として生まれた。厳格で古風な祖父は、彼女を高校卒業後すぐに見合い結婚させようとしていて、それを嫌った池内淳子は家族に内緒で三越百貨店に就職。呉服売り場の売り子になった。その後グラフ誌のカバーガールに当選し、この写真に目をつけた宣伝マンの誘いで、54年に新東宝に入社。当初は清純可憐な役柄が多かったが、57年にジャズ歌手でボードビリアンの柳沢真一と結婚して、新東宝を退社する。

この結婚のことは子供ながらに何となく覚えているんですが、何でそんな人と結婚したんだろうと思いました。

——この結婚はうまくいかず、実質3カ月足らずで破局し、翌58年6月に協議離婚が成立。8月には早くも女優としてカムバックし、新東宝ではB級映画の脇役ばかりだったが、60年に日本初の〝昼メロ〟ドラマ『日日の背信』(フジテレビ系)に主演。当時としては驚異的な視聴率を獲得し、一躍〝よろめき女優〟として注目を浴びた。ここから大人の女としての魅力が発揮されるのだが、61年に新東宝が倒産。池内淳子はテレビに活路を求め、一方で東京映画と専属契約を結ぶ。その東京映画での第1回主演作が、『花影』だった。

ここから池内さんは、東宝の喜劇「社長」と「駅前」のシリーズで芸者役を演じるんですが、それはあくまで作品の彩りに過ぎなかった。でも65年、松本清張原作の『けものみち』に主演して強烈な印象を残すんです。

——64年に原作本が出版された『けものみち』は、病気で寝たきりの夫の世話をしながら、旅館の仲居をしていた民子(池内)が、お客でホテル支配人の小滝(池部良)に誘われ、今の生活か

ら抜け出すために、事故死を装って夫を焼き殺す。彼女は小滝の紹介で、政界の黒幕・鬼頭（小沢栄太郎）の愛人になり、男たちに弄ばれながら、けものみちへと堕ちていくというもの。監督の須川栄三、脚本の白坂依志夫《しらさかよしお》はピカレスクロマンの傑作『野獣死すべし』（59年）のコンビである。

松本清張さんは仲居をしていた女性から身の上相談の手紙をもらい、ひとりの女性の一生を7カ月くらいに凝縮して描こうと原作を書き始めたそうですが、目を引くのがこれはモデル小説でもあることです。原作者はその人物を特定していませんが、鬼頭は児玉誉士夫《よしお》、小滝は横井英樹をモデルにしていると想像がつくんです。

――児玉誉士夫は戦前からの右翼運動家で、戦後は自由民主党の結党にも資金提供の面で暗躍した政界の大物。ロッキード事件で76年に起訴されたが、映画が作られた60年代半ばには総理大臣の指名にも影響力を持つ、陰の実力者だった。片や横井英樹は白木屋の乗っ取り騒動をはじめ、強引なやり方で企業や不動産を買収した実業家である。82年に彼が所有するホテルニュージャパンで火災が起こり、33人が死亡。この事故でホテルに防火扉やスプリンクラーなどの設備がなかったことが発覚して、業務上過失致死容疑で逮捕された。彼は児玉誉士夫と、手を結んだり反目することを繰り返す仲だった。

児玉、横井が最も力のあるときに映画が作られたことがすごいと思うんです。作品に出てくる男たちは、すべて悪人ですからね。小滝は民子に愛しているそぶりを見せながら、彼女を鬼頭への貢物としか思っていない。鬼頭も民子を性の玩具としてしか扱わないんです。鬼頭役の小沢栄太郎さんのいやらしい感じとか、珍しく悪人を演じた池部良さんの非情な雰囲気など、男優陣がみんなうまいんですよ。

## 男に弄ばれているように見えて、実際は、その中で自分なりに生きようともがく女性を演じた

――横井英樹が所有していたホテルニュージャパンに、鈴木は特別な思い出がある。

僕が入社した徳間書店はホテルニュージャパンと関係があって、雑誌の対談や座談会があると、必ずこのホテルを使えという指令がくるんです。だからあそこには随分通いました。また『週刊アサヒ芸能』の記者として最初に原稿取りしたのが、安藤昇さんでしょう。その安藤さんは横井英樹を銃撃させた人で、この事件が元で安藤さんは逮捕、組は解散したんですから、何かこの映画で横井英樹をモデルにした池部良さんの小滝を見ていると、いろんなことが思い出されましたね。

――またこの映画にはもう2人、ヒロインの民子に絡む悪人の男が登場する。

1人は小林桂樹《けいじゅ》さん扮する刑事で、彼は民子が夫を焼き殺した事件を担当する正義漢の刑事として登場するんですが、やがて民子の魅力に溺れて、彼女の肉体を欲するようになる。そこから転落して悪に染まり、最後には政界の大物・鬼頭の手の者に殺されるんです。もう1人は鬼頭に、コバンザメのように仕えている弁護士を演じた伊藤雄之助さん。彼は鬼頭が病死すると、その利権を自分が受け継ごうとするけれど、あっけなく刺殺されてしまう。伊藤さんの大物になれない小悪党ぶりが印象的でした。この映画はキャスティングが見事で、最初と最後で違った顔を見せる小林桂樹さんとか、民子を本当に愛しているのか最後の瞬間まで分からない小滝役の池部良さんなど、善人のイメージがある俳優さんたちの使い方が素晴らしい。

――民子もまた、彼ら悪人たちの一人として映画は描き出している。

民子は寝たきりの夫との生活が嫌になって、小滝に誘われて、自分からけものみちへ飛び込んでいくんです。決して騙されて男たちの性の玩具になったわけではない。ここがポイントなんです。

だから彼女は鬼頭の愛人になるけれど、その家には大塚道子さん演じる女性もいる。彼女は鬼頭の昔の愛人で、その座を民子に奪われたんです。2人が喧嘩をする場面がありますが、これが凄《すさ》まじくて池内さんと大塚さんは本気で取っ組み合いをしています。自分の居場所を獲得するためには、女たちも戦っていく。ここに増村保造監督の若尾文子さん主演作を手掛けてきた、脚本の白坂依志夫らしいアプローチがある。立場的には男に弄ばれても、その中で自分なりに生きようともがく女性が描かれるんです。

――夫を焼き殺した後や、大塚道子を叩きのめした後、民子の眉が吊り上がり、まさにけもののような形相のメイクになっていく。

僕はそのメイクが、民子が男たちをバカにしてあざ笑っているようにも見えました。まるで小悪魔にも見えたし、総じて作品から感じるのは、色と欲と金でのし上がろうとする人間たち。原作者の松本清張さんは、結局人間はこの3つがすべてなんだと、どの作品でも言っている。それは昭和という時代が持っていた気分でもあって、僕も多感な時期にその時代の空気を体で知っていますから、自分の中にもそういうものがあると冷静に思いました。

――だが民子は最後に小滝の裏切りに遭い、風呂場で裸のまま焼き殺されてしまうのだ。

欲に徹することができず、小滝を愛してしまったために、彼女は悪党たちの中で敗北していくんです。でもこんな役を体当たりで演じた池内さんは、ただ者ではないと思いました。

――この翌年に池内淳子は、今度は純愛に身を焦がす薄幸の女性を演じることになる。

## 『けものみち』の体でのし上がろうとする女とは真逆の禁欲的なヒロインを見事に演じた

——『けものみち』(65年)に主演した翌年、池内淳子は加藤泰監督の『沓掛時次郎《くつかけときじろう》 遊侠一匹』(66年)に出演した。これは作家・長谷川伸《しん》の同名戯曲を映画化した〝股旅もの〟である。

股旅ものは長谷川伸さんが考えたジャンルですが、これはふらりと現れた主人公が、事件を解決して去っていくのがパターンなんです。僕が宮崎駿の『ルパン三世 カリオストロの城』(79年)を最初に見たとき、すぐに思い出したのが長谷川伸の世界でした。宮さんは東映の映画ばかり見ていたから、絶対その世界は知っているはずなんですよ。

——『沓掛時次郎 遊侠一匹』に描かれるのは、旅をする渡世人の世界。彼らは宿場の親分の家に草鞋《わらじ》を脱ぐと、そこには一宿一飯の恩義ができて、もしも喧嘩があれば命懸けで助っ人をしなくてはいけない。だが、萬屋錦之介《よろずやきんのすけ》(当時は中村錦之助)扮する時次郎は、無益な喧嘩に駆り出されるのが嫌になっている。

時次郎は喧嘩の気配を察すると、助っ人を頼まれる前に旅立ってしまうんです。彼の弟分・身延《みのぶ》の朝吉(渥美清)は、時次郎の行動が仁義に欠けると自分一人で喧嘩に行って、無残に殺されてしまう。原作にこの朝吉のエピソードはなくて、脚本の鈴木尚之さんと掛札昌裕《かけふだまさひろ》さんの創作です。加藤泰監督は原作の世界を大事にしたいと、この部分をカットするように言ったそうですが、鈴木さんは「脚本が気に入らないなら、君が監督を降りなさい」と言い放ったとか。そこは巨匠・内田吐夢監督と仕事をしてきた鈴木さんですから、一歩も引きませんよね。結果的にこの映画は、朝吉のエピソードが前段にあることで、渡世人の世界に嫌気がさした、時次郎の心情がより色濃く出て、名編になったと思うんです。

——作品の主題は、時次郎の許されない純愛を描いたラブストーリーである。朝吉の死後、時次郎は草鞋を脱いだ家の親分から、六ツ田の三蔵（東千代之介《あずまちよのすけ》）を斬ってくれと頼まれ、断れなくなる。彼は三蔵と1対1の勝負をしてこれを倒すが、三蔵に妻のおきぬ（池内）と息子の太郎吉を親戚のところまで送り届けてくれと頼まれる。ここから自分が殺した男の妻子と、時次郎との旅が始まるのだ。

おきぬはなぜ、夫を殺した男と旅することを受け入れるのか。彼女は筋目が通ったやくざである三蔵の妻ですから、時次郎がやむなく三蔵を斬ったとわかるんですが、それ以前にね。彼女と時次郎は同じ渡し船に乗り合わせて、出会っているんです。このとき、おきぬは時次郎に柿を手渡す。加藤泰は季節の果物を効果的に使う監督でしたが、ここでの柿も2人の愛の始まりを予感させて印象に残ります。時次郎は柿のお礼に、おきぬの息子・太郎吉を肩車して、ある丘まで2人を送っていく。ここでのホリゾントに描かれた青空がいいんです。背景が絵で固定されているから、見る方は俳優の芝居に集中できるんですよ。それでいて、空の美しさだけ残るんです。

——一度出会っていた2人は、最初ぎくしゃくしながら旅をしていくが、やがてお互い惹かれ合うようになる。

結局、三蔵の親戚はすでに亡くなっていて、時次郎は自分の故郷・沓掛におきぬたちを連れて行こうとするんですが、おきぬは病気になってしまう。寝付いた彼女の看病をするうちに、また2人の仲は深まっていく。それで病気が快方に向かい、そろそろ旅に出られそうだというある日、おきぬは忽然《こつぜん》と姿を消すんです。一度も触れ合うことなく、離れ離れになる男女。池内さんは、『けものみち』の体でのし上がろうとする女とは真逆の、禁欲的なヒロインを見事に演じていますね。

——ここから2人の愛はどうなっていくのか。

## 愛する男に今の自分ができる精一杯の化粧。これが最期の化粧に……

——これ以上時次郎に世話をかけたくないという思いから、息子の太郎吉とともに姿を消したおきぬ。それから1年後、雪の降る旅籠《はたご》の一室で時次郎は宿の女将に、自分の胸の内を語りだす。

時次郎は友人の話として、自分が斬った男のおかみさんに、いつの間にか心を寄せていた男の話を語る。斬った男からおかみさんにと託された櫛を、彼女になかなか手渡せなかったのは、おかみさんへの思いが募ったからだったと。自分の汚い気持ちに気付いてやっと櫛を渡したが、そのおかみさんは櫛を残して姿を消してしまったというんですよ。ここは萬屋錦之介の一人語りで、約3分間フィックスで撮影されている。それが許されない純愛に苦悩する男の心情が吐露されていて、映画の中の名場面。彼の話を聞く宿の女将に扮した中村芳子さんの話の邪魔をしない受け答えも絶妙で、素晴らしいシーンですね。

——この時次郎の独白が終わる頃、どこからともなく追分節《おいわけぶし》の音色が聞こえてくる。これがおきぬがいつも得意の三味線《しゃみせん》で弾いていた追分で、急いで外に出た時次郎は、ついにおきぬと再会を果たすのだ。

おきぬは再び病気が重くなっていて、時次郎はその治療代を稼ごうとするんだけれど、やくざ者の彼には大金を稼ぐ術《すべ》がない。原作通りの展開ですが、時代劇をリアリズムで描こうとした加藤泰監督らしい流れですね。やくざの世界では腕も立ち、名前が知られた時次郎だけれど、堅気の中に入ると、ひとりの女性も助けることができない。結局彼は、大金目当てにやくざの喧嘩の助っ人を引き受けることになるんです。

——金さえあればおきぬに高価な薬を与えてやれる。それだけを望みにして、時次郎は死地へと赴いていく。一方、時次郎の帰りを待つおきぬは徐々に体が弱っていく。

加藤泰監督は『風と女と旅鴉《たびがらす》』（58年）で主演の萬屋錦之介をはじめ、出演者全員をノーメイクにして、しかもすべて同時録音でセリフを言わせて自然な雰囲気を出そうとした。ここでも特におきぬの池内淳子さんは病気という設定ですから、ほとんどメイクをしていないんです。その彼女が、時次郎が帰ってきたときに自分の見苦しい姿を見せたくないと、初めて唇に紅を差すんです。愛する男に今の自分ができる精いっぱいの化粧。これが彼女の最後の化粧になるんですよ。

――時次郎は生還するが、おきぬは亡くなり、やくざ渡世から足を洗った彼は、太郎吉を連れて去っていく。また『沓掛時次郎　遊侠一匹』は池内淳子、萬屋錦之介にとっても、ある世界から足を洗った作品でもあった。

池内さんはこの後、テレビドラマに力を入れて、映画は『男はつらいよ　寅次郎恋歌』（71年）のマドンナ役が目立ったくらいで、他は「駅前」シリーズなどの顔見せ程度の出演になっていくんです。萬屋錦之介さんも当時の東映は任侠映画全盛で、この映画が作られた66年の8月に東映を離れてフリーになる。かつて東映時代劇のスターだった彼が、最後にどうしても作りたくて残した作品が、この映画だったんです。加藤泰監督にしても、この後、任侠映画の「緋牡丹博徒《ひぼたんばくと》」シリーズ（69～71年）で秀作を作りますが、東映でいわゆる時代劇の監督作はこれが最後になった。そしてこの後、東映時代劇の全盛期は再びやってくることはなかったんです。そういう意味でも監督、俳優たちのターニングポイントになった時期に生まれた、忘れられない一本でした。

――時代劇の季節が終わるとき、奇跡的に生まれた名編。その中で池内淳子はスクリーンに咲いた、忘れられぬ一輪の花であった。

# 多岐川裕美

## ぼくがスタッフだった『コミック&コミック』の編集部にデビュー前の多岐川さんが尼僧の衣裳で挨拶に来た

——今回取り上げる多岐川裕美《たきがわゆみ》は、東映映画『聖獣学園』（74年）の主演に抜擢されて、女優デビューしている。だが彼女のことを語る前に、鈴木敏夫の個人史から話を始めよう。

僕は慶應義塾大学の学生時代、東映の入社試験を受けているんです。当時映画会社は社員を募集していなかったんですが、東映だけ募集があった。でもその募集要項がちょっと変だったんです。試験を受けて面接に行くと、「今年は葬儀部門を充実させたいので、そっちを君にやってもらいたい」と言われました。

——当時の東映は、初代社長の大川博が71年8月に亡くなり、その後を継いだ2代目社長・岡田茂が映画以外の部門で子会社を設立し、多角経営に乗り出していた。ラーメン店、マージャン店、パチンコ店、金融業、ゲームセンターなど多様な業種に進出したが、その一つに葬儀業があったのである。

僕はそっちへ行く気がなかったので映画の話をしていたら、ある役員が「君は葬儀屋には向かないみたいだから映画の方を紹介しよう。京都と東京、どっちがいい」と言われたんです。つまり京都と東京、どっちの撮影所で働きたいかと。ただ撮影所は本社と給与体系が違っていて、賃金が安い。ちょっと悩んで、やめました。その少し前には、映画関係だと実相寺昭雄《じっそうじ》さんからも誘いがあったんです。実相寺監督の『無常』（70年）を見に行って、そのポスターがどうしても欲しくなってね。映画館の事務所まで行ったことがあるんですよ。ちょうどそのときに実相寺さんがいて、「君、映画が好きだったら、僕のところで手伝わないか」と言われたんですが、これも給料が安いというのでやめました（笑）。

――こうして映画業界への就職をやめた鈴木は、72年4月から徳間書店で編集者の仕事に就く。最初は『週刊アサヒ芸能』の記者だったが、73年にアサヒ芸能の別冊として成人向け劇画雑誌『コミック&コミック』が創刊され、彼はその編集部へと転属した。

この劇画誌は、東映の監督たちに原作を書かせて、それを劇画にして掲載するという構想で始まったんです。ウィキペディアなどの記述を読むと、『コミック&コミック』は東映の岡田茂社長と徳間書店の徳間康快《やすよし》社長が企画したことになっていますが、その渦中にいた僕の印象だとね、『週刊アサヒ芸能』では山口組3代目組長の田岡一雄さんの自伝を連載していて、それを映画化するときに仲介したのが東映のプロデューサー・足立和《やわら》さんだったんです。徳間側には小金井道宏さんという方がいて、この2人で徳間書店の原作を東映で映画化するということをやっていた。だから『コミック&コミック』も、実質的には足立さんと小金井さんとの付き合いの中で生まれた雑誌だと思いますね。岡田さんと徳間さんは最終的に承認しただけだと思います。

――この『コミック&コミック』には工藤栄一、中島貞夫、石井輝男、鈴木則文《のりぶみ》、深作欣二ら、当時第一線で活躍していた東映の監督たちが原作者として名を連ねた。その中から生まれたのが、鈴木則文：原作、沢田竜治：作画による『聖獣学園』だったのである。

正直、『聖獣学園』は人気がなかったですね。僕が編集者として担当したのは、中島貞夫さんと石井輝男さん。中島さんはタフな方で、飯を食おうとなると16時間、ぶっ続けて酒を飲みながら食べるんです。でも面白い人でした。それで自分が原作を書くなら、絵は上村一夫しかいないと言い出して。当時の上村さんは売れっ子でしたから、説得するのが大変だった。でも中島さんとのコンビで『ラブ』という観念的な作品を描いてもらいました。

――徳間書店から創刊された劇画雑誌『コミック&コミック』。その編集者となった鈴木は、原作を書いた東映の監督たちと親しく付き合うようになった。

一緒に食事をした印象だと、石井輝男さんは本当にいい人でした。ただ「僕が本当にやりたいのは、『火の鳥』なんだ」と言うから、僕は腹の中で「あなたは『火の鳥』とは、違うんじゃないですか」と思っていましたがね（笑）。監督の皆さんは映画を作るのに忙しいですから、劇画の原作は、発想は面白いけれど結構いい加減に書いてくるんです。しょうがないから劇画家は、好きなように変えてしまう。そんなときでも石井さんは、「僕らは映画を作るとき、脚本を大事にしたことがないんだ。だから原作を変えられることに何の抵抗もないよ」と言っていました。他にも深作欣二さんはこっちの理屈が通じるわかりやすい人だと思ったし、工藤栄一さんは真面目でした。このとき東映の監督たちに編集者として出会ったのは、面白い縁だと思いましたね。もしも僕が東映の試験を受けたときに撮影所へ就職していたら、おそらく現場では下っ端で、こんな形で話すことはなかったですから。

――その『コミック&コミック』の編集部に、ある日1人の新人女優がやってくる。

原作の映画化が決まって、『聖獣学園』に主演する新人だといって多岐川裕美さんがデビュー前、挨拶に来たんです。彼女は当時、東京駅近くでアルバイトしているのを鈴木則文監督がスカウトした、まったくの素人。申し訳ないけれど、そのときは不良っぽい少女だなという印象でした。

## 体当たり演技で話題を集めたが興行的には惨敗

――74年2月に公開された『聖獣学園』は、シスターだった母親の死の真相を探るため、修道院へ入った多岐川魔矢を主人公にした、エロチックバイオレンス。多岐川裕美はヌードや濡れ場を吹き替えなしで演じ、新人ながらその体当たり演技で話題を集めた。

全裸にバラのつるをまかれて拷問されるシーンのビジュアルが出回りましたが、内容はひどかったですね。修道院の中でリンチや信仰心を試される拷問が次々に出てくるんですから、ヨーロッパで公開されたときは、すぐに上映禁止になったそうです（笑）。公開時は多岐川さんが注目されましたが、興行的には惨敗。鈴木則文監督も、何をしたかったのかよくわからない作品でした。鈴木さんは『コミック&コミック』時代に知り合った監督の中でも、人間的に捉えどころのない人でしたね。

――このデビュー作以降、ヌードばかりが話題になったことが原因か、多岐川裕美はどの作品でも脱ぐことを拒否。その意思は固く、梶芽衣子の後を継いだ『新・女囚さそり701号』（76年）でも強姦されるシーンでヌードにならず、ヒロインに抜擢されたテレビドラマ『飢餓海峡』（78年）も、ヌードを拒否して降板している。

僕は、それがよかったと思うんです。彼女のその後の女優人生を見ると、いわゆる色物の路線へ行かなかった。最初はその感じで注目されたけれど、そこからは、どちらかといえば清純派の路線に入っていくんですよ。

――そのきっかけが大河ドラマ『風と雲と虹と』（76年）の主人公の恋人・小督《こごう》役で、続くNHK少年ドラマシリーズ『七瀬ふたたび』（79年）では超能力を持つヒロインを演じ、清純派のイメージは決定的

多岐川裕美（1980年）

になる。だがその前に、彼女はある作品で強烈な印象を残した。それが深作欣二監督の『仁義の墓場』（75年）である。

『仁義の墓場』は、藤田五郎さんの原作本が徳間書店から出ていたんです。そんなこともあって僕は期待して見に行きましたが、予想を超える傑作だったんですよ。

## まったく救いのないこの映画の中に咲いた花一輪という感じの聖女だった

——75年2月、深作欣二監督、渡哲也主演の『仁義の墓場』が公開された。当時の深作監督は『仁義なき戦い』5部作を完結させ、続く『新　仁義なき戦い』（74年）を作り終えたばかり。また渡哲也は大河ドラマ『勝海舟』（74年）の主役に抜擢されたが、胸部疾患のために途中で降板。11カ月の療養期間を経て、この映画が復帰作だった。

当時の僕は、『コミック&コミック』が74年9月に休刊したので、『週刊アサヒ芸能』編集部に戻っていました。『週刊アサヒ芸能』の記者は取材や原稿書き、写真を撮るのもすべて一人でやるのが流儀だった。そんな自分に重ね合わせた部分もあったんですかね。この映画の主人公・石川力夫にすごく感情移入したんです。

——石川力夫は実在のやくざで、戦後の闇市の中で新宿のやくざの組員になり、組長の制止も聞かずに暴れ回った一匹狼。果ては組長に重傷を負わせて関東から所払いになり、一時は大阪に潜伏するが、ここで覚醒剤中毒になってしまう。兄弟分を頼って東京に舞い戻るが、覚醒剤欲しさに金の無心がひどくなり、いさかいから兄弟分を襲撃。さらにその1週間後、兄弟分を射殺した。最後は府中刑務所の屋上から飛び降りて自殺。享年30であった。

言ってみれば石川力夫は、やくざの義理や組織の掟を無視して、ひとり破滅への道を突き進んだ男。それまでのセオリーに捉われない、伝説のやくざだった。

東映のやくざ映画には2種類あって、ひとつは組織の中での個人を描いたもの。これは『博奕打《ばくちう》ち　総長賭博』（68年）などの山下耕作監督が得意とした。もうひとつは一匹狼のやくざで、こっちは「緋牡丹博徒」シリーズなどの加藤泰監督が得意だったんです。深作欣二はその両方を手掛けた監督で、組織の中の個人を描いた代表作が『仁義なき戦い』なら、一匹狼を描いた映画では、この『仁義の墓場』が最高傑作ですね。

——病み上がりの渡哲也は、覚醒剤で精神をむしばまれていく石川力夫を、まさに入魂の演技で表現した。撮影は真冬の1月で、脚本がなかなかまとまらず、スケジュールは強行軍。だが彼は休憩中も椅子に座らず現場に立ち続け、最後の方では点滴を打ちながら破滅していく男になりきったという。

渡さんは日活の「無頼」シリーズに主演しましたが、あの人斬り五郎も一匹狼のやくざでした。だからその延長線上にあると思って僕はこれを見ていたんですけれど、こちらは本当に夢も希望もない。兄弟分を殺した後、仮出獄した石川は、生前に自分の墓を建てるんですけれど、そこには自分と兄弟分の名前を彫った。それが彼にとっての、筋目の通し方だったんでしょうね。僕は映画を見た後、新宿に実在する石川力夫の墓をお参りしたんです。それぐらい、この映画が好きでした。

——すべての人間が石川から離れていく中、妻の地恵子だけは、彼を支え続ける。この地恵子を演じているのが多岐川裕美。

正直、あの渡哲也が初めて東映のやくざ映画に主演するというのにね。相手役が多岐川裕美さんと聞いて、がっかりしたんです。ところが、この地恵子が素晴らしかった。最初は追われた石川力夫が偶然出会った彼女の部屋に隠れて、そこで地恵子を犯してしまう。ここから2人の関係が始まるんですけれど、力夫が関東を所払いになるときにも、彼女は身を売って逃走資金をつくり、覚醒剤中毒になってからも、血を吐きながら彼のためにお金をつくる。まったく救いのないこの映画の中に咲いた花一輪という感じの聖女を、多岐川さんは見事に演じていました。

## 深作映画の魅力は凶暴と無垢。イノセンスの象徴として地恵子は存在する

——主人公・石川力夫の妻・地恵子を演じた多岐川裕美。劇中では、なぜこの女性が石川に惹かれ、破滅へと突き進む彼を支え続けたのかは描かれない。彼女の〝自我〟がわからないのだ。

そこがいいんです。深作さんは凶暴と無垢（イノセンス）。その両極端が好きなんですね。この映画で凶暴を体現したのが渡哲也さんの石川力夫なら、イノセンスの象徴として地恵子は存在する。また渡さんが、徹底して破天荒に生きる男を演じたでしょう。実は深作さんは『人斬り与太　狂犬三兄弟』（72年）でも、主人公のモチーフとして石川力夫を取り上げていますが、そのとき、石川をモデルにした主人公・権藤を演じたのは、菅原文太さん。ただ文太さんは根が明るいから、石川が持つ暗さは出せない。やはり渡さんだから演じられた孤独な一匹狼であり、無軌道な凶暴さだったと思うんです。『仁義の墓場』で再び石川力夫を取り上げるにあたって、深作さんは助監督の梶間俊一さんに、彼の戸籍まで調べさせているんです。また石川は深作さんと同じ水戸の出身で、監督には住んでいる人の気質も含めて、土地勘があった。そこからわかったことを脚本に入れ込んで物語を作っていますが、地恵子に関してはわからないことが多い。彼女は石川と入籍した1週間後に自殺しているけれど、なぜ死んだのかはわからない。映画はそのわからないことをそのまま描いて、イメージだけをかき立てるんです。だから逆に、すべての余白を受け止めて演じた、多岐川さ

んのイノセンスな魅力が引き立っていて、とても印象に残るんですよ。

――その後も多岐川裕美はテレビドラマ『柳生一族の陰謀』（78〜79年・関西テレビ、フジテレビ系）、映画『復活の日』（80年）、『いつかギラギラする日』（92年）と深作欣二作品に出演していった。

おそらくそれは、深作さんの多岐川さんへのお礼だったと思いますね。『仁義の墓場』の地恵子のように理屈では測りきれないヒロインというのは、深作映画の中でも特殊だと思うんです。それを彼女は、監督が満足する出来で演じてくれた。それ以上のことは、もうないと思うんですね。だから以降の作品は、あのときよくやってくれたねっていう、深作さんからのお礼を込めた起用だという気がしました。だってその後は地恵子のような役に、彼女は二度と巡り合わなかったんですから。

――またこの映画では、撮影の仲沢半次郎のカメラも効果を上げている。

仲沢さんは『人斬り与太　狂犬三兄弟』の撮影も担当していますが、この実録やくざ映画を印象的な映像で彩っています。冒頭は石川力夫の少年時代の写真にかぶせて、実際の彼を知っている人たちにインタビューした声が流れるんですけれど、そこからモノクロ、セピア、カラーの映像を縦横に組み合わせて、独特の雰囲気をつくり出している。移動撮影を多用してドキュメンタリータッチに見せるところがあれば、石川が警察に追いつめられて廃屋にこもったときや、地恵子の墓にお参りしたときに見る〝赤い風船〟の赤をイメージとして強調して見せる。アクションの中に叙情性を挿入して、どのシーンも忘れられない印象を残しているんです。

――鈴木が、今でも疑問に思っていることがある。それは深作欣二がなぜ、ここまで救いのない破滅的な人生を送る、やくざを描いたのかということだ。

深作さんは一方で『仁義なき戦い』の新シリーズを始めて、組織の中の個人を描くやくざ映画に限界を感じていたのかもしれない。でもそれに対する反動だけとは思えない暗さが、この作品にはある気がするんです。

## 『仁義の墓場』は忘れられない１本。だから大好きな女優を語る上で裕美さんは外せない

題材は東映のプロデューサー・吉田達《とおる》さんからの依頼だったそうですが、深作監督もそれに乗って、渡哲也さんに出演交渉をしているんです。だから深作さんは、この題材に興味があったんですね。ではどうして、こんな暗くて救いのないやくざの話に惹かれたのか。それはやはり、深作さんの戦争に対する思いが関係している。深作さんは15歳で終戦を迎えていますが、その頃、勤労動員で兵器工場に通っていた。すると45年7月にその兵器工場が米軍の艦砲射撃で夜半に攻撃され、翌日深作少年は亡くなった死体の片付けを手伝っているんです。この頃彼は、「どうせ死ぬんだから、それはいい。でも肉体がバラバラになったら、さぞ痛いだろうな」と思っていたとか。そこで植え付けられた死生観。どうせ死ぬならやりたいことをやってやれという思いは、『仁義の墓場』で最後に石川力夫が遺書として独房に書き残した、「大笑い、三十年のバカ騒ぎ」に通じるものを感じるんですよ。

――その一方で、実録やくざ映画の旗手といわれた深作欣二は、リアリズムの人ではないと鈴木は感じている。

深作さんの描くアクションはどれも嘘っぱちでリアルではないですね。『仁義の墓場』でも府中刑務所の屋上から飛び降り自殺する石川力夫が地面に叩きつけられたときの大げさな血しぶき。あれは見せ物の感覚ですよ。

――実際、晩年の深作監督にインタビューしたとき「いちばん作りたい映画は？」と聞いたら、即座に子供向けの娯楽時代劇『新諸国物語　紅孔雀《べにくじゃく》』だと監督は言っていた。

個人的な体験からくる真情とは別に、深作さんが本当にやりたかったのは見せ物の面白さですよね。それが『魔界転生』（81年）や『里見八犬伝』（83年）といった、見せ物としての時代劇になっていく。中でも『新諸国物語　紅孔雀』は、54年にラジオドラマとして人気を呼び、この年の12月から東映で5部作の映画になって大ヒットした。この頃、深作さんは東映に助監督として入社しているんです。思い入れは深かったでしょうね。それでいうと、この年に中学生だったのが宮﨑駿で、宮さんも「新諸国物語」シリーズが大好きだった。だから『風の谷のナウシカ』（84年）には、「新諸国物語」の影響がありますよ。同じようなものが好きだった2人には、共通性を感じるんです。『仁義の墓場』で深作さんが石川力夫と妻・地恵子に仮託して描いた、凶暴と無垢（イノセンス）。これが宮さんの場合は、『ルパン三世　カリオストロの城』（79年）ではイノセンスがクラリスで、凶暴がカリオストロ伯爵ですよね。『風の谷のナウシカ』だとナウシカとクロトワ、『天空の城ラピュタ』（86年）では、それがシータとムスカになる。作品のタッチはもちろん違いますけれど、どこか相通じる何かを2人には感じるんです。

――2人の監督には、根本に物語の面白さを据えた世界観を構築しようとする、「新諸国物語」を原点とした共通の感覚があったのだろう。さて『仁義の墓場』で無垢なるヒロインを演じた多岐川裕美はその後、映画『殺人がいっぱい』（91年）などでコメディエンヌとしても魅力を発揮し、テレビドラマ「鬼平《おにへい》犯科帳」シリーズ（89〜07年）では28年間にわたって、主人公・長谷川平蔵の賢夫人・久栄を演じ続けた。

多岐川裕美その人の〝本気〟が感じられたのは、僕にとって『仁義の墓場』1本でした。でもそれが、忘れられない1本になった。だから大好きな女優を語る上で、どうしても外せない一人が多岐川さんなんです。

## 星由里子

### 「若大将」シリーズは、ぼくらが大学に抱いていたイメージがすべて吹っ飛んだ映画だった

――女優・星由里子《ゆりこ》は58年に東宝が募集した「ミス・シンデレラ娘」で優勝し、東宝に入社。『すずかけの散歩道』(59年)で映画デビューし、浜美枝、田村奈巳と共に「東宝スリーペット」の一人として売り出された。彼女の人気を決定的なものにしたのが、61年からスタートした加山雄三主演の「若大将」シリーズで、星由里子は加山扮する若大将こと田沼雄一と毎回恋に落ちるヒロイン・澄子(愛称は澄ちゃん)を演じた。澄ちゃんが登場したのは、シリーズ第1作『大学の若大将』(61年)から『リオの若大将』(68年)まで11作品。これは鈴木敏夫の中学、高校時代とぴったり重なる。

僕が中学校に入った年に「若大将」シリーズが始まって、最初はおばさんに連れられて第1作を見に行ったんです。以来すべてリアルタイムでシリーズを見ましたが、当時は名古屋にいたでしょう。衝撃だったのは「若大将」シリーズによって、それまでの大学生のイメージが払拭されたんです。大学は勉学をするところで、僕らの前の世代までは行くのが難しい場所でもあった。それが「若大将」を見ると東京で大学へ入ったら、まず運動をしなくてはいけない。ギターも弾けなきゃいけないし、歌も歌わなきゃいけない。夏は海へ行って、冬はスキーに行かなきゃいけない。あげくの果ては恋をしなきゃいけない。勉学以外にやることが多くて、僕らが大学に抱いていたイメージがすべて吹っ飛んだんです。

――「若大将」シリーズの基本的なストーリーは、主人公は老舗のすき焼き屋「田能久」の息子で、

京南大学に通う田沼雄一。彼はスポーツ万能で、第1作の水泳を皮切りに、スキーやヨットなど、さまざまなスポーツ部で花形選手として活躍する。彼は毎回違った職場で働く澄ちゃんと恋に落ち、同じ大学に通うライバル・青大将（田中邦衛《くにえ》）も澄ちゃんに惚れて、恋とスポーツで若大将と張り合うことになる。最後はスポーツの大会で若大将が活躍して、澄ちゃんのハートも射止めて大団円を迎える。基本的に1話完結で作品ごとに関連性はなくて、物語の展開は毎回同じ。恋とスポーツとレジャーを楽しむ、若大将のキャンパスライフが描かれていく。

大食漢という設定をはじめ、スポーツが得意で歌がうまいことまで、演じた加山雄三さんに合わせて若大将のキャラクターが作られていったんですが、僕なんかはもろに影響を受けました。すごく印象的だったのは、64年には「若大将」シリーズが作られていないんです。この年に加山さんは、黒澤明監督の『赤ひげ』（65年）に出演していて、その撮影に1年以上かかった。僕らは「何で、若大将をやらないの？」と思って、すごくショックだったんです。それで完成した『赤ひげ』を高校1年生のときに見るでしょう。そこに出ている加山さんを見ても、面白いと思えなくて。でも『海の若大将』（65年）でシリーズが復活して、次の『エレキの若大将』（65年）が爆発的な人気を呼ぶ。僕のクラスでは、みんなが見ていましたから。でもこの映画、今もパンフレットを持っているんですが、併映作が『怪獣大戦争』（65年）で、メインはそっちなんですよ。劇中歌の「君といつまでも」が300万枚のトリプルミリオンセラーになった『エレキの若大将』が添え物扱いで、また「何で？」と僕らは思うわけですよ。だって僕は映画に影響されて、友だちのエレキギターを借りて練習しましたから（笑）。とにかく高校までは「若大将」に憧れて、その先に待っている大学生活をイメージしていましたね。

## 澄ちゃんは「清く正しく美しい」という東宝のイメージを体現していました

――そして鈴木は67年に慶應義塾大学に入学する。

「若大将」シリーズの主人公・田沼雄一は京南大学に通っている設定だが、演じた加山雄三が慶應義塾高校からスライドして大学に進んでいたことを考えると、そのモデルは明らかに慶應義塾大学である。「若大将」の通う大学に入った鈴木は、そこに田沼雄一のようなキャンパスライフがあると思っていた。だが、現実は違っていた。

僕らが大学に入る頃に朝日新聞の記事で、「今や4人に1人が大学生になる時代。もう、日本の大学は終わりだ」というのが出たんです。もはや勉学の最高学府としての大学には、何の意味もなくなったと。確かに僕らは勉学ではなくて、「若大将」のような大学生活を送るために、大学へ行こうと思っていましたから。中学時代から、ギターを買って弾く練習をして、やがてエレキギターにも手をつけて。それはすべて大学生活を楽しむための準備だったんです。ところが大学に入って、ギターを抱えてキャンパスへ行ってみると、誰もギターを持ってきていない。別にスポーツを一所懸命やっているわけでもなくて、やがて学生運動が盛んになってきて、夢見たキャンパスライフはすべてご破算になるんです。

――「若大将」シリーズの大学生活は、映画の中にだけ存在するのだと実感した鈴木は、シリーズに対する熱が冷めていく。

リアルに大学生活を送っている僕らには、嘘くさかったですよね。でもシリーズの影響が人生のエピソードもつくるんです。大学に入った当初は、恋人をつくろうと僕なりに頑張ったし（笑）、大学1年生の夏には逗子《ずし》の海岸へアルバイトに行ってね。みんなでバイトが終わった後に海岸でギターを弾いていたら、変なお兄さんたちが寄ってきたんですよ。「うちの親分が、来てくれと言っている。親分が歌うからおまえ、伴奏できないか」と言われました。しょうがないからみんなで行って親分の歌に合わせて伴奏したんです。それで終わった後に「おまえら、何食ってもいいぞ」って、そこにあった海の家の食い物を全部、ごちそうになりました。これは忘れられません。ギターの伴奏ができるようになったのも、恋愛をしたのも、本を正せば「若大将」の影響ですからね。気分的にはシリーズから熱は冷めていくんですけれど、慶應義塾大学の日吉校舎では毎年、加山雄三さんのコンサートが開かれていたんです。そんなこともあって、いまだに僕は加山さんの写真集やレコード、LPを全部持っているんですよ。

――そんな「若大将」シリーズに欠かせないヒロインとして登場していたのが、澄ちゃん役の星由里子。鈴木にとっての星由里子は、澄ちゃんのイメージが原点にある。

星さんの澄ちゃんは、「清く正しく美しい」という東宝の女優のイメージを体現していました。働く女性で自分の意見を言う気の強さがあって、きれいで、スタイルも抜群。しっかり者の美人なんです。そんな澄ちゃんのイメージが、61年に始まった「若大将」シリーズで刷り込まれました。一方で彼女は、翌62年に獅子《しし》文六原作の『娘と私』や『箱根山』、石坂洋次郎原作の『河のほとりで』と、文芸作品にも出演しているんです。これらの作品はテレビドラマにもなっていて、僕はどっち

星由里子（1967年）

も大好きで見ていました。『箱根山』と『河のほとりで』は、映画だと星さんの恋の相手役が加山雄三さんで、これがドラマだと男優は勝呂誉さんで、女優は『箱根山』（63年・TBS系）が島かおりさんで、『河のほとりで』（64年・TBS系）が夏圭子さん。どれも面白いですが、テレビの方が原作に忠実な映像化でしたね。

――澄ちゃん以外の役を、星由里子はどのように演じていったのか。

## 映画が斜陽産業になっていったことで閉ざされた大女優への道

獅子文六原作の『娘と私』は、日本人の父親とフランス人の母親との間に生まれた娘を、母親が帰国したために、男手一つで育てていく父親の物語なんです。父親は山村聰《そう》さんで、後に彼の後妻になるのが引退直前の原節子。成長した娘を星由里子さんが演じているんですけれど、大正14（1925）年に娘が生まれてから、娘が外交官の男と結婚して親元から離れていくまでの二十数年間を、堀川弘通監督が丁寧に描いた家族のドラマです。2時間を超える大作ですけれど星さんは後半に登場して、娘の将来を心配する両親の気持ちをよそに、自分で結婚相手を決めて、実母の母国であるフランスへ旅立っていく、精神的に自立した女性を演じました。どこか「若大将」シリーズの澄ちゃんに通じるものがありましたね。

――観光地の箱根を舞台に、長年反目している旅館同士の娘と息子の恋を描いた『箱根山』では、「若大将」シリーズの加山雄三と星由里子のコンビが、やはり恋に落ちるカップルを演じている。石坂洋次郎原作の『河のほとりで』でも2人は恋人になるのだが、ここではちょっとひねった関係性が描かれる。

星さんは山村聰さんと草笛光子さんの娘で、加山雄三さんは淡島千景《あわしまちかげ》さんと加東大介さんの息子。草笛さんと淡島さんは昔、親友だったんですが、草笛さんが親友の夫だった山村さんを奪い取って結婚した。それ以来、彼らは疎遠になっているんです。映画は山村さんと淡島さんが偶然再会したところから始まって、2人の子供の星さんと加山さんが同じ大学に通っているとわかり、惹かれ合う。ところが加山さんは、淡島さんが経営する旅館のお手伝いである池内淳子さんと関係を持っていて、それを知った星さんは、「不潔だわ」と加山さんをいったんは拒否するんです。結局、池内さんは結婚相手を見つけて加山さんとの関係を清算し、草笛さんと淡島さんは長年のわだかまりを話し合うことで解消して、星さんと加山さんの2人も和解する。2つの世代の性が絡んだ男女関係を、千葉泰樹監督が絶妙のさじ加減で描いていて、これは再評価されてもいい映画だと思いますね。星さんは「清く正しく美しい」という、いつもの東宝のイメージを踏まえながら、両親に対しても恋人の加山さんに対しても理解を示す、精神的に成長していくヒロインをうまく演じていました。

――「若大将」のアイドルから、文芸作品のヒロインをやることで演技者としてもキャリアを積んで、星由里子の前途は明るいものだと思われたのだが……。

彼女の前には、例えば青春映画のヒット作『青い山脈』(49年)などもやれば、小津安二郎映画にも出演した原節子さんとか、子役から天才とうたわれて、『浮雲』(55年)などの名作に出演した高峰秀子さんなど、大女優になっていった東宝の女優さんたちがいるわけですよね。でも星さんの場合は、映画が斜陽産業になっていった時代にデビューしているから、文芸作品だけとはいかず、怪獣映画やクレージー・キャッツの喜劇映画、アクション映画などにも出演して、人気者としての顔だけで売った作品が多かった。結局、彼女の決定打は「若大将」シリーズの澄ちゃんに集約されてしまって、他に代表作を作れなかったんです。難病を絡めた悲恋ものの『千曲川《ちくまがわ》絶唱』(67年)でヌードになって、大人の女優への脱皮を図るけれども、東宝自体が集客力を失っていたので、時すでに遅しの感がありました。

――東宝で行き詰まりを感じた星由里子は、他社の映画で新たな活路を見いだそうとする。

## 『日本侠客伝　花と龍』で金五郎の妻・マンを演じ新境地を拓いた星由里子さん

――68年、星由里子は『忘れるものか』で日活の石原裕次郎と共演。彼女にとってはこれが、東宝以外の初の他社作品だった。映画は、かつて裕次郎と二谷《にたに》英明の2人に愛された星由里子が二谷を選ぶが、二谷が謎の死を遂げたことで、裕次郎が彼の死の真相を探っていくサスペンスアクション。舞台は京都、星由里子は全編和服姿と日活アクションのバタくさい雰囲気とは違った異色作だったが、話題にはならなかった。

裕次郎さんとは石原プロ製作の『富士山頂』（70年）でも共演しますけれど、大人の女優になろうとしていた星さんと、日活の感じが合わなかったんでしょうね。続いてすぐに東映作品に出るんです。

――それがマキノ雅弘監督、高倉健主演の『日本侠客伝　花と龍』（69年）である。「日本侠客伝」シリーズ第9作のこの作品で、彼女は主人公・玉井金五郎の妻・マンを演じた。

火野葦平《あしへい》さんの小説『花と龍』は何度も映画化されていますが、この作品は物語の構成がうまい。前半は高倉健さんと親友の二谷英明さんの2人から惚れられる星由里子さんのドラマで、後半は健さんと結婚した星さんと、健さんに惚れる藤純子さんの女賭博師の女性2人と男1人のドラマになる。この2対1の構造が、情に絡んで見事な作品になっているんです。ただ正直に言うと、公開時は印象が良くなかった。主演は東映の健さんだけど、日活の二谷英明さんと、東宝の星由里子さんが共演でしょう。何か寄せ集めという感じがした。当時は日活も東宝もお客が来なくて、東映任俠映画の独り勝ち時代だったんです。そういう作品に「若大将」シリーズで澄ちゃんだった星さんが出ているんですから、映画を見ている間は、「相手役が星由里子じゃなかったらよかったのに」と思っていました。沖仲仕《おきなかし》の中に入って男勝りの度胸を見せるマンと星さんは、ミスマッチな感じがしたんです。でも1年ほど前に見直したら、これは星さん中心の映画だと思って印象を新たにしました。

——前半と後半の三角関係、どちらにも絡むマンは、沖仲仕仲間の間で気風《きっぷ》を買われて成長していく玉井金五郎を、精神的に支える気丈な女性。東宝時代から気の強いキャラクターを演じてきた星由里子は、そこに生活感を加えた大人の女を見事に演じた。

当時見たとき、星さんはすごく大人に思えたんです。でもこの映画に出た頃は、まだ20代後半なんですね。それでこの役を演じたんですから、やはり大した女優だと思います。今回見直して発見したんですが、この映画の健さんはセリフが棒読みなんです。「日本俠客伝」シリーズでは折り目正しい俠客を演じていますから、あまり感情的だと困るんですが、マキノ監督は意図的に棒読みでやらせている気がしました。それが、感情豊かな星さんの演技を際立たせているようにも感じたんです。

——マキノ雅弘の自伝『映画渡世』を読むと、東映に星由里子を貸し出した東宝の藤本真澄は「あんな鈍な女優を使ってどうするんだ」と言い、東宝の撮影所長・雨宮恒之は「あれでよくなりますでしょうか」と心配していたという。だがマキノ監督はこの映画の彼女を、素晴らしかったと絶賛している。また撮影中にマキノ監督は足を骨折した。彼の場合は、自分が身ぶり手ぶりで演技をやってみせ、演出するスタイルなので、思うように動かない体がもどかしかったことだろう。それでも星由里子は「演技をつけてください。お願いします」と熱心に頼みに来たという。

ここから星さんは、東映の作品で一味違った活躍を見せていくんですよ。

## 星さんが4本続けて健さんの相手役を務めたのは、お互いの相性の良さ

――『日本侠客伝　花と龍』（69年）を皮切りに、星由里子は『新・網走番外地／さいはての流れ者』（69年）、『新・網走番外地／大森林の決斗《けっとう》』（70年）、『望郷子守唄』（72年）、『昭和残侠伝　破れ傘』（72年）と、立て続けに東映の映画に出演した。この頃の東映は、高倉健の相手役だった藤純子が68年に始まった「緋牡丹博徒」シリーズの人気でトップスターの仲間入りをし、新たな高倉の相手役を模索していた時期。

例えば彼の代表作「昭和残侠伝」シリーズでも、69年の第6作では相手役がフリーの小山明子、第7作は藤純子だが、第8作は日活を離れた直後の松原智恵子、そして第9作『破れ傘』が星由里子と、東映以外の女優を呼び込んでいた。その中で星由里子は、「清く正しく美しい」東宝の看板女優のイメージをかなぐり捨てて、やくざ映画のヒロインに挑んだのである。

彼女が東映で2本目に出演した『新・網走番外地／さいはての流れ者』では、足の悪い少年の治療費を稼ぐために漁師になった健さんが、悪い網元の策略に怒りをぶつけていくんですけれど、その健さんと知り合う食堂の女主人を演じています。荒っぽい漁師が集《つど》うこの食堂で男勝りの啖呵を切る星さんは、結構役にはまっているんです。いきなりライフル銃を構えて男たちを脅す度胸もあるけれど、一方では健さんと一緒にいる少年に優しさものぞかせる。この少年が子役時代の真田広之さんなんです。

――高倉健の相手役には女性らしい色香も必要だが、それだけに流されない気丈さを感じさせることが大事。星由里子はそんなキャラクターにピッタリな資質を持っていた。

俳優には相性があると思うんです。星さんが4本続けて高倉健さんの相手役を務めたのは、お互いの相性が良かったからだと思うんです。またこの『さいはての流れ者』は、作りもしっかりしている。「新・網走番外地」シリーズは、それまで石井輝男監督で作っていた「網走番外地」シリーズから心機一転して、第1作をマキノ雅弘監督が手掛け、第2作から降旗康男監督が担当するんですが、シリーズ第3作のこの作品だけ佐伯《さえき》清監督なんです。シリーズ6本を監督した降旗康男さんの作品はコメディー色が強い活劇なんですけれど、この作品は「昭和残侠伝」シリーズを立ち上げた佐伯監督ですから、時代背景は現代ですが任侠映画の本道を行く感じになっている。そういう情が絡んだ人間ドラマに、星さんの雰囲気が合っていましたね。

――もし任侠やくざ映画のブームが続いていたら、星由里子は藤純子が72年に一時引退した後も、高倉健の相手役としてあるポジションを獲得していたかもしれない。しかし時代は任侠映画から、『仁義なき戦い』(73年)のヒットによって実録やくざ映画の時代へ突入する。その直前、72年12月に公開されたシリーズ最終作『昭和残侠伝　破れ傘』で、彼女の東映時代は終わりを迎える。

おそらく彼女は、東映というよりも健さんの雰囲気に合う女優だったと思うんです。『破れ傘』以降は、東宝の『青い山脈』(75年)に芸者の梅太郎役で出演するなど、ほぼメインのキャラクターを演じることはなくなっていく。活動の場をテレビと舞台に置いて、映画とは距離をとるようになるんです。そう考えると星由里子さんが映画女優として活躍したのは、デビューから「若大将」シリーズをやめるまでの10年間と、東映やくざ映画に出た3年間。しかも20代で全盛期を終えているんです。ただその間に観客に与えたインパクトは、とても大きかったと思いますね。

## 生涯東宝芸能の女優だったところに星さんの一徹な気ごころを感じる

――また星由里子は69年、買収王と呼ばれた財界人・横井英樹の長男・邦彦と結婚。だがこの結婚は80日余りで破局を迎える。離婚の理由は性格の不一致といわれた。

結婚の前年、彼女は『リオの若大将』(68年)を最後に「若大将」シリーズの澄ちゃん役を卒業、他社の映画に出始めた。そして結婚するんですが、このときまだ26歳なんですよ。青春スターから人妻へ、一気にイメージが変わるんですけれど、澄ちゃんのファンだった一人からすると気持ちが追い付いていかない感じがありましたね。

――その後、舞台「じゅんさいはん」(74年)に出演したことをきっかけに、その原作者で劇作家の花登筺《はなとこばこ》と2度目の結婚。だが花登は83年に亡くなり、90年に会社役員と再々婚する。

よくスターだった女優さんは、結婚するとほぼ引退同然のようになりますけれど、最初の結婚のときにも映画には出ていますし、花登さんと結婚しているときには、映画からは遠ざかったけれど、テレビドラマにはコンスタントに出演していた。3度目の結婚の後も、18年に亡くなる直前まで仕事は続けていたんです。しかも、60年代末から東宝の仕事をあまりしなくなっても、ずっと東宝芸能に所属して、亡くなるまで在籍していた。普通は、自分にいい役が回ってこなくなったら、別のプロダクションに移籍するじゃないですか。それをしないで生涯東宝芸能の女優だったところに、星由里子さんの一徹な気ごころを感じますね。

――女優はキャリアを積むと、自分からこんな役がやりたいと欲目が出てくるものである。だが星由里子の場合は、ヌードも辞さなかった『千曲川絶唱』にその片鱗が見えるが、自ら志願して出演した〝勝負作〟というものがあまりない。それは彼女の女優としてのスタンスと、関係があるような気がする。生前の星由里子に会ったことがあるが、そのとき彼女は『エレキの若大将』に出たときのエピソードを語ってくれた。

劇中歌の「君といつまでも」を歌う場面のことでしょう。そのエピソードは有名で、劇中で加山雄三さんの田沼雄一は、久しぶりに澄ちゃんと会って、「君のために、歌を作ったんだ」と言う。ここで彼は、初めて「君といつまでも」を歌うんだけれど、なぜか澄ちゃんも途中からデュエットして歌に加わる。初めて聞いたはずなのに、デュエットするなんておかしいじゃないかと、加山さんが岩内克己《かつき》監督に文句を言ったわけですよね。

――そのため、恋人と一緒に歌って楽しい場面のはずなのに、加山雄三は憮然《ぶぜん》とした表情をしている。加山が文句を言うと、岩内監督は「映画って、そういうものだから」と答えたとか。一方の澄ちゃん役の星由里子は「はい」と二つ返事で、この場面で歌を歌った。自分のことは二の次で、言われたことをきっちりこなす。それが女優・星由里子の生き方だったように思えるのである。

だから星さんが出演して、作品がダメになったなあという映画は、思い浮かばない。青春映画やコメディー、岡本喜八監督のアクション映画まで、どんな役柄でも自分の役割をちゃんと果たしているんです。僕なんかは興味なかったけれど、怪獣映画の『モスラ対ゴジラ』(64年)や『三大怪獣　地球最大の決戦』(64年)の彼女が、今も特撮ファンには印象に残っていると聞くと、実はジャンルを選ばないプロの女優だったんだなって。その中でも僕の世代では、やっぱり「若大将」シリーズの澄ちゃん。あの役が星由里子さんのイメージとして刻印されて、今も忘れられない一人になっているんです。

――思春期の鈴木にとって、星由里子の澄ちゃんは永遠のマドンナだったのだ。

# 浅丘ルリ子

## 毎週木曜日の夜10時からいつも生姜焼き定食を食べながら見ていた『男はつらいよ』

――23年には91歳にして90本目の監督作『こんにちは、母さん』を発表した山田洋次。その代表作が「男はつらいよ」シリーズ（69～19年）である。映画ファンの鈴木もこのシリーズをリアルタイムで見てきたが、彼は当初、このシリーズが好きではなかった。

僕にとっての「男はつらいよ」は最初、テレビシリーズ（68～69年・フジテレビ系）だったんです。慶應義塾大学に入学して67年に名古屋から上京した僕は、大崎に住んでいました。そこにあった定食屋で初めて〝生姜焼《しょうがや》き〟を食べたんですよ。『男はつらいよ』は毎週木曜日の夜10時から放送されていましたが、僕が晩ご飯を食べるのがちょうどその時間でね。いつも生姜焼き定食を食べながら、『男はつらいよ』を見ていたんです。

――テレビ版の『男はつらいよ』は、68年10月から翌年3月まで全26回放送された。渥美清演じる〝寅さん〟こと車寅次郎が、久々に故郷の柴又へ帰ってくる。彼が柴又で団子屋「とらや」をやっている、おいちゃん（森川信）やおばちゃん（杉山とく子）、腹違いの妹・さくら（長山藍子）と再会するのは後の映画と同じ。

ただ、テレビ版の寅さんは旅に出ないんです。柴又周辺にいて、毎回騒ぎを起こす。恩師の散歩先生（東野英治郎）の娘・冬子（佐藤オリエ）に惚れて失恋するエピソードは、後に映画の『続・男はつらいよ』（69年）にそのまま使われています。テレビ版は演出を小林俊一さんが担当しましたが、脚本は山田洋次さんが多かったんです。だから僕は、この作品で初めて山田さんに注目したんですよ。中でも覚えているのが、キリストの言葉「隣人を愛せよ」をモチーフにした回。寅さんが仕事もしないでぶらぶらしていると、迷子に出会う。彼はどうしようと思って長屋へその子を連れていくんです。長屋の連中を集めて、「この子は迷子なんだ。かわいそうだから、親が見つかるまで面倒を見てくれないか」と寅さんが言うと、「冗談じゃないよ。こっちだって忙しいのに」とみんなが言うから、寅さんは「おまえら、冷てえなあ。かのキリストさまも言っているだろう、隣人を愛せって」と返す。すると長屋の連中は「何が隣人を愛せよだ。隣人を愛せというなら、おまえだって隣人だろ」と言われる。寅さんはハッと、「俺も隣人か」と気が付いて、結局迷子を「とらや」へ連れ帰る。その後子供の親が見つかるという話ですけれど、後に山田洋次さんに会ったとき、「あれはいい話でしたね」と僕が言ったら、「そうですか、ハハハハハ。覚えていない」って山田さんは言っていましたけれどね（笑）。

――このテレビシリーズでは最終回、寅さんが弟分の源公（佐藤蛾次郎）と奄美大島《あまみおおしま》を訪れ、ハブに噛まれて死んでしまう。

あれには、作品のファンだったので頭にきましたね。それで間もなく映画版が公開されたんですが、当時はテレビの焼き直しだと思って好きになれなかった。でも後で見直すと、第1作はよくできていると思いました。

――第1作は妹・さくらの結婚話、先述したように『続・男はつらいよ』では寅さんの失恋話を描き、テレビ版で描いた要素はこの第2作まででですべて使い切ってしまった。

テレビ版でさくらと結婚するのは、井川比佐志さん演じる医者なんですけれどね。山田さんは自分にとっての「男はつらいよ」は、ここで終わったと感じたんでしょうね。続く第3作は森﨑東さん、第4作は小林俊一さんが監督した。でもシリーズは人気が出て第5作『男はつらいよ　望郷篇』（70年）を、再び自ら監督する。この作品でマドンナを演じたのが長山藍子さんで、その相手役は井川さんなんですけれど、また観客動員数を増やして、シリーズはさらに続いていくんです。

## 真情として寅さんが共感できる存在。それがリリーなんでしょうね

――69年に始まった映画「男はつらいよ」シリーズは、毎回マドンナ役にゲスト女優を迎えて続いていった。中でも人気を集めたマドンナが、浅丘ルリ子演じる売れないクラブ歌手・リリー松岡である。

最初にリリーが登場したのは、第11作『男はつらいよ　寅次郎忘れな草』(73年)。次が第15作『男はつらいよ　寅次郎相合い傘』(75年)ですけれど、この2本が公開された後だったかなあ。当時僕は徳間書店の『テレビランド』編集部にいて、同僚の亀山修が「男はつらいよ」シリーズの大ファンだったんです。それで彼と、リリーは他のマドンナとどこが違うかを話し合ったことがあるんですよ。リリーは全国を旅してまわる、売れない歌手でしょう。彼女は旅暮らしの根無し草で、言ってみれば寅さんと身内感覚の世界に生きている。そんなリリーを相手にして、寅さんの芝居が変わったと僕らは話したんです。それまでのマドンナは第1作の御前様の娘に始まって、恩師の娘や喫茶店の美人ママなど、寅さんが相手を奉るお嬢さまのような存在が多かった。だから女性にアプローチする芝居が嘘っぽかったんです。でもリリーには、自分の身内の世界にいる女性への口のきき方をしていて、いつもよりも寅さんが〝生っぽい〟感じがしました。精神的な親密度も深くて、2人の関係にはよそよそしさがない。そこにリリーが登場する作品の魅力があると思いました。

――寅さんと身内の世界で生きているマドンナには、第28作『男はつらいよ　寅次郎紙風船』(81年)に登場する光枝(音無《おとなし》美紀子)もいる。彼女は寅さんと同業のテキ屋の妻で、劇中で小沢昭一扮する夫が亡くなり、寅さんは彼女の今後を心配して、それが恋に変わっていくという展開だ。

でも光枝に関しては、同業者の妻だから身内のように接するかと思ったら、他のマドンナと同じように寅さんは扱うんです。リリーのような接し方はしない。これがリリーという女性を知る上で、ものすごく役に立ちました。つまり寅さんにとっては稼業が重要なのではなくて、自分と同じように1人で旅暮らしを続ける漂泊者の寂しさを知っている存在として、リリーは特別な身内なんです。

――ただリリーというキャラクターは、すんなりと生まれたわけではなかった。

山田洋次監督が最初、浅丘ルリ子さんに持っていった役は、北海道の酪農家のおかみさんなんです。でも浅丘さんは自分の細い体で、いつもの化粧を落として酪農家の役をやるのは似合わないと言った。そこから山田さんは考え直してリリーという売れないクラブ歌手を作り上げていったんですが、これが浅丘さんのイメージにうまくはまった。でもね、リリーは登場すると毎回、「私の下手な歌をお客が聴いて」というように、歌が下手なことをセリフで言うんですよ。それで実際にクラブで歌うシーンが出てくるんだけれど、これが本当にあまりうまくない。山田監督は残酷だと思いましたね。リリーが「とらや」の人たちに「私の下手な歌を」と言うときにも、寅さんは一度も下手なことを否定しないんですから。あれは山田さんの視点だなと思いました。

――ただ『男はつらいよ　寅次郎相合い傘』の中で、寅さんが自分の夢を「とらや」のみんなに語る場面がある。彼は1日大きな劇場を借り切って、リリーにリサイタルを開いてやりたいと夢を語る。そこで彼女が歌い出すと、お客は泣くだろうと。なぜ泣くかといえば、「リリーの歌は悲しいからな」と言う。

身に染まった寂しさが、歌に出ている女性だということだと思うんです。歌手であること以上に、真情として寅さんが共感できる存在。それがリリーなんでしょうね。

## 強い情念によって突き動かされる女性を演じたとき、浅丘さんは強い光を放つ

――97年の『男はつらいよ　寅次郎ハイビスカスの花　特別篇』も含めてシリーズに6度マドンナとして登場したリリー松岡。彼女は場末のクラブで歌を歌いながら、水商売の男たちにも負けない気風の良さを持ち、ひとりで生きている。今回の取材中、その場には東海テレビのディレクター・伏原健之氏がいたのだが、彼はリリーの出演作を鈴木と一緒に見たという。そこで彼はリリーに対して「はすっぱな役なのに、品がありますね」と感想を述べた。

今まで何度も見ているのに、僕はそんなこと考えたこともなかった。伏原さんに言われて、なるほどと思ったんです。

――庶民性と品の良さを併せ持ち、逆境に負けない強さと孤独の寂しさを抱えたリリーのキャラクター。その女性像は、演じた浅丘ルリ子の個性に似つかわしいものだった。旧満州国の官吏で、満映の甘粕《あまかす》正彦とも親交のあった浅井源治郎の次女として40年に生まれた浅丘ルリ子（本名・浅井信子）は、幼少期に上流階級の生活を過ごした。だが敗戦後、日本に引き揚げてきて一家は困窮。父は職を転々とし、しまいには麻雀屋のオヤジに納まった。ルリ子は14歳のとき、戦後映画製作を再開した日活が井上梅次監督作『緑はるかに』（55年）のヒロインを募集し、約3000人の中から選ばれて主演デビューを果たす。以後、浅丘ルリ子は日活で、「渡り鳥」シリーズ（59～62年）をはじめとする小林旭《あきら》の相手役、『赤いハンカチ』（64年）を頂点とする石原裕次郎と共演したムードアクションの諸作品でトップ女優として活躍。日活時代だけで120本を超える映画に出演した。

よく覚えているのは、裕次郎さんと共演した『銀座の恋の物語』（62年）。僕は坂本九ちゃんの大

ファンだったので、九ちゃん主演の『上を向いて歩こう』（62年）を目当てに映画を見に行ったら、その併映作品が『銀座の恋の物語』だったんです。事故で記憶を失った浅丘さんが、最後に裕次郎さんの歌を聴いて記憶を取り戻していくシーンの表情とか、彼女の魅力を引き出した蔵原惟繕監督の演出にキレがあって、印象に残りましたね。

――ここから浅丘ルリ子は蔵原監督とのコンビで、『憎いあンちくしょう』（62年）、『執炎』（64年）、『愛の渇き』（67年）などの代表作を作り上げていく。

愛に飢えた上流階級の未亡人を演じた、三島由紀夫原作の『愛の渇き』も良かったですね。蔵原監督は観念的な映画が多いんですけれど、それを浅丘さんが肉体で見事に具現化していて、そこにはある情念が漂う。強い情念によって突き動かされる女性を演じたとき、浅丘さんは強い光を放つんです。

――蔵原作品における情念の強さ。また石原裕次郎と共演した『赤いハンカチ』では、前半の手作りの味噌汁を刑事の裕次郎にふるまう庶民的な娘から一転、後半には裕次郎の元同僚・二谷英明の妻に納まって、上流階級の令夫人を演じてみせた。

幼少期に培われた品格と、少女期に味わった庶民的な生活。そのふたつを身につけながら、内に情念を秘めた女性像。これは「男はつらいよ」における、リリーのキャラクターにつながるものがある。

浅丘ルリ子（1970年）

もうひとつ、日活時代の浅丘ルリ子さんの映画で忘れられないのが、浦山桐郎監督の『私が棄てた女』（69年）。ここで浅丘さんは、河原崎長一郎さん扮する主人公と結婚する専務の姪を演じていますが、夫が本当に愛していたのは自分ではないと気付く。最初は上流階級のお嬢さんなのが、徐々に本当の愛とは何かを知っていく変貌ぶりがいいんです。僕はこの映画が、実は『男はつらいよ　寅次郎忘れな草』にも影響していると思うんです。

## 寅さんとリリーは似た者同士だから一緒になれない。しかし、だから、新たな恋の形を作っている

――浦山桐郎監督の『私が棄てた女』が、『男はつらいよ　寅次郎忘れな草』に影響を与えているのではないかと見る鈴木。まず、浅丘ルリ子のリリー松岡が初登場した『寅次郎忘れな草』の物語をおさらいすると、北海道の網走で初めて出会った寅さんとリリー。同じ根無し草の人生を共感しあって別れた2人は、柴又に戻った寅さんのところへリリーが訪ねてきて再会。寅さんはリリーに夢中になり、彼女も寅さんに惹かれていくが、ささいな喧嘩からリリーは柴又から姿を消し、寅さんも旅に出る。その後リリーは結婚して、寿司屋の女将さんに収まるというもの。鈴木が注目したのは、久々に旅から東京へ戻ってきたリリーが、自分の母親にお金を届けに行く場面。彼女は母親からお金の工面を催促されていて、疎《うと》ましく思っている。

リリーと母親が会うのが五反田《ごたんだ》で、彼女の後ろには五反田の駅が見える。五反田は『私が棄てた女』で主人公の努（河原崎長一郎）が、学生時代に遊んで捨てた女・ミツ（小林トシエ）と再会する場面の舞台ですが、リリーと母親、努とミツの撮り方がほぼ同じなんですよ。山田洋次監督は意図的に真似をした気がするんです。山田さんはいろんな映画を見て、好きでいいなと思ったものを

記憶しておいて、別の形で自分の作品にちゃんと使う。小津安二郎監督の映画なんかも、かなり意識して使っていますよね。だからここでは、浅丘さんが重要な役で出演した『私が棄てた女』を頭に置いて演出した気がしているんです。

――山田洋次監督が『私が棄てた女』のことを、どう思っていたか。原一男・編による『映画に憑かれて　浦山桐郎』に収録された山田洋次監督へのインタビューを読むと、浦山監督の『キューポラのある街』（62年）は傑作と言っているが、『私が棄てた女』は「考えても考えても解決のつかないひとつの迷路みたいなものの中で、苦しみぬいて作った感じ」がして、不思議な魅力があるけれども、完全に成功した作品ではないのではないかと山田監督は言っている。だから鈴木の見方が当たっているかはわからないが、ふたつの作品が浅丘ルリ子という存在を通して、彼の映画的な記憶を結び付けたことは間違いない。

「男はつらいよ」シリーズでは、寅さんがマドンナに惚れますよね。でもリリーに関しては、アプローチが違うんです。彼女は映画の中で、「惚れられたいんじゃないのよ、惚れたいの。そりゃあ、いろんな男と付き合ってきたわよ。でもね、心から惚れたことなんて一度もないのよ。一生に一度でいい、一人の男に、死ぬほど惚れて惚れて惚れ抜いてみたいわ。ふられたっていいの、ふられて首つって死んだって私はそれでも満足よ」と言いますが、本当の愛に飢えた女性なんです。寅さんはそんな思いを理解しているし、孤独や寂しさも感覚的にわかっている理想の相手。しかし、わかっていても彼女の思いを真剣に受け止められない。またリリーも寅さんの生活を思うと、受け止められないことがわかっている。似た者同士だからこそ一緒になれない関係が、新たな恋の形をつくっているんです。

――「男はつらいよ」シリーズは公開ギリギリまで映画を製作していたので、事前に公表された宣伝資料と実際の映画では内容が違う。事前の資料ではリリーの母親の居場所を寅さんが捜し出して2人を会わせることになっているし、前からリリーに惚れていた純情な寿司屋の職人と、リリーとの恋のキューピッドを寅さんが買って出る展開になっていた。しかし映画では、寿司屋の女将さんになったリリーと会うのは妹のさくらだけで、寅さんは彼女のその後の消息を知らない。そこで、再びリリーはスクリーンに帰ってくることになる。

## 「女が幸せになるには、男の力を借りなきゃいけないとでも思ってんのかい？」

――リリー松岡が再びマドンナとして登場したのが、『男はつらいよ　寅次郎相合い傘』（75年）である。シリーズ最高傑作に挙げる人も多いこの作品で、寅さんとリリーは函館《はこだて》で再会。前作のラストで寿司屋の女将さんになったリリーは、離婚して旅回りの歌手に戻っている。寅さんの方は仕事漬けの毎日が嫌になって家出した中年男・兵頭（船越英二）が旅の道連れになっていて、しばらく3人で北海道を旅してまわる。だが寅さんとリリーは、喧嘩別れしてしまう。

喧嘩のきっかけは寅さんが兵頭に、「おまえは女一人、幸せにできないのかよ」と言ったことなんですが、そこでリリーは「女が幸せになるには、男の力を借りなきゃいけないとでも思ってんのかい？　笑わせるんじゃないよ」と言う。それで寅さんが「おまえは可愛げのない女だねえ」と言うと、「女が可愛くなきゃいけないって、誰が決めたんだ」と言い放つ。約半世紀前の映画で、こういう女性の本音を直接描いた作品は珍しいですね。今だったらリリーの言い分に納得する人は多いと思いますけれど、彼女は精神的に自立した女性として時代を先駆けていた感じがします。

――リリーにひどいことを言ったと反省しながら柴又へ戻ってくる寅さん。そこへリリーが現れ、2人は仲直りし、前作以上に親密な関係になっていく。しかしまた2人は喧嘩して、その翌日、仕事帰りのリリーを、寅さんが柴又の駅まで迎えに行く場面がある。外では雨が降っている。リリーが柴又の駅で改札を出ると、ちょっと離れたところに傘を持った寅さんがいる。「何しているの」とリリーが声をかけると、「散歩だよ」と強がって言う寅さん。それで2人で相合い傘をして帰るんですが、この俯瞰《ふかん》で捉えた相合い傘のシーンが作品で唯一の彼らのツーショットなんです。普通ならここからラブシーンになるんだけれど、あくまで散歩の途中だという寅さんと、その強がる態度を面白がるリリーの掛け合いに、気持ちをぐっと抑えた2人の心情がより出ていると思いましたね。

――そして寅さんは、リリーのために一夜のリサイタルを開いてやりたいと自分の夢を「とらや」の人々に語り、寅さんの気持ちをくみ取った妹のさくらは、リリーに「お兄ちゃんのお嫁さんになってくれない」と言って、おそるおそる彼女の気持ちを確かめようとする。

ここは映画の中の名場面ですよね。リリーは「いいわよ。私みたいな女で、よかったら」と答えるんですが、これは小津安二郎監督の『麦秋』（51年）のオマージュですよね。

――『麦秋』では子持ちのやもめ男・謙吉（二本柳寛）の母親・たみ（杉村春子）が、独身の紀子（原節子）に、息子の嫁に来てくれないかと言って、紀子は「私でよかったら」と答える。

『麦秋』のこの場面を僕は鮮明に覚えているんです。というのも、高畑勲監督の『おもひでぽろぽろ』（91年）を作ったとき、参考にしたんですよ。ラストでヒロインのタエ子は、世話になった山形の農家で祖母から「トシオの嫁になってくれないか」と頼まれる。彼女の場合はそこで返事をせず、家を飛び出して、「私みたいな女でよかったら、と言えたらよかったのに」と心の中でつぶやくんですけれど、高畑さんはこの声を録るときに、タエ子役の今井美樹さんに『麦秋』の原節子さんのようにと要求しましたからね。山田洋次さんもそうですが、高畑さんもいい映画のシーンを、自分の作品に引っ張ってきて入れ込むんです。そういう意味で高畑さんと山田さんは似ている部分がありますね。

――結局リリーは寅さんの前で結婚の承諾を冗談に変えて、旅立っていった。そして2人は5年後、劇的に再会する。

## こうありたいとふたりが思った生活を、沖縄の暑さの中で蜃気楼のように夢を見た

――リリー松岡が、三度目に登場したのが『男はつらいよ　寅次郎ハイビスカスの花』（80年）である。前の2作品では北海道で寅さんと出会ったリリーだが、今回彼らが再会する場所は南国の沖縄。旅先で病気に倒れたリリーは、「もう一度寅さんに会いたい」と「とらや」へ手紙を出す。その手紙を知った寅さんは、苦手な飛行機に乗って沖縄へと向かうのだ。

前2作では旅をさすらう寅さんとリリーを描いていましたが、この作品と次にリリーが登場する『男はつらいよ　寅次郎紅の花』（95年）は雰囲気が違う。というのもここでは、寅さんの献身的な看病によって元気を取り戻したリリーと寅さんが、同じ敷地内にある家で一緒に暮らす。『紅の花』では一つ屋根の下で暮らすというように、2人は同棲するんです。もはや恋人の時代は過ぎて、言ってみれば2人は感覚的に夫婦。実際、山田洋次監督に「2人は夫婦ですよね」って聞いてみたことがあるんです。山田さんは「そうです」とあっさり認めていましたから（笑）。

――この映画で鈴木が感心したギャグがある。リリーの体調が回復したある日、寅さんは外に出て沖縄のあまりの暑さに、困り果てて涼をとろうとする。

ここで寅さんは、細い影に隠れて何とか涼もうとする。カメラを引くとその影をつくっているのが、本当に細い棒でね。収まるはずのない棒の影に何とか入ろうとするけどダメで、手に持ったア

イスキャンディーを額につけて何とかしのごうとする渥美清さんの芝居が面白い。沖縄の暑さがいまひとつ表現されていないのが残念だけれど、このギャグは何度見てもいいと思いますね。

——やがてリリーのことは放っておいて、沖縄の水族館で働く若い女の子に興味を持ちだす寅さん。それを察したリリーは、彼の前から姿を消し、本土へ帰ってしまう。

結局2人は「とらや」で再会するんですが、沖縄の思い出を「とらや」のみんなに話していると、寅さんが寝そべりながら、ふっと自然に「リリー、俺と所帯を持つか」と言ってしまう。みんながエッと思った瞬間、「俺、今何か言ったか」と言って、またリリーと2人して、その告白を冗談にしてしまう。ここでリリーが、「私たち、夢を見ていたのよ。あんまり、暑かったからさ」と言う。この映画のテーマはここにあると思ったんです。茨木《いばらぎ》のり子さんに「さくら」という詩があるんですけれどね。その最後の2行に、「死こそ常態。生はいとしき蜃気楼《しんきろう》と」という部分があるんです。山田さんがこの詩をヒントにしたのかわかりませんが、この映画の2人の恋愛は蜃気楼なんですね。こうありたいと2人が思った生活を、沖縄の暑さの中で蜃気楼のように夢を見た。そんな感じがするんです。

——2人の思いは蜃気楼のような幻で終わるのか。「とらや」での告白の後、寅さんもリリーも旅に出た。そして旅先の田舎のバス停でバスを待つ寅さんに、ひとりの女性が話しかける。これがバンドの連中と次の巡業先へ向かうリリーで、寅さんは彼らが乗る小さなバスに乗って一緒に去っていく。沖縄の夢の後に巡り来た、2人の大団円。

このラストで、いわゆるリリー3部作は終わったと思いました。しかし寅さんのシリーズはその後も続き、やがて演じる渥美清さんの体調が思わしくなくなってきた。それで実質的に渥美さんが最後に出演した作品、『男はつらいよ　寅次郎紅の花』でリリーは帰ってくるんですが、僕はこの映画を正直見直したくなかったですね。

——鈴木はなぜそう思ったのか。

## 渥美さんの寅さんはもういないけど、私たちの中には、彼を待ち続ける思いが今もある

——第48作『男はつらいよ　寅次郎紅の花』はその翌96年8月に肺がんで亡くなった渥美清が、最後に寅さんを演じた映画である。そのマドンナとして、浅丘ルリ子演じるリリー松岡が15年ぶりにシリーズへ帰ってきた。そういう意味ではファンにとってこれは待望の一本だったが……。

渥美さんがもう、病気で表情がつくれなくなっていて、見るのがつらかったんです。

——私はこの映画の撮影現場を松竹大船撮影所へ行って見学しているが、実際にスタッフやキャストは体調がすぐれない渥美のことを気遣って、撮影の準備をなるべく音をたてないように行っていた。またリハーサルまで渥美は現場に現れず、山田洋次監督が芝居の段取りを決めてから、彼は本番だけ芝居をした。その一瞬だけは寅さんであろうとする、彼の気迫を現場で感じたのだが、とても喜劇をつくっているとは思えない静けさが漂っていたことを覚えている。すでに数年前から体調を崩していた渥美清のことを思って、「男はつらいよ」シリーズは第42作から寅さんの甥・満男（吉岡秀隆）の恋を描くものに内容をシフトしていた。この第48作でも前半は、満男が恋人・泉（後藤久美子）が結婚すると聞いて、彼女の結婚式当日に式をぶち壊し、そのまま消息を絶つまでが描かれる。彼はその後、加計呂麻島《かけろまじま》へたどり着いて、ここに住んでいるリリーと居候の寅さんに再会することになる。

もはや夫婦のように暮らしていることを隠しもしない寅さんとリリーですが、僕は舞台が加計呂麻島というのに注目しました。この島は作家・島尾敏雄の奥さん、島尾ミホさんが書いた小説『海

辺の生と死』の舞台。加計呂麻島出身のミホさんは、戦時中に特攻隊として島にやって来た島尾敏雄さんと出会うんですが、小説はそのときのことを書いているんです。実はジブリでこの小説をアニメーションにできないかと思って、島へロケハンを兼ねて行ったことがあるんです。ミホさんは〝俗〟から離れた聖なる場所としてこの島を書いていて、それがよくわかる美しいところなんです。見直すと『男はつらいよ　寅次郎紅の花』はよくできた映画だと思いましたけれど、不満なのは島のいい場所を撮れていないところですね。渥美さんが動き回れないという事情もあったでしょうが、もっと加計呂麻島の良さを出してほしかったんです。

――自分がやったことを後悔する満男と、彼の行動を責める寅さん。しかしリリーは、自分の思いを行動で示した満男は悪くないと、彼を擁護する。やがて満男を追いかけて泉が島までやって来て、こちらはとりあえずのハッピーエンド。だが寅さんとリリーは、またも最後に喧嘩別れしてしまう。

渥美さんが亡くなった翌年、『男はつらいよ　寅次郎ハイビスカスの花』が、冒頭に満男の寅さんへの思いを込めた新撮シーンを加えて『特別篇』として公開され、それから22年後には、シリーズ開始から50周年を記念した第50作『男はつらいよ　お帰り　寅さん』（19年）が公開された。ここでは満男が泉ちゃんとは別の人と結婚していたのにはびっくりしましたが、リリーは東京でジャズ喫茶「リリー」を経営していて、そこには満男がたまに通っているという設定でした。渥美さんの寅さんはもういないけれど、残された人たちの中には彼を待ち続ける思いが今もある。そういう意味で後の2作品は、シリーズの余韻としてまた違った魅力がありますね。

――寅さんが失恋したマドンナは数多くいるが、リリーだけは今も寅さんと心で寄り添って生きている。彼女や満男がいる限り、寅さんもまた生き続ける。だからこそ、彼女は特別なマドンナとして愛されるのだろう。

# 今村昌平

## 中学の国語の先生が熱っぽく教えてくれた今村昌平の魅力

――今村昌平は、『楢山節考』(83年)、『うなぎ』(97年)で2度カンヌ国際映画祭のパルムドールに輝いた、日本映画界を代表する世界的な映画監督である。その日本人を独自の視点で捉えた作品群は、映画史的にも特異なポジションを占めている。ただ彼が映像作家として突出した個性を世に知らしめたのは、監督デビュー作『盗まれた欲情』(58年)から『神々の深き欲望』(68年)へと至る、日活で活躍していた時代だったという意見もある。その頃、鈴木敏夫は多感な思春期を名古屋で送っていた。

僕は61年に名古屋の東海中学校に入学しましたが、あとで知るのだけど、その年に今村さんが監督した『豚と軍艦』(61年)が公開されたんです。もう名前も覚えていないんですが、中学の国語の先生が今村昌平の大ファンでね。後から思うと、ずんぐりむっくりした体形が今村さんそっくりな先生だったんです。その人がある授業を丸々潰して、公開からすでに2年を経過した『豚と軍艦』の話をしたんです。これは米軍基地のある横須賀を舞台に、米軍の残飯を払い下げてもらって豚の飼育をしようと企んだやくざに雇われたチンピラの欣太と、彼の恋人で、まともに生きようと欣太を説得する春子を中心に、強姦、売春、殺人などを織り込みながら、人間の欲と浅ましさを描いている。そんな映画の話を1時間聞かされたんですから、中学3年生の僕にとってはトラウマですよ。このとき、今村昌平という名前を知ったんですけれど、『豚と軍艦』は題材が題材でしょう。中学3年生が気軽に見に行ける作品ではなかった。だから、妄想だけ膨らんで、どんな映画なんだろうと思っていました。

――『豚と軍艦』は、この年のブルーリボン作品賞をはじめ、作品的には高く評価されたが、当初よりも製作費をかなりオーバーしたため今村監督はその後3年、日活で映画を撮らせてもらえなかった。そして今村は待望の新作『にっぽん昆虫記』(63年)を発表する。

ところが、今村さんの映画は、『にっぽん昆虫記』をはじめ、その後の『赤い殺意』(64年)、『「エロ事師たち」より 人類学入門』(66年)も、当時の基準では成人映画なんです。僕は64年に東海高校へ入学しましたが、18歳未満は見られない。それで年齢をごまかして、映画館へ入ろうとするでしょう。でもチケットを売っている窓口のおばさんに、「あなた、干支《えと》は?」と聞かれると、とっさにごまかせなくて、そこでみんな引っかかるんです(笑)。だから今村さんの映画は、同時代的に世評が高いから見たいけれども、おいそれとは見に行けない特別な映画だったんです。初めて今村さんの映画をリアルタイムで見たのは、僕が慶應義塾大学に入った年に封切られた『人間蒸発』(67年)でした。そこから僕は今村さんの過去の作品を追いかけるんです。その頃は、新宿あたりの二番館、三番館の映画館で、今村さんの作品をいっぱいやっていましたからね。

――当時はテレビの普及によって映画産業が斜陽化し、社会的には70年安保に向けて世の中が騒然とし始めていた。鈴木もその渦中にいたのだが、彼はすたれゆく映画館の中に自分の居場所を見つけていった。

もちろん、映画だけ見ていたわけじゃないけれど、やはりあの時代の僕にとって、映画は大きな興味の対象でした。特に今村さんの映画は、安保闘争にも高度経済成長にも寄り添っていないものばかりですから、逆に刺激的だったんです。彼の映画によって僕は、それまで知らなかった世界を知っていきました。

――鈴木に強烈なインパクトを与えた今村昌平とは、いったいどんな人物なのか。

## もしも今村さんが東宝に入って黒澤監督の助手をしていたら、今村映画の誕生は無かった

――今村昌平は、1926年に耳鼻咽喉科医・今村半次郎の三男として東京で生まれた。旧制中学を卒業後、桐生工業専門学校へ進むが、ほとんど学校へは行かず、寮に引きこもって芝居の台本を書いたり、本を読んで過ごしたという。

46年に早稲田第一高等学院の文科に入学。その後、文学部の西洋史学科に進学し、演劇部の活動に没頭する。このときの演劇仲間が、後に今村映画の常連俳優となる小沢昭一、加藤武、北村和夫といった連中である。卒業後、仲間は演劇の道へと進むが、今村は黒澤明監督の『酔いどれ天使』(48年)に感銘を受けて、黒澤監督の助手をやろうと決意するが、当時の東宝は入社試験を行っていなかった。

もしも今村さんが東宝に入って黒澤監督の助手をしていたら、どうなっていましたかね。2人は合わなかったと思いますよ。結局、今村さんは松竹へ入る。助監督として小津安二郎さんの『麦秋』(51年)、『東京物語』(53年)なんかに就いているし、野村芳太郎さんや小林正樹さん、渋谷実さんの助監督も経験しているんですね。中でも気が合って6年間コンビが続いたのが、川島雄三さんの助監督。後の『幕末太陽傳《でん》』(57年)まで2人は一緒に仕事をするんですが、社会の底辺に生きる人間の見つめ方とか、川島さんに影響されたことは多かったと思います。

――54年、日活が映画の製作を再開。このとき日活は、各映画会社からスタッフを引き抜いたが、今村昌平も中平康や西河克己の勧めがあって、日活へ移籍。最初の助監督仕事は山村聰監督の『黒い潮』(54年)で、このときのチーフ助監督が鈴木清順、セカンドが今村、サードが浦山桐郎だった。

ここから今村さんと浦山さんの共同作業が始まる。やがて川島雄三監督も日活へやってきて、川島さんの下に今村、浦山が助監督で就く体制が固まっていくんです。この3人は日活でも特異な存在ですよね。日活と言えばアクションと青春映画だけれど、もっと人間そのものを描いた映画を作っていましたから。

――川島監督の『幕末太陽傳』にチーフ助監督兼脚本家として参加した後、今村は監督デビュー作『盗まれた欲情』を発表した。

このひどいタイトルは日活がつけたものだそうですが、内容は大衆芝居の一座の文芸部員をしているインテリの演劇青年が、座長の姉と妹の両方から言い寄られて、自分の将来にも悩んで、結局、妹の方と新たな出発をしようとする話。今村さんは、早稲田大学時代に演劇青年だった自分を長門裕之さん演じる主人公に重ね合わせた部分があったのでしょうが、まだ今村映画の雰囲気は薄い。ただ予算がないのに、関西の田舎を舞台にして全編のセリフを関西弁で通すとか、日帰りで大阪ロケを敢行するとか、こだわる部分は絶対に貫き通すやり方に、今村さんの粘っこい人間性が出た作品だと思いましたね。

――新人監督としてフランク永井の流行歌をモチーフにした短編『西銀座駅前』（58年）を登竜門に、第3作『果しなき欲望』（58年）を手掛けた。

これは戦時中にモルヒネを詰めたドラム缶を地中に埋めたことを知っている人々が、終戦から十数年後にそれを掘り出して、山分けしようと計画するもの。地中を掘り進めながら、5人の男女の金と欲が絡み合う群像劇です。殿山泰司《たいじ》や西村晃、小沢昭一、加藤武とくせ者揃いの俳優を向こうに回して、渡辺美佐子さんが悪女を演じています。劇映画としては好演なんですけれど、今村映画のヒロインの流れを見るとね。このときの彼女は、型にはまったあるタイプの女性をやっている。そういう意味でもこの辺までは、〝今村映画の誕生前夜〟という印象がありますね。

# 松尾嘉代

## 東京中の高校を回って やっと彼女を探し出したそうです

——今村昌平の名前が広く世に知られたのは、監督第4作『にあんちゃん』(59年)だった。不況にあえぐ炭鉱の町を舞台に、両親を亡くした朝鮮人の4兄妹が貧窮のためにバラバラになりながらもたくましく生きていく姿を描いたこの作品は、ベストセラーになった10歳の少女・安本末子の日記を原作にした感動作。

僕も小学校のとき、この映画は見た記憶があるんです。まだ今村さんの名前も知らなかったんですけれど、芸術祭の文部大臣賞を受賞したので、学校の推薦映画として見せられたのかもしれない。この映画は九州の唐津でオールロケーションしていて、その効果が出ています。けなげに生きていく4兄妹を、長門裕之さんの兄を筆頭に、松尾嘉代、沖村武、前田暁子が演じているんですが、注目を浴びたのが長女・良子に扮した松尾嘉代さん。極貧の炭住街に置いて、違和感のない娘を見つけるために、今村さんたちは東京中の高校を回ってやっと彼女を探し出したそうです。松尾さんは駒沢学園女子高校の演劇部でリーダー的な存在だった。だからこの映画はデビュー作ですが、初々しいけれどバイタリティーあふれる感じが、すでに女優として力を持っていました。

——4兄妹が暮らす町では、廃鉱の噂があってストライキが続いている。このストライキの群衆場面にはかなりの臨場感があるが、今村監督がこだわって撮影していったため、時間と費用がかかり過ぎ、日活の上層部がロケ地まで撮影中止を言いに来たときもあった。

今村さんの映画には、常に予算オーバーの話がつきまといますよね。その後、自分でプロダクションを起こしてからはもっと大変になるんですけれど、僕は自分で映画を作ってきた経験から、今村さんの現場は〝プロデューサーが不在〟だと思うんです。もちろん、どの映画にもプロデューサーはついているでしょうが、今村さんは自分がやりたいことに関して時間やお金のことは考えず、とにかく突き進んでしまうタイプ。そこに具体的なやりくりの感覚はない感じがするんです。だから映画が当たればいいけれど、ヒットしないと会社から干されてしまったり、自分のプロダクション作品だと借金で次の映画が撮れなくなる。確かに映画作りには博打の要素がありますけれど、今村さんは先々の展望に関して行き当たりばったりの感じが強い。やはり、ひとりで全部ジャッジしてやろうとするのは、間違いなんです。映画を物として作ることが見えているプロデューサーが別にいたら、今村さんの映画人生は違ったものになったと思うんですよ。

――そういう完成までの紆余曲折はあったが、『にあんちゃん』は先述したように文部大臣賞に輝き、興行的にもヒットした。ただ、今村監督としては、複雑な思いがあったようだ。

元々これは、田《た》坂《さか》具隆《ともたか》監督が撮るはずだった企画で、田坂監督が日活を離れることになって、今村さんに話が回ってきたんですね。だから自分の題材じゃないと思っていた。また会社から実話を基にした話だから、悪人を出してはいけないとか、脚本を作るときにも制約があったそうで、窮屈な思いをしながら撮った感じがある。行儀のいい作品を作って世に認められたことが、恥ずかしかったと今村さんは言っていますね。その反省もあって、次には性と女性の自立を題材にした『赤い殺意』を企画するんです。

松尾嘉代（1967年）

――しかし、冒頭で主婦が強姦される『赤い殺意』の企画は会社に通らず、今村昌平は悩んだ末、オリジナル作品の『豚と軍艦』の企画を新たに立ち上げる。今村昌平の映画は〝重喜劇〟と呼ばれたが、この『豚と軍艦』こそ本格的な〝重喜劇〟が誕生した、今村監督にとって起死回生の一作になった。

# 吉村実子

## 人間のむき出しの欲望を突き詰めることで笑いが生まれ、戦後日本の膿も浮き彫りになる

――『豚と軍艦』（61年）は、山内久《やまのうちひさし》脚本による今村昌平の監督第5作。『今村昌平　全作品を語る』（キネマ旬報社）によれば、最初は横須賀の米軍基地とやくざの小さな話だったが、山内が横須賀一帯に広がったスケールの大きな話にしようと言い出したとか。物語は、もぐり売春のあがりで暮らす横須賀のやくざたちが、米軍基地の残飯を払い下げてもらって、豚を飼育する事業を始める。その仕事を任されたチンピラの欣太（長門裕之）は張り切るが、恋人の春子（吉村実子《じつこ》）は彼に堅気になって欲しいと願っていて、やがてやくざの内部で利益を巡る分裂抗争が起こる。その中で欣太は自暴自棄《じぼうじき》になり、暴走する豚の大群の中で自滅していくというものである。貧乏な父と同じ人生を歩みたくない欣太、米兵のオンリーら、売春で食べている家族に嫌気がさしている春子といった若者の屈折した思いを底流に置きながら、そこから這《は》い上がろうとする人間たちの姿を、笑いとユーモアを交えて描いた作品だ。

今村さんの映画は〝重喜劇〟と呼ばれましたが、その感じが出始めたのがこの作品。欣太の兄貴分のやくざ・鉄次役で丹波哲郎さんが出ているんですが、すごみの利いたやくざだけれども、自分は死病にかかっていると思い込んでいて、喧嘩は平気だけれど死ぬのを怖がるそのギャップがおか

しいんです。いよいよ自分の死期が近いと思って、電車に飛び込んで自殺しようと思ってできないとか、それをあの丹波さんがやるから面白い。今村さんはデビュー作の『盗まれた欲情』（58年）の頃から、軽喜劇ではなく重喜劇をやってみたいと言っていましたが、人間のむき出しの欲望を突き詰めることで笑いが生まれ、戦後日本の膿《うみ》も浮き彫りになる重喜劇は、この作品から実体化したように思いますね。

――真面目に豚の飼育に専念する欣太をよそに、彼の兄貴分である大坂志郎や加藤武は、自分の親分から豚の飼育の利権を横取りしようとする。約束されたボーナスも支払われないと知った欣太は、豚を積んだトラックに乗り、機関銃をぶっ放しながら横須賀の繁華街をあばれまわり、トラックの豚を解放した後、自分はトイレの便器に突っ伏して死んでしまう。

ネオンきらめく横須賀の歓楽街をセットで造り、今村さんは助監督の浦山桐郎にクライマックスの場面のために、豚1000頭、トラック40台を用意するように言ったそうです。でも浦山は豚500頭しか集められなくて、しかも豚たちは思い通りに暴走してくれなかった。どんなにたきつけても、よちよち歩くだけだったんですよ。最後は豚にやくざたちが踏みつけられ、無残に死んでいくという映像が欲しかったそうですけれど、そこまではいっていない。でも僕は、今の映像でも十分その感じは伝わってくると思いますね。

――後半でやくざの親分は基地の残飯を融通してくれると言っていた米兵に裏切られ、欣太は兄貴分たちに裏切られ、親分も子分たちの反逆に遭う。何一つ確かなものがない状況の中で、欲に目がくらんだ者たちは、それまで利用していた豚たちの逆襲に遭うのだ。

本当は違うのに病気で死ぬと思い込んでいる丹波さんのやくざも含めて、自分たちの足元に確かなものを持っていないやくざたちが、滑稽《こっけい》に見える作品なんです。その一方で欣太の恋人・春子は将来を見据えて、自分だけの確かなものを獲得しようとする。この春子を演じた吉村実子さんが、実は映画の主役だと僕は思いました。

——地に足をつけて自分の人生を切り開いていく女性。それこそ今村映画のヒロイン像である。

## 春子や信子のような女性の自立をこの作品は、日本的な社会構造の中に描いた

——『豚と軍艦』で、ヒロインの春子を演じた吉村実子。横須賀の貧乏家庭で暮らす春子は、母親が毎日何もしないでゴロゴロしているし、姉の弘美は米兵の妾《めかけ》になっていて、たまに軍の物資を差し入れに来る。展望がない現実から抜け出すためにも春子は恋人の欣太に就職して欲しいが、チンピラの欣太はやくざから任された豚の飼育業で一儲けすることしか頭にない。欣太と喧嘩した春子は、クラブへ行って米兵たちに強姦されて、妊娠。堕胎した彼女は、今度こそ欣太を更生させようとするが、欣太は兄貴分たちに騙され、自暴自棄になって暴れ回り、無残に死んでいく。春子を演じるにはセックスシーンはもちろん、強姦、堕胎など、衝撃的な場面をいくつもこなさなくてはいけなかった。

今村さんは春子役の女優を、2カ月かけて探したそうですが、いい人が見つからない。そんなとき、タレント活動をしていた芳村真理の妹・吉村実子さんを勧められたんです。

——香取俊介著の『今村昌平伝説』に載っている吉村実子の証言によれば、彼女が高校2年生のとき、芳村真理のモデル仲間の別荘が芦ノ湖畔にあって、そこへ遊びに行ったら水上スキーをやろうという話になった。この水上スキーを教えてくれたのが日活の演技課員で、彼の推薦で今村監督は吉村実子と会うことになったとか。

当時、吉村さんは女子美術大学付属高校の学生で、今村さんから渡された脚本を読んだら、『豚

と軍艦』はすごい内容でしょう。学校がうるさいからできないと断ったそうですが、今村さんは粘って諦めない。今村さんは学校の了解をとればいいんですねといって、高校の理事長の家まで説得しに行ったそうです。ただそのとき、脚本を見せていないんですよ（笑）。学校側は特例として許してくれたそうですけれど、彼女の父親を説得するのは大変だったと。それでも何とかしてしまうところが、今村さんですね。

――覚悟を決めて現場に飛び込んだ吉村実子は、デビュー作『豚と軍艦』で新人女優として一躍注目を浴びることになった。

ラストで恋人の欣太が死に、売春婦の集団を横目に見ながら、自分は川崎の工場で働くために毅然とした態度で横須賀を出ていく春子は、強烈な印象を残しました。僕に今村さんのことを初めて教えてくれた中学の先生も、「次の映画で吉村実子が、どんな変貌を遂げるのか楽しみだ」と言っていましたね。

――そして彼女は今村監督の次回作『にっぽん昆虫記』（63年）にも、左幸子《ひだりさちこ》演じるヒロインの娘・信子役で起用された。

これが母親のパトロンを横取りして、田舎で待っている恋人と酪農を始めるために、パトロンからお金をせしめる女性なんです。そのために自分の体を与えるんですけれど、それもお金のためと割り切っているドライな女性。信子は人生の目標に向かって突き進む、精神的に自立した女で、将来を見据えて生きているところが『豚と軍艦』の春子にも通じるんです。僕はね、春子や信子のような女性の自立を、日本的な社会構造の中に描いたのが今村さんだと思うんです。だから彼の映画は、どれも女性が主人公ですよね。

――その後、吉村実子は『鬼婆《おにばば》』（64年）でも強烈な演技を披露した後、石立鉄男《いしだてつお》と68年に結婚。育児のために一時引退したが、テレビ『あ・うん』（80年・NHK）でカムバックする。

あのドラマでは良妻賢母の女性を演じていますが、実は表に見せている顔と心の中で考えていることは違う女性でしょう。そこは信子を思わせるんです。二面性を持った役をやらせると吉村さんは本当にうまかったですね。

## 左幸子

### 左幸子さんは40年以上にわたる女性の半生を見事に演じ切った

――1963年11月、今村昌平の監督第6作『にっぽん昆虫記』が公開された。前作『豚と軍艦』から約3年、その間に今村は浦山桐郎の監督デビュー作『キューポラのある街』（62年）の脚本を書き、日活からの要請で海洋アクション『禁じられた海』の準備にかかるが、シナリオハンティングに旅立つ直前になって製作中止。盟友・小沢昭一の頼みで初の戯曲「パラジ―神々と豚々」を作・演出して、芸術祭奨励賞を受賞する。この「パラジ」は後の監督作、『神々の深き欲望』（68年）の原点になった。続いて小沢の主演作『競輪上人行状記』（63年）の脚本も手掛けるが、自身の監督作にはなかなか取り掛かれなかった。『にっぽん昆虫記』は61年6月に脚本を書き上げて日活に提出していたが、その性的要素の強さから企画が蹴られてしまう。それでも何とか実現させようと必死に会社に働きかけ、作家・石坂洋次郎の後押しもあってか、63年になってようやく製作されることになった。そんな紆余曲折があったことなど、当時中学生の鈴木敏夫は当然知る由《よし》もなかった。

その頃中学3年生の僕は、国語の先生から今村さんのことを教わった。でも映画は成人映画ですから、リアルタイムに見ることができなくて、『にっぽん昆虫記』を初めて見たのは大学に入って東京へ出てからです。これは今村さんが40代の売春斡旋業をしていた女性に取材して、彼女の一代記をベースに作った物語なんです。今村さんは長谷部慶次《はせべけいじ》さんと一緒に脚本を書いていますが、まず描く人物を徹底的に調査して、作品を作っていくというのが特徴ですね。根底にリアリズムを置いて、その上に物語を構築することで、骨太の作品世界が出来上がる。真実の重みがあるから、作品評価の高さは既に知っていましたが、初めて見たときは衝撃を受けました。

――大正７（１９１８）年、山形の貧しい農家に生まれたヒロインのとめは、戦時中、製糸工場で働いた後、東京へ出て売春宿の女中になり、やがて自分もお客をとるようになる。彼女は才覚を発揮してコールガール組織の元締にのし上がるが、年齢を重ねて自分の居場所を奪われ、一人娘の信子にパトロンを寝取られてしまう。それでも必死に前に進もうとするとめを、左幸子が体当たりで演じた。

ラストの時代は公開年と同じ昭和38年ですから、左幸子さんは40年以上にわたる女性の半生を見事に演じきっているんです。左さんは今村さんが助監督をしていた『幕末太陽傳』（57年）に出演していて、このとき遊女役で南田洋子さんと、取っ組み合いの喧嘩をする場面があった。そのエネルギッシュな感じが、ここでのとめのバイタリティーあふれる生き方と今村さんの中で重なったんでしょうね。日活は最初、とめの役を岸田今日子さんにやらせたかったそうですが、今村さんが左さんを推したんです。「岸田さんは都会育ちで、土着の農民の感じが出ない。左さんは富山の出身だし、肉体的、精神的に決して打ちのめされないだろうという、女性の強靭さを持っていると思った」と今村さんは自伝に書いています。結果的にこの演技で左さんは国内の映画賞で主演賞を総なめにし、ベルリン国際映画祭でもこれと夫の羽仁《はに》進が監督した『彼女と彼』（63年）の２本によって女優賞を獲得した。左さんも、次の『赤い殺意』（64年）に主演した春川ますみさんもそうですが、今村さんの映画は代表作になるんです。常にキャスティング段階で今村さんは苦労しますけれど、この人と決めたらその女性の魅力を十二分に引き出してみせる。これがすごいところです。

## トラクターを運転する吉村実子さんが妙に清々しく、生命力にあふれていた

――公開当時、主人公のとめ（左幸子）が子供を産んだのち、乳が張って苦しいと北村和夫扮する父親に訴え、彼に母乳を飲んでもらう場面のスチール写真が話題になった。

それが当時はエッチな感じがしてね（笑）。ただ今村さんの作品には近親相姦がよく描かれるんですけれど、ここでの父親ととめは、実は血のつながりがないんです。とめの母親は村のいろんな男と関係を持っていて、生まれ月から逆算すると、どう考えても彼女は父親の子供ではない。しかしやや知恵が足りない父親はとめを娘として溺愛し、とめの方も彼に無償の愛を注ぐ。背景には夜這いなどが普通に行われていた、よく言えばおおらか、見方を変えれば閉鎖的な農村の性の問題があるんですが、今村さんは親子の絆を、乱れた性を描いた映画の中でいやらしさと切り離した、聖なるものとして映し出していますね。また北村和夫さんは、農作業と娘への愛しか知らない、純朴な父親役が似合っているんです。

――やがて上京してコールガール組織の元締になるとめだが、さまざまな人に裏切られながらも彼女の中で変わらないのが、ある新興宗教に対する信仰心である。

これには時代背景が影響している。とめが上京して元締になっていく40年代後半から50年代。日本中に、雨後のたけのこのように新興宗教が誕生したんです。中でも天理教や創価学会は巨大な組織ですが、そこに属さない小さな宗教が山のようにあった。僕がいた名古屋にもそんな宗教があって、子供ながらに興味がわくんですよ。近所のおばさんがそのひとつに入っていると聞いてね。どんなことをやっているか知りたくて見に行くと、そのおばさんに「この神を信じろ」とか言われて、何か怖かったんです。怖いけれども、何をしているのか知りたい。だからいろんな新興宗教の道場

へのぞきに行きました（笑）。こういう宗教は、日本がこれから高度経済成長へ向かうというときに増えていって、高度経済成長の真っただ中で一掃されるんです。その辺のことは石原慎太郎さんが67年に発表した「巷《ちまた》の神々」というルポルタージュの中で書いていますね。70年代に向かうというときに、それらが一掃されてしまったことへの恐怖。この時代を生きた僕にはそれが、実感としてあるんです。今村さんはこの映画のとめもそうですけれど、『神々の深き欲望』（68年）に出てくる沖縄に土着して信じられている神とか、ずっと神様というものにこだわって映画を作っている気がしますね。

――また映画に描かれるのは、戦前と戦後、地方と都会と社会的にも環境的にも変わる中で、変化していったひとりの女性の生き方である。

とめは最初、貧しい実家を支えるために製糸工場へ働きに出されるし、戦時中は豪農の家へ子供を産むために嫁に出される。受動的な生き方を強《し》いられるんです。それが戦後上京してからは、コールガールを道具のように使う、非人間的なやり手の元締に変貌する。そこには女性の自立ということもありますが、金ですべてを割り切る、現代人の気質が形成されていく過程を、今村さんはとめを通して描いた。とめの娘・信子は更にドライで、お金を稼ぐために自分の体を男性に与えるんだと、完全に割り切っている。そうやって大金を稼いだ信子が、恋人と酪農地を開拓する姿がラストに出てきますが、トラクターを運転する信子役の吉村実子さんが妙に清々しく、生命力にあふれていてね。今村さんが、『豚と軍艦』、『にっぽん昆虫記』と立て続けに彼女を抜擢した理由がよくわかりますね。

# 春川ますみ

## 貞子は春川さんが演じたことで、生きたキャラクターになったと思う

——『にっぽん昆虫記』はキネマ旬報ベスト・テン第1位、ブルーリボン賞作品賞に輝き、今村昌平も毎日映画コンクールを含め、多くの映画賞で監督賞を受賞した。興行的にも成功を収めたことで、すぐに次作『赤い殺意』の映画化が決定する。この企画は『にあんちゃん』(59年)の完成直後に立ち上げて、そのとき脚本もできていたが、会社の日活に一度蹴られていた。だが、今村作品の世評の高さを受けて、このときようやく日活のゴーサインが出たのである。

これは原作が藤原審爾《しんじ》の小説。ただ、原作は舞台が地方の郊外になっていますが、今村さんは東北(仙台市周辺)を舞台にした。これによってヒロインの家庭の中でのつらい立場が、より強調されたと思いますね。

——ある一軒家で夫の吏一(西村晃)と姑(赤木蘭子)によって、女中のようにこき使われて暮らしている主婦の貞子(春川ますみ)が主人公。一人で留守番をしていた彼女は、強盗の平岡(露口茂)に強姦され、その後自殺を試みるが失敗。平岡はそれから度々現れて、貞子に「一緒になってくれ」とせがむ。もはやこの秘密を守るには彼を殺すしかないと決意した貞子は、「温泉へ行こう」と平岡を誘い出す。最初は東北の村における男尊女卑の社会構造の中で、不幸を一身に背負って生きていた貞子が、平岡との関係によって、自ら人生を切り開いていく自立した女性へと変貌する。その中心には濃密な「性」の問題があるため、ヒロインの貞子役を決めるのには難航した。

春川ますみさんは『にっぽん昆虫記』でコールガールのひとりを演じていますが、元々日劇ミュ

ージックホールのヌードダンサーですから、脱ぐことは問題ないんですね。ただ、当時は春川さんのような人が、映画の主演をすることは常識としてなかった。それで今村さんは素人の女性を含めて、30人以上に面接したそうです。ただ「中肉中背、色白モチハダ。男好きのする顔、母性的。ユルイという感じ。性器よし。水分多し」という、今村さんがイメージした貞子に合う人はなかなか見つからなかった。このイメージも、今考えると、かなり女性に対してひどい言いようですけれどね（笑）。

――最終的に春川ますみを含め、候補は4人に絞られる。その中には坂本スミ子もいたが、この頃、彼女はコンサート活動が忙しく、大阪弁が抜けなくて東北の女になりきれないと判断された。さらに、この4人の他に浅草のストリップ劇場に出ていたダンサーも候補に挙がって、今村監督は何度も出演交渉に行ったが、断られている。そんな紆余曲折を経て、ようやく春川ますみが貞子役に決まった。

結果的には、彼女で大正解ですよね。平岡に犯されて、首つり自殺しようとするけれど、体重が重くて縄が彼女を支えきれないところなんか、春川さんだから説得力があるし、死ねない貞子が台所で残り物のご飯を食べだすところも、彼女が持つ生命力の強さがあるから面白い。貞子は彼女が演じたことで、生きたキャラクターになったと思うんです。

――貞子が暮らす家のすぐそばには鉄道の線路があって、平岡に犯されるとその次のカットでは線路を通る機関車の映像と音が重ね合わされる。セックスと機関車が通るリズムやパワーを一体化させて、笑いに転じるあたりが〝重喜劇〟の作家、今村監督らしい。

中盤で、ある駅のホームで貞子が電車を待っていると平岡が突然現れて、一緒に電車に乗り込んで彼女に言い寄る場面は、かなり挑戦的な長回しで撮影されています。そういう映像的な面も含めて、印象的な映画ですね。

――平岡と貞子は最終的にどうなったのか。

## それまで従順だった貞子が夫に初めて反逆する

――『赤い殺意』に出てくるヒロインの貞子（春川ますみ）の夫・吏一（西村晃）は、毎日家計簿のチェックをして、貞子に少しの無駄遣いも許さないケチな男。自分の気が向いたときに彼女の体を求め、貞子を性のはけ口と子を産む道具のようにしか思っていない。

今村さんはシナリオやロケのハンティングで、何度も東北へ旅している。北に興味を持ったのは、師匠の川島雄三さんが青森県の出身だったこともあるし、民俗学者の柳田国男が好きだったこともあると思うんです。それで東北各地を回ると、各集落の共同体それぞれが一つのルールを持っていて、しかも〝家〟を中心にした思想がある。家を継ぐのは男性ですから、女性は家を存続させるための道具という意識が強いんです。だから貞子は、自分自身の生き方がどうということではなく、家を守るために自分がここにいるんだと最初は思っているんです。劇中、自分は「なんて、不幸なんだろう」と彼女は言いますが、その状況から抜け出るすべがない女性なんです。

――その貞子が強盗の平岡に犯されたことから、それを家族に知られないために、自分から行動に出る。彼女は〝猫いらず〟の毒を溶かした飲み物を携帯用の魔法瓶に入れ、殺害するために平岡を温泉旅行へ誘うのだ。

これが目的の場所へ行く途中で、電車が雪で止まってしまうんです。しょうがなく2人は雪の山道を歩くことになる。この道行きで御詠歌がかかるんですけれど、死出の旅ですから象徴的なんです。結局2人は無人のトンネルにたどり着いて、貞子が魔法瓶の飲み物を平岡に飲まそうとするんですけれど、飲む前に平岡は持病の心臓病の発作が起きて死んでしまう。貞子は殺人を犯すことなく、夫のもとへと帰ってくるんです。

――2人の旅には尾行者がいて、それは吏一の長年の浮気相手・増田義子（楠侑子《くすのきゆうこ》）。吏一の愛人から妻になることを夢見る彼女は、貞子の浮気現場を写真に収めようと2人を尾行する。しかし彼女はそれらしい現場の写真を撮るものの、吏一に渡す前に車にはねられて死んでしまう。

でも現像した写真が吏一のもとへ届けられ、彼はそれを貞子に突き付けて問い詰めるんですが、微妙に彼女とは特定できない写真なんですね。ここで貞子が言う「これ、私でねぇがら。私でねぇけど、もし私だったらどうすんです」というセリフがいい。それまで吏一に言われたことにすべて従順だった貞子が、夫に初めて反逆するんです。今村さんの貞子に対するイメージには、〝無知で愚鈍〟ということもあった。実は彼女と平岡を尾行した義子はインテリの才女という雰囲気で、対照的なんですよ。その愚鈍だったはずの貞子が、今まで自分をバカにしてきた夫や姑に対して、ものを言い返すようになる。最後には、この一家は彼女の裁量で仕切られていくんだろうなという感じで終わるんです。一人の女性が、強姦がきっかけになって精神的に自立する。同時代的には大映の増村保造さんが若尾文子さん主演で女性の自立をいろんな映画で描いていましたが、その語り口はリアルというより、増村さんによる新たな自立した女性像の提示という雰囲気があった。でも今村さんは、もっと日本の社会に土着した形で、女性の自立の仕方を描いている。だから当時『赤い殺意』を見た増村さんや若尾さんは、どう思ったのかなって。そこは興味がありますね。

――『赤い殺意』はこの年の映画芸術とキネマ旬報のベスト・テンで第1位になった。再び日本映画界の頂点に立った今村監督は、自由な企画で作品を製作するために66年に日活との契約を解除。自ら今村プロダクションを設立し、新たな映画作りに挑んでいく。

# 坂本スミ子

## 今村さんの映画には近親相姦が多いですし、この映画のような〝親子どんぶり〟の関係も

――1966年3月12日、今村昌平の監督第8作『「エロ事師たち」より　人類学入門』が公開された。63年に発表された、野坂昭如《あきゆき》の小説デビュー作を原作としたこの作品は、成人映画に指定されたため、当時高校生の鈴木敏夫はリアルタイムでは見ていない。

ただ僕は野坂さんの『火垂《ほた》るの墓』を18歳のときに読んで、後に自分で映画として企画したくらいですから、大ファンになったんです。野坂さんとはその後も縁があって、僕が徳間書店に入って『週刊アサヒ芸能』の編集部に配属されると、そこにはアンカーマンとして『復讐するは我にあり』の原作者・佐木隆三さんや作家・映画評論家として健筆をふるった長部《おさべ》日出雄さんがいた。野坂さんもその一人で、憧れの人がすぐそばにいたんです。

――映画は大阪を舞台に、エロ写真や自称処女の売春斡旋、ブルーフィルムの製作から販売まで手掛ける「エロ事師」のスブやん（小沢昭一）が、下宿先の理髪店で未亡人の春（坂本スミ子）や、彼女の中学生の娘・恵子（佐川啓子）と肉体関係を結び、やがて性的不能に陥ってしまうというもの。

親子のどちらもが、同じ人物と肉体関係を結ぶ。これを隠語で〝親子どんぶり〟と言ったんです。僕が『週刊アサヒ芸能』に配属されたその日に、いきなり取材を命じられたのが、某有名歌手の自殺未遂事件でした。いろんな人に聞くと事件の全容が見えてきて、その歌手の父親でプロダクションの社長が、息子の彼女に手を出したことが原因だった。それをデスクに報告すると、デスクが「親子どんぶりか」という言葉をふと漏らしたんですよ。そんな隠語があることを僕は初めて知り

ましたから、印象に残った。今村さんの映画には近親相姦が多いですし、この映画のような〝親子どんぶり〟の関係もよく登場する。そういうことでも興味がわきましたね。

――またこの映画を作った今村監督の仕事と、自分が『週刊アサヒ芸能』でやっていた仕事には、どこか共通するにおいも感じたとか。

僕もポルノ写真やブルーフィルムの記事をよく書いていましたからね。なかには、〝相撲〟の写真もあった。力士2人がくんずほぐれつ絡み合っているところを写真に収めて、ある部分だけ拡大して暗がりで見せる。これが男性同士の裸が密着していると買う方は思わないから、ポルノ写真として買っていく。すごく人間くさい商売だなと思ったんです。他にも「大人のおもちゃ徹底研究」なんて記事も書きましたけれど、僕らはその業界のことを調べて文章にする。今村さんも映画を、エロ事師の世界を徹底取材して作っていますから、やっていることや取材の対象にしていることがどこか似ているなと感じました。

――今村監督は取材をしてみて、1日で4本も作品を作る8ミリのブルーフィルムの世界に、学ぶことも多かったという。現場のスタッフは3人だけで、あとは数人の役者。エッチをするところは決まりきったカットなので、在り物をはめ込んで、ドラマ部分で作品ごとに変化をつける。66年に自ら今村プロダクションを立ち上げて、この映画を第1回製作作品とした今村監督は、その低予算で効率よく作品を仕上げていくブルーフィルムのスタッフの仕事に、同じ弱小プロの作り手として共鳴したのだろう。

今村さんは地方ロケをすると、スタッフとキャストを同じところに泊めて、合宿スタイルで撮影していた。それがこの映画からさらに予算を切り詰めた作り方になっていくんです。

――映画の主演を務めたのは、大学生時代に演劇をやっていた頃からの盟友・小沢昭一。脇役俳優のイメージが強かった彼が、なぜ主演になったのか。

## 頭ではなく、体で役を摑んでいく女優が今村監督は好きなんだと思います

――『「エロ事師たち」より 人類学入門』に主演した小沢昭一は、渋谷実監督の『勲章』(54年)で映画デビューし、55年からは主に日活で名バイプレーヤーとして活躍した。今村昌平が助監督を務めた川島雄三作品にも多く出演し、今村組の常連となってからは『にあんちゃん』(59年)でブルーリボン賞助演男優賞を受賞。映画は『大出世物語』(61年)で初主演したが、このときは評判を呼ばず、今村が脚本を書いた主演作『競輪上人行状記』(63年)での、寺の住職から競輪にのめり込んで、すべてを失う男の役で注目を浴びた。それに続く主演作の企画を出せと日活から言われていた小沢が、いい題材はないかと今村監督に相談して、今村監督が出してきたのが野坂昭如の小説「エロ事師たち」だった。

最初、今村さんは脚本だけ書くつもりだったようですね。でも小説とラストを変えるという話になって、変えるのはいいけれど、それならおまえが演出しろということになったそうです。『今村昌平の映画』という本を読むと、たいして儲からないのにエロ事師たちが汗水たらして一生懸命やっている姿が、自分と同じだと思って、やる気になったようですね。

――『今村昌平伝説』を読むと小沢昭一は、今村監督からエロ事師のスブやんを、「校長先生みたいにやろうよ」と言われたという。つまりアンダーグラウンドの世界で這い回る、泥にまみれた人物ではなく、普通の人間として表現してほしかったのだ。そんな普通の人のスブやんと、肉体関係を結んで精神が壊れていく女性・春を演じたのが坂本スミ子。スブやんが常識人としての雰囲気を出せば出すほど、後半で常軌を逸していく彼女の怪演が際立つ作品になっている。クライマックスで春は、精神的におかしくなって入院し、病院で半狂乱になる。病院の鉄格子が

付いた窓から叫ぶんですけれど、カメラは遠方の路上から彼女を狙っていて、もちろん隠し撮りです。このロケ撮影は営業していない病院を借りて行ったそうですが、坂本さんがワーッと叫ぶと、道を歩いている人が何事かと見上げるんです。あのライブな感じが今村映画だし、ここでの動物的な坂本さんの衝動的な演技が今村さんのヒロインだと僕は思いますね。

——坂本スミ子の証言によると、小沢昭一はどこにカメラがあるかを計算して演技をするが、自分はどこにカメラがあっても構わず演じていたという。そんな彼女の演技を自分のイメージに近づけるため、今村監督は何度もテストを繰り返した。それが嫌になる女優もいるが、坂本スミ子の場合はテストをやればやるほど、役に自分が近づこうとしている感じがして、面白くなっていったとか。

そんな頭ではなくて、体で役を摑んでいく女優が今村監督は好きなんだと思います。この映画の坂本さんを見ると、春という女性の本能を感じさせる演技をしていますよね。

——結局、春は狂乱の末に死亡。数年後に主人公のスブやんは、春の娘・恵子が切り盛りする美容院の裏の川に浮かぶ箱舟の中で、春にそっくりなダッチワイフを作ることに精魂を傾けていく。

スブやんの性への探求が、春そっくりのダッチワイフを作ることを通してある信仰心へと昇華する。そこにはやはり宗教があって、これも今村さんが映画を作るときの大きなテーマですよね。そういう意味でもこれは、今村さんらしい作品だったと思うんです。

——小沢昭一はこの演技で、キネマ旬報や毎日映画コンクールの男優賞を受賞。新たに船出した今村プロダクションは、まず順調な滑り出しをした。そして次には、ドキュメンタリーに挑戦する。

# 露口茂

## 人はなぜ突然失踪し、消えた人はいまどこにいるのか!?

――『「エロ事師たち」より　人類学入門』の成功で製作資金も多少浮いた今村プロダクション。そこで今村昌平監督は念願だった大作『神々の深き欲望』の準備に入る。この時点でヒロインは中村玉緒を予定し、夫の勝新太郎との出演交渉も進んでいたが、スタッフ会議をしている最中に製作の中止が決まってしまう。やむをえず代わりの企画を練っているときに挙がってきたのが、後に今村監督が映画化する『ええじゃないか』『楢山節考』『女衒《ぜげん》』『黒い雨』などの企画である。だがこのときはどれも実現せず、今村監督はドキュメンタリーへと大きく方向転換した。

今村さんは自伝にも書いていますが、劇映画をやってきて俳優を使うことが嫌になってきたんですね。特に当時のテレビの俳優には面白みを感じないと言っていますが、一方では独立プロを立ち上げたことで、ギャラの交渉も自分でしなくてはいけなくなって、俳優と付き合うことに疲れたんだと思いますよ。

――そこで題材にしたのが、当時社会問題になっていた失踪者である。人はなぜ突然失踪し、消えた人々は今どこにいるのか。それを追いかけるドキュメンタリーを作るため、今村プロの武重邦夫は警視庁に毎日通い、8万人もの家出不明人リストを調べたという。その8万件から半年かけて3つのケースに絞り込み、そのうち2つのケースに関して16ミリで1本の映画ができるほどフィルムを回した。しかし家出人の線が途切れてしまい、この2つのケースを断念。残った1つが、『人間蒸発』（67年）として映画になった。

これが当時大問題でね。今村さんはドキュメンタリーと言うんだけれど、全編ジャーナリスティックな視点で作られている。しかも最後はフィクションへと落とし込んだので、見たときは衝撃でした。

――大まかな流れとしては、東京の下町にある小さな企業のサラリーマン・大島裁が、出張先の会津若松で失踪する。彼にはその半年後、結婚するはずだった婚約者がいて、今村監督が〝ネズミ〟の愛称で呼ぶ、この婚約者・早川佳江が主人公。彼女が大島の行方を捜す7カ月間を映画は追いかけるが、ネズミに付き添って俳優の露口茂が同行する。

『人間蒸発』は、僕がリアルタイムで初めて見た今村作品だったんです。大学の友人・大島覚士と一緒に見たんですが、彼は露口茂さんに顔がうり二つでね（笑）。それを本人も自覚していたんですよ。露口さんは『赤い殺意』にも出ていて、今村さんが信頼していた俳優だし、この映画でもかなりわがままなネズミによく付き合って取材しているんです。その後、露口さんは英国で製作された「シャーロック・ホームズの冒険」シリーズ（85〜95年）で、ホームズの声を担当した。この作品が僕も宮﨑駿も大好きで、『耳をすませば』（95年）を作るときに、バロンの声を露口さんにお願いしたんですよ。僕は今村さんの映画で物腰も柔らかかったし、どんなことも受け止めてこなしてくれる方だと思ったんです。ところが、本当に細かいセリフ一つ一つまで、「これはどういうことなんだい？」と質問攻めにあいました。説明してもなかなか納得してくれない時間が流れて、最後は宮﨑が「鈴木さん、あとは頼むよ」って逃げ出しちゃって（笑）。あれほどくたくたになったアフレコはなかった。今村さんの映画のイメージがあったので、ご本人に会って、僕は衝撃を受けました。

――そんな露口茂が、ネズミとどんな7カ月を過ごしたのか。

# 早川佳江

## 作り手のジャーナリスティックな視点が入り込むことで、フィクションとの垣根が曖昧になった

これがね。失踪した大島裁という男が、ネズミには実直な好青年という感じに見えていたのが、取材をしていくと会社の金を使い込みして、妊娠させた女性もいたことが分かってくる。さらにネズミの姉とも関係があったのではないかという疑惑が持ち上がるんです。今村さんはネズミと露口さんがいろんな人に話を聞きに行くところを盗み撮りで撮影していて、今だとプライバシーの侵害になることをかなりやっていますね。ただこの辺までは、失踪者の人物像が浮き彫りになるドキュメンタリーとしては面白いんです。

――大島裁の人となりは分かってきたが、肝心の居場所に関する手掛かりはつかめない。そのうちにネズミは露口茂のことが好きになってきて、婚約者を追跡する情熱を失っていく。

ネズミはテレビのワイドショー番組にも出演して、自分が見られることを意識するようになる。素人から変化していくんです。一方でネズミと彼女の姉は仲が悪いことも分かってきて、姉と大島裁が一緒にいたところを見たという証言者も現れた。そこで今村さんは失踪者を捜すというテーマを変えて、クライマックスにネズミと姉を対決させるんですね。大島裁との仲について問い詰めるネズミに、あくまで白を切る姉。堂々巡りの言い合いが続いて、最後はいきなり彼女たちがいた部屋の壁が壊され、そこがセットだったことが分かる。そこで今村さんが登場して、「これはフィクションなんです。大島君の蒸発という事実から、このような追及のドラマが展開されてきたわけだが、これは自然に展開したのではなく、展開しようとして展開してきたのだ」と言うんですよ。つまり始まりはドキュメンタリーだけれど、姉妹を対決させることも、セットを組むことも、今村さ

んによって仕組まれた展開ですよね。もはやネズミが主人公ではなく、彼女を見つめる今村さんの視点で作品は進んでいって、最後の筋書きは姉妹の対決が決めるにしても、舞台装置は今村さんが用意したフィクションの世界に入り込んでいった。事実証言を拾い集めて、ある真実に到達するのがドキュメンタリーだとすれば、これはそこに作り手のジャーナリスティックな視点が入り込むことで、フィクションとの垣根が曖昧になった。そこに新しさがあったし、僕は映画館で見て衝撃を受けて、過去の今村作品も見るようになっていったんです。

――また『人間蒸発』は、ネズミと姉という人間の性格や心理を浮き彫りにした記録映画とも言える。今村昌平はこれまでの作品でも日本の社会構造や因習をテーマにしながら、その中で生きる特に女性たちの人間像に主眼を置いて映画を作ってきた。そういう意味でこれは、今村監督らしい一本だった。

またこれは、今村プロとATG、日本映画新社の共同製作で、ATGが配給したんです。今村プロが1000万円で映画を作れると持ち掛けて、製作費をATGと折半した。ここからATGが、いろんな映像作家と製作費を折半して映画を作り、配給する〝1000万円映画〟のシリーズが始まったんです。今村さんとしては苦肉の策だったでしょうが、日本のインディーズ映画に新たな流れをつくるきっかけになったことでも、記憶されていい映画です。

――『人間蒸発』は作品の完成後、出演者のプライバシーをめぐる問題が持ち上がったが作品評価は高く、毎日映画コンクールで監督賞に輝いた。

そして今村監督は、いよいよ『神々の深き欲望』の製作に取り掛かる。

# 沖山秀子

## 今村さんは、若い頃から柳田国男の民俗学に興味を持っていた

――『神々の深き欲望』は今村昌平監督初のカラー映画にして、2時間55分の大作である。その原型は、今村監督が62年に作・演出した舞台「パラジ―神々と豚々」。この戯曲は『にっぽん昆虫記』(63年)の映画化を日活からキャンセルされた今村監督が、怒りのあまり、人から借金して脚本家の長谷部慶次と奄美大島を訪れた旅の中で思いついた題材だった。それを発展させた『神々の深き欲望』も舞台を南方の島に定め、まだ日本への返還前の沖縄へと撮影隊は向かう。

これが撮影は二年がかりで、一年目はほとんど晴天に恵まれなくて撮影できず、しかも主要キャストの早川雪洲《せっしゅう》さんと根岸明美さんを降板させる騒ぎになったので、一年目の撮影分は次の年にかなりリテイクしたと、自伝で今村さんは言っていますね。

――それだけでなく1年目で製作資金が底をつき、2年目には出演者・スタッフに少額の日給を払うことを約束して、何とか撮影が続けられたと、この作品に録音技師として参加した紅谷愃一《べにたにけんいち》に話を聞いたことがある。予算もなく、数カ月全員が合宿しながら沖縄周辺の島々で撮影されたこの作品は、内容も異色。

舞台はクラゲ島と呼ばれる、文明から隔絶された南西諸島のある島。ここには代々神のお告げを伝えるノロと呼ばれる巫女《みこ》がいて、それは太《ふとり》家の女性に限られていた。主人公の太根吉(三國連太郎)は、父の山盛(嵐寛寿郎)が実の娘に産ませた子供で、根吉も巫女で妹のウマ(松井康子)と関係を持っている。根吉には亀太郎(河原崎長一郎)と知的障害者のトリ子

（沖山秀子）という2人の子供がいて、亀太郎はトリ子に気がある。近親相姦に対しておおらかな太家の人々は、島民からさげすまれた存在だ。その島へサトウキビ工場の水源調査のためにやって来た刈谷（北村和夫）はトリ子と深い仲になり、島に居ついてしまう。この主要キャストたちが、神話と伝説を重んじる島の風習と、刈谷が持ち込んだ近代化の波との間で揺れる姿を描いている。

日本の神話では最初にイザナギ、イザナミという神がいて、二人は兄妹で結婚し、子供をもうけた。神々の近親相姦で人が生まれたという神話・伝説は世界のあちこちにありますが、今村さんはお父さんが柳田国男を好きだった影響もあって、若い頃から柳田さんの民俗学に興味を持っていたんです。それで近親相姦を繰り返していく太家を描くことで、映画の中心に日本社会の源流を置いたんですね。またその伝説を守る山盛役の嵐寛寿郎さんが良くてね。アラカンさんは竹中労さんによる著書『聞書一代　鞍馬《くらま》天狗《てんぐ》のおじさんは』の中で、今村監督に騙されて南の島まで連れてこられたと言っていますが、この人の素朴な存在感があるから、独特の風習の中にあるこの島の雰囲気が説得力を持つんです。

――映画の冒頭、両足を鎖でつながれた根吉が、一人で大きな穴を掘り続けているシーンが出てくる。根吉は戦争から復員した後、島の女たちに手あたり次第に言い寄ったために神の怒りに触れた存在とされ、その怒りを鎮めるために巨大な赤い岩を、深い穴を掘って落とすという労役を20年も続けているのだ。

三國さんの根吉はその労役を嫌々やっている感じでもなくて、時折足の鎖を外して密漁などもしている。基本的に彼は島の風習に従順な男なんです。これに対して彼の友人でウマを愛人にしている実力者の竜立元（加藤嘉）は、島の近代化を推し進めている。この2人が未来に向けて、曲がり角に差し掛かった島民の人間性を象徴しているんです。

## 小沢昭一が関西学院大学2年だった沖山秀子を発掘した

――映画の中盤、島で絶対的な支配力を持つ神託を伝えてきたウマが、巫女としての能力を失う。そこでクローズアップされるのが、ウマの姪にあたるトリ子の存在だ。

トリ子が次の巫女に選ばれるんですが、演じた沖山秀子さんが怪演でね。トリ子は知的障害があって、性に対しておおらか。だから島の若者たちは、誰もが彼女と関係を持っているらしいという女性なんです。どこか野生児のようなトリ子を演じる女優を探すため、今村さんはかなり苦労したようですね。最終的には小沢昭一さんが、関西《かんせい》学院大学の2年生だった沖山さんを見つけて、今村さんに紹介したんです。このキャスティングが大正解で、感情のままに行動するある種動物的な雰囲気と、今村さんが好きな豊満な肉体から発散される性的な魅力が一つになって、トリ子そのものになっていました。またトリ子は情緒が不安定になると、「耳がかゆい」と叫び出して、周りにいる男性にかいてもらうことをせがむ。その突発的な感情の出し方にも、沖山さんならではの迫力があるんです。

――ただ沖山秀子はこのとき、演技経験がない素人だった。それでトリ子という難役に挑んだため、今村監督は自分のイメージに近づけようと、彼女につきっきりで演技指導した。

それで2人は関係を持ってしまうんです。南の島で合宿しながら撮影していたので、これは撮影班の人たちには公然の仲だったとか。

――録音を担当した紅谷愃一によれば、撮影していた島の魚屋の2階に宿泊していた今村監督の部屋へ、演技指導を受けるために沖山が1人で何度も通い、かなり早い段階で2人は男女の関係になっていたという。

嵐寛寿郎さんも著書の中で、2人が隠し立てしない関係だったと言っていますが、これが波紋を呼ぶんです。2人の関係はその後、マスコミも知るところになったけれど、どうも今村監督は『神々の深き欲望』の撮影が終わった後には、沖山さんへの興味を失っているんですね。一方の沖山さんは今村さんのことが忘れられなかった。彼女は68年の11月に映画が公開された後、黒澤明監督の『どですかでん』(70年)や内田吐夢監督の『真剣勝負』(71年)にも起用されるほど注目を浴びるけれど、71年4月に恐喝未遂事件を起こし、その後も自殺未遂や精神病院への入退院を繰り返すなど、精神的に安定しなかったんですね。元々トリ子のような精神性を持っていたかもしれないですが、背景には今村監督への報われない愛情があったんじゃないかと僕は、その頃の報道で感じていました。

——その後、沖山秀子は76年にジャズ歌手としてカムバックし、『黒木太郎の愛と冒険』(77年)で女優としても復活。『十九歳の地図』(79年)や『陽炎座《かげろうざ》』(81年)などに出演する傍ら小説も発表し、多才な活躍を見せたが、やがてまた芸能活動を沈黙。『赤目四十八瀧心中未遂』(03年)への出演を最後に11年、65歳で亡くなっている。

結局その後、今村さんの映画と関わることはなかった。これは想像ですが、今村さんの映画に出るということは、単なるお仕事ではないと思うんです。人生の上での一つの体験で、その体験を超えることが沖山さんはなかなかできなかった気がします。2人がどんな別れ方をしたかはわかりませんが、『神々の深き欲望』に出たことは、それだけ強烈な体験だったんでしょうね。

——そんなインパクトを彼女に与えた『神々の深き欲望』は、どんな結末の映画だったのか。

## 『神々の深き欲望』は、日本人全体の精神性を南方の島の中に凝縮しようとした

――『神々の深き欲望』の終盤、主要人物の運命が大きく動く。クラゲ島の近代化を進める竜立元は愛人ウマの上で腹上死し、トリ子は一度東京へと帰った刈谷を待ちわびて、彼の子供を身ごもったまま亡くなってしまう。島の未来に絶望した主人公の根吉は妹のウマとともに船出して、海の向こうにあるという神島を目指すが、その途中で島の若者たちに掟破りの行動をしたとして、殺されてしまう。数年後、観光地として近代化された島には観光列車が走っていて、妻を連れて島へ戻ってきた刈谷を列車に乗せた運転手の亀太郎は、妹・トリ子の幻影を見る。原初的な社会が崩れたクラゲ島は、東京から来た企業の資本に依存して、ほそぼそと生きていくしかないことを暗示させて、映画は終わる。

近代合理主義は、ある人の説によれば350年の歴史があるんです。それは論理で世界を理解することで、哲学や政治、社会、科学、文化の規範になり、秩序になったんです。そうして近代が始まったんですが、この合理主義はまず西洋を支配して、やがて世界を支配した。政治の世界も近代合理主義に基づいて、資本主義と社会主義に世界が分断した。それらはいずれも、人類の進歩、発展を基礎に置いた考え方だったんですね。一方で、ベルギー生まれのフランスの文化人類学者、クロード・レヴィ＝ストロースは、構造主義を唱えたんです。ブラジルをはじめとする南米でのフィールドワークに始まって、世界の未開社会を研究した彼は『野生の思考』という本の中で、未開社会の野蛮（混沌）から洗練された秩序が形成されたとする西洋中心主義に対して、未開社会においても一定の秩序、構造が見いだせると書いている。当時はサルトルの実存主義がもてはやされていたけれど、レヴィ＝ストロースはこれを批判して、構造主義で対抗したんですね。未開社会の人間

たちも同じ知性を持っていると、彼は言った。それで構造主義のレヴィ＝ストロースが実存主義のサルトルと、論争の上で勝つんですよ。実はそれと同じことを、今村さんはこの映画で行っていると僕は感じました。レヴィ＝ストロースとサルトルの論争の大きなテーマは「人類は進歩するしかないのか」でしたが、『神々の深き欲望』もクラゲ島の社会が持つ風習に根差した秩序を島民が手放して近代化の道を選んだとき、何が彼らに残ったのかを考えると、レヴィ＝ストロースが言っていたことを、今村さんは映像として具現化してみせた気がするんですよ。

――今村監督は『今村昌平の映画』という本の中で、神話ということに関して「民族全体の潜在意識みたいなものがあって、我々はいったい民族の一員として本当に何を志向しているのかということになると、神話をもって知る以外、なかなか尺度がない」としながら、日本の大和民族の場合、そこには「国家や天皇制もひっくるめて、民族の志向を神話として扱うしかない」と言っている。つまり彼は、この映画で新たな神話を創造しながら、レヴィ＝ストロースが唱える構造主義に賛同の意を表したのである。

それまで今村さんは日本のある地方を舞台に、その土地独自の風習・因習に縛られた女性たちが自立していく姿を描いていましたが、この映画が描き出していることは、もっとスケールが大きい。日本人全体の精神性を南方の島の中に凝縮しようとしたわけで、これは今に至るも今村さんの頂点といえる作品だと思うし、多くの人に見てほしい映画です。

## 『もののけ姫』は、『神々の深き欲望』に勝ったなと僕はひそかに思っている

――また鈴木敏夫は『もののけ姫』（97年）を企画したとき、監督の宮﨑駿から作品のテーマと舞

台設定を聞いて、今村昌平監督の『神々の深き欲望』を思い出した。

2本とも、舞台は日本の南方でしょう。『神々の深き欲望』で今村さんは沖縄を舞台にして、宮崎駿は『もののけ姫』のとき、ロケハンで屋久島へ向かった。2人に共通するのは、日本人は南から来たという考えですよね。それで宮崎駿は『もののけ姫』で、森の秩序を保っていたシシ神を殺す前と後の物語の中に、室町期における日本人の原型を探そうと試みた。これは近代化される前と後のクラゲ島の中に、やはり日本人の根本にある志向を見つけようとした今村さんに通じる。それで僕が「今村さんの映画みたいですね」と言ったら、宮さんの顔つきが変わりました。「それって『神々の深き欲望』のことだよね」って。あれだけ映画のタイトルを覚えない人が、この作品は覚えていたんですから、よほど印象に残っていたと思うんです。

――かつて宮崎駿は、高畑勲監督の『太陽の王子　ホルスの大冒険』(68年)にスタッフとして参加した。クレジットには「場面設計・美術設計」とあるが、実際にはストーリー構成・イメージボード・キャラクター設定・画面レイアウト・演出補佐・原画など、映画作りの全般に関わっている。この共同作業によって高畑と宮崎の絆は深くなっていったのだが、『太陽の王子　ホルスの大冒険』が公開されたのは68年7月。そして『神々の深き欲望』は同じ年の11月に封切られている。

高畑さんは間違いなく、この映画を見ていたと思いますね。宮さんも、高畑さんに勧められて見た可能性が高い。それで心のどこかにずっと残っていたと思うんですが、宮さんと高畑さんは性格が違うんです。高畑さんは物事を論理で考える、知性の塊のような人。対して宮さんには、概念がないんです。例えば散歩して、誰かが連れている犬と出合うでしょう。僕らは犬だと思うじゃないですか。でも宮さんは、犬っていう言葉を使ったことがない。一匹一匹に名前があって、決して総称して呼ばないんですね。すべてが具体的で抽象化されない。これが宮崎駿の特徴でもあるんです。

——それを踏まえて、『もののけ姫』と『神々の深き欲望』を比べると、宮﨑駿と今村昌平の違いも見えてくる。

具体的な宮さんと違って、今村さんは観念的なんです。その観念の裏付けをするためにも、今村さんはとにかく題材を調べ尽くす。ところが宮さんは全部妄想や想像で発想して、調べることはしない。そうじゃないと〝トトロ〟なんて、森の妖精は生まれませんよ。宮さんの場合、調べてその世界に入っていこうとするのではなく、最初から自分がその世界に住んでいて、妄想を広げていくんです。それでいながら物事の核心になるテーマを、自分の妄想をコラージュして摑みとって描くことができる。これはちょっと誰にも真似できないことだと、僕は思うんです。そういう意味で僕は、『もののけ姫』は観念的な今村さんが作った『神々の深き欲望』に勝ったなと、ひそかに思っているんですけれどね（笑）。

——『もののけ姫』は公開当時、113億円の配給収入をあげる大ヒットを記録したが、『神々の深き欲望』は興行的に惨敗し、製作した今村プロは倒産寸前にまで追い込まれ、今村監督はしばらく劇映画を作れない状態になった。しかし作品の評価は高く、キネマ旬報ベスト・テン日本映画第1位をはじめ毎日映画コンクール日本映画大賞、芸術選奨文部大臣賞などに輝き、今村昌平は日本映画の異才として不動の地位を、この映画で確立した。79年、今村監督は『復讐するは我にあり』で再び注目されていくのだが、彼と新たなる女優との出会いについては、次の「新映画道楽　体験的女優論」で語られていくことになる。

# あとがき

映画『君たちはどう生きるか』を作りながら、『日刊ゲンダイ』で、毎週月曜日、この連載をやった。そんな暇があったら、もっと真面目に映画をやれ、そんな声も聞こえないでは無かったが、じつは、この連載が映画を作る上でこころの〝支え〟になった。

この連載の準備で当該作品をいろいろ見直したが、70年前後に作られた映画と70年代〜80年代前半のテレビ黄金期の作品は、いずれも時代が課したテーマと格闘していた。そして女優たちも監督たちも、何者も彼らの言いたいことを封じることは出来なかった。

日々の仕事の中で、ぼくは何度も、この映画とドラマたちに励まされた。

この本を作るに際して、大事だった協力者を紹介しておく。金澤誠さんと米田龍也さんと岩渕景子さん。そして、ジブリの田居因さん。この人たちがいなければ、この本は成立していない。

僕の至らぬ知識と考えを大いに補足してくれたのが金澤さん。そして、女優さんの連載をやらないかとぼくに持ちかけてくれたのが岩渕さんだ。ちなみに、河出書房新社の島田和俊さんを紹介してくれたのは米田さんだった。

ぼくにしても、この夏、76歳になった。

「生き延びることだけが勇者ではない」、

この堀田善衞さんの言葉に倣えば、残り少ない人生を大事に生きてみたい。

筆者

2024年6月29日

初出　『日刊ゲンダイ』２０２１年４月６日～２０２４年５月５日まで毎週連載

写真提供　共同通信社（数字はページ数）
６　佐久間良子／８　芦川いづみ／13　梶芽衣子／24　倍賞千恵子／93　市原悦子／97　原田美枝子／105　山本陽子／137　八千草薫／150　壇ふみ／157　佐藤オリエ／161　岸本加世子／163　杉村春子／171　岩下志麻／189　石原真理子／213　池内淳子／229　多岐川裕美／239　星由里子／253　浅丘ルリ子／267　松尾嘉代

鈴木敏夫（すずき・としお）
1948年、名古屋市生まれ。スタジオジブリ代表取締役プロデューサー。徳間書店で雑誌『アニメージュ』の編集に携わるかたわら、85年にスタジオジブリの設立に参加。89年からスタジオジブリ専従。以後、ほぼすべての劇場作品をプロデュースする。著書に、『仕事道楽 新版 スタジオジブリの現場』『歳月』（ともに岩波書店）、『スタジオジブリ物語』（集英社）、『新・映画道楽』（角川文庫）、『読書道楽』（筑摩書房）、『天才の思考　高畑勲と宮崎駿』（文藝春秋）、『ジブリをめぐる冒険』（池澤夏樹と共著、スイッチ・パブリッシング）など多数。

体験的女優論

2024年9月20日　初版印刷
2024年9月30日　初版発行

著　者　鈴木敏夫
装　丁　鈴木成一デザイン室
装　画　右近茜
発行者　小野寺優
発行所　株式会社河出書房新社
〒162-8544 東京都新宿区東五軒町2-13
電話　（03）3404-1201〔営業〕（03）3404-8611〔編集〕
https://www.kawade.co.jp/
組版　株式会社キャップス
印刷　モリモト印刷株式会社
製本　加藤製本株式会社

Printed in Japan
ISBN978-4-309-25722-8
落丁本・乱丁本はお取り替えいたします。